ro
ro
ro

W0194156

Zu diesem Buch:
Die Physik des Denkens, die in diesem Buch vorgestellt wird, basiert auf gesicherten physikalischen Grundlagen. Das Gehirn ist etwas ganz anderes als ein Computer, es ist eine Art *lebendiger Spiegel der Welt*, der spontan nachformt, was in der Wirklichkeit der Fall ist. Computer hingegen können nicht denken, sie sind nicht spontan. Die Behauptung selbst ernannter Experten oder der Medien, wir seien nichts anderes als biologische Computer und würden wegen der rasanten technischen Entwicklung demnächst von den echten Computern verdrängt, ist falsch. Zum Glück gibt es für die Richtigkeit der physikalischen Vorhersage, so wie ich sie in diesem Buch geschildert habe, in jüngster Zeit erste experimentelle Hinweise in der Arbeit von Giacomo Rizzolatti von der Universität Parma: Er hat gezeigt, dass im Gehirn beim Ausführen einer bestimmten Handlung immer ein bestimmtes Neuron anspricht. Das gleiche Neuron spricht auch an, wenn man die Handlung nur beobachtet, aber nicht selbst ausführt. Rizzolatti hat diese Nervenzellen *Spiegelneuronen* genannt.

Auch bei den Windmühlen, die ich zu Demonstrationszwecken im Kapitel »Demokratie und technischer Fortschritt« diskutiert habe, gibt es Neuigkeiten: Unsere Arbeiten sind nun veröffentlicht, und wir haben mit dem Test eines Prototypen begonnen. Die Universität von Udine unterstützt inzwischen dieses Projekt, aber die ersten Arbeiten wurden ausschließlich aus dem Verkauf dieses Buches finanziert. Dafür möchte ich mich bei meinen Lesern bedanken.

Hans Graßmann, 1960 in Bamberg geboren, studierte Physik in Erlangen und Aachen. 1994 gelang ihm mit zwei anderen Physikern der Nachweis des Top Quark. Frühere Veröffentlichungen sind »Das Top Quark, Picasso und Mercedes-Benz« (science 60806) und »Alles Quark? Ein Physikbuch« (Rowohlt·Berlin, 1999).

Hans Graßmann

DAS DENKEN UND SEINE ZUKUNFT

VON DER EIGENART DES MENSCHEN

Rowohlt Taschenbuch Verlag

rororo science
Lektorat Angelika Mette

Veröffentlicht im Rowohlt Taschenbuch Verlag GmbH,
Reinbek bei Hamburg, Mai 2002
Copyright © 2001 by Hoffmann und Campe Verlag, Hamburg
Fachliche Beratung der Reihe Eva Ruhnau,
Humanwissenschaftliches Zentrum,
Ludwig-Maximilians-Universität, München
Umschlaggestaltung Barbara Hanke
(Foto: ZEFA/SIS)
Gesamtherstellung Clausen & Bosse, Leck
Printed in Germany
ISBN 3 499 61418 9

Die Schreibweise entspricht den Regeln
der neuen Rechtschreibung.

INHALT

Diese Buch wäre nicht möglich gewesen ohne

Giorgio Bellettini,
Valentin Braitenberg,
Carlo Del Papa,
Flavio Waldner.

VORWORT

Viele Überlegungen dieses Buches haben ihren Ursprung in den Präsentationen, Gesprächen und Nachdenklichkeiten des zehnten Bozener Treffens, das im Oktober 1999 stattfand. Das Bozener Treffen vereint jedes Jahr Wissenschaftler der unterschiedlichsten Disziplinen zur Diskussion eines bestimmten Themas; von den Teilnehmern wird sowohl die Beherrschung der deutschen wie auch der italienischen Sprache erwartet.

In jenem Jahr fand das Treffen unter dem Motto »Naturforschung und Aufklärung, Programm und Aktualität – Illuminismo e scienza della natura, il programma e la sua attualità« statt. Offensichtlich führt dieses Thema nicht notwendigerweise zur Frage nach dem Menschen, sondern nur dann, wenn besonders glückliche Umstände gegeben sind, wie man sie immer erhoffen, nie aber erzwingen kann.

Glückliche Umstände? Man erklärt es wohl am besten, indem man darauf hinweist, dass es zwei verschiedene Arten gibt von Interdisziplinarität. Die eine entsteht, wenn Wissenschaftler ihr eigenes Fachgebiet für abgeschlossen und somit für tot erachten und sich dann der Interdisziplinarität zuwenden, in der Hoffnung auf einen Ausweg aus der Aussichtslosigkeit. Ob das gut gehen kann, ob man aus abgestorbenen Gliedern einen lebendigen Körper zusammenflicken kann, das sei dahingestellt.

Dann gibt es noch eine zweite Art des Interdisziplinären. Die ergibt sich, wenn von ihrem Fachgebiet überzeugte Wissenschaftler, Leute, die froh sind in ihrer Arbeit und die gern in die Zukunft schauen würden, überzeugt, dass es die gebe – wenn solche versuchen, Kollegen anderer Disziplinen von ihrem Fachwissen zu berichten. Sich also an Laien wenden, denn auch jeder Fachmann ist Laie außerhalb seines Fachgebiets.

Nun ist, wer Derartiges unternimmt, gezwungen, in einer einfachen und klaren Sprache zu sprechen – eine nicht zu unterschätzende Schwierigkeit. Doch indem jeder so klar und einfach wie möglich in seiner eigenen Sprache spricht, mag sich gelegentlich, mit etwas Glück, Seltsames ereignen, mag es geschehen, dass plötzlich alle die gleiche Sprache zu sprechen beginnen und sich etwas ergibt – darf man sagen »begibt«? –, das weit mehr ist, als der Einzelne wagen würde, weit über diesem steht und immerzu fortfährt und fragt in gemeinsamer Sprache, bis es an die letzte der Fragen kommt, die nach dem Menschen. Die ja, ernst genommen, die Frage nach der Welt einschließt, nach dem Leben, dem Tod – und für religiös gestimmte Menschen auch die nach Gott.

DER MODERNE MENSCH

Es ist schön, ein moderner Mensch zu sein. Der moderne Mensch ist schön, schön sein trainierter Körper. Der moderne Mensch ist jung, reich, glücklich, uneingeschränkt mobil, weltweit einsatzfähig, sehr dynamisch. Hat viele Freunde. Ist, wie er immer schon sein wollte. Endlich?

Der moderne Mensch ist ein Freier. Frei von Langeweile – die unendlich vielen Wirklichkeiten des Cyberspace stehen zu seiner Verfügung –, frei von Grundbesitz, frei von Familie, frei vom Ehepartner – was sich aus der uneingeschränkten Mobilität ganz zwanglos ergibt. Frei von sich selbst, denn er erfindet sich immerzu neu. Frei zu gehen, wohin ihm beliebt.

Damit er trotzdem nicht alleine sei, angeblich sei das nicht gut, hat er eine hohe soziale Intelligenz, fügt sich in jede Umgebung leicht ein, Teamarbeit liegt ihm, im Kollektiv blüht er auf. Er ist nie allein.

Noch sind moderne Menschen Minderzahl, ist der moderne Mensch Ziel, großteils, ist Ideal. Dem viele der Heutigen nicht gewachsen sind. Wegen ihrer Gene, die mies sind. Doch keine Sorge, kein Problem! Ein paar Jährchen Geduld noch, bitte, dann veredeln wir Sie, so wie Spalierobst, ganz einfach, ist eine Freude und ist ganz gewiss. Dann werden wir auch jene Enervierungstendenzen des Menschen, Sie wissen schon, gentechnisch beheben, das wäre dringend nötig. Die gelegentlich seine Produktivität stören, ganz ohne Anlass. In unproduktives Sinnen verfällt er dann, sein Glück ist dahin. Treibt Müßiggang, beginnt sich zu sehnen, wonach auch immer, nach Nähe, nach Liebe – unsinnig das, ist er doch nichts als eine Ansammlung von Eiweiß, Calcium und Wasser, was gibt's da zu sehen?, spekuliert über den Lebenssinn, erschrickt vor dem Tod. Wo der doch heute wirklich tiptop geregelt ist, fast wie beim Zahnarzt ist es und tut gar nicht weh.

Vom modernen Menschen selbst ist's deshalb gewünscht, ist unabdingbar, bis dass es klappt mit den Genen, ihn einzubinden in Produktion und Konsum, effizient und vollständig. Das hilft gegen's Denken und tut gar nicht weh.

Wie wird man aber ein moderner Mensch? Wie wird man so schön, jung, reich, frei und glücklich? Es geht ganz einfach, der wissenschaftliche Ausdruck lautet »Koordinatentransformation«, doch ist es ganz leicht: Reich sein ist einfach, denn moderner Reichtum ist virtuell, besteht im Vorzeigen vorgeblicher Attribute des Reichtums. Jung sein ist trivial, das zeigen die durch den Park hopsenden Greise, die jung sind aufgrund ihrer Fitness, und die gramgebeugt um ihre Rente zitternden Dreißigjährigen, mit nichts zwischen sich und ihr, die trotzdem jung sind, aufgrund ihrer Jahre. Wir alle sind jung, wir müssen nur wollen. Auch weiß ein jeder, was schön ist: Die Frauenbilder auf den Illustrierten sind schön, und wenn man selbst kein solches Frauenbild werden kann, so kann man es doch kaufen. Oder es mit geeigneten Produkten nachäffen, mitsamt seines charakteristischen Schweigens.

Verrückte Welt? Nein, verrückte Maßstäbe. Das Verrücken der Maßstäbe zerstört eine Welt. Die Frau in unseren Armen, die die Stunden eilen lassen konnte oder den Augenblick verweilen, je nachdem, aber auch beides zugleich, und die deshalb so schön war – denn dergleichen bewirkt nur die Schönheit –, sie ist nicht mehr schön: Das Beachten ihrer Schönheit brächte uns kaum Umsatz, und wo Schönheit nicht mehr beachtet wird, da hört sie auf zu sein. Schönheit ersteht erst im Kopf, wenig wiegt Schönheit ohne Betrachter.

Der moderne Mensch stammt vom Homo sapiens ab, anthropologisch ist das klar zu belegen. Das Arbeitsethos des modernen Menschen ist das eines Stachanow[1]. Und nicht nur am Arbeitsplatz, sondern auch im Konsum der Moden ist Homo modernus ein Kollektivwesen – so, wie die Befreier der Werktätigen es immer erhofften. Aber durchsetzungsfähig ist der moderne Mensch auch. Und stark. Im herrischen Wettbewerb bewährt er sich, der Beste ist er, ist es gerne, sein Wesen ist nicht, gut zu sein, sondern lediglich besser. Er ist der Fitteste im Überlebenskampf und herrscht.

Arier zu sein oder nicht, das konnte sich keiner aussuchen, darin lag die Problematik der Sache. Doch modern zu sein, das steht jedem frei, ganz nach seinem Belieben. Oder doch zumindest dem Belieben seiner Eltern, denen es freisteht, ihn dereinst modern sein zu lassen, die Gentechnik gibt da viel Hoffnung. So wird, was einmal böse war, gut und irgendwie demokratisch, ein wenig, vielleicht.

Über die Zeiten, in denen es wichtig war, Europäer zu sein, um so ganz richtig Mensch sein zu dürfen, und über die Epoche, in der das Leben seinen Inhalt bekam aus Kreuzzug und Ablass, verfolgen wir die Entstehung des modernen Menschen zurück in die späte Antike. Wo das Werkzeug erfunden wurde zur Schaffung des modernen Menschen: »Darum, ist jemand in Christo, so ist er eine neue Kreatur«, spricht der Apostel. Dieser Gedanke, dass man nämlich den Menschen neu erschaffen kann, einfach nach dem Bild, das man von ihm hat, war neu. Und ist bis heute verführerisch.

Wenn man den Menschen also neu kreiert, tut man es dann so, wie es den eigenen Interessen entspricht? Oder so, wie es den eigenen Interessen nicht entspricht? Der Mensch wurde folglich erst einmal so, wie ihn die Kirche haben wollte. Und Jahrhunderte später so, wie es den Interessen des Staates entsprach, der Gemeinschaft. Der kommunistischen, der faschistischen, je nachdem.

---

[1] Sowjetischer Held der Arbeit.

Nach den Erfahrungen der letzten Jahrhunderte ist aber die geistige Macht der Kirche sehr im Rückgang, und nach den Erfahrungen des vorigen Jahrhunderts auch die des Kollektivs. Was tun, heute? Es bleibt die Wirtschaft. Die in dieser Hinsicht noch relativ unbelastet ist und für das nächste Experiment zur Verfügung steht. Der moderne Mensch soll – oder will? – diesmal so sein, wie es den Interessen der Wirtschaft entspricht.

Und hier ergibt sich ein logisches Problem: Ursprünglich diente die Wirtschaft dem Menschen, seiner sinn- und zielvollen Existenz, wodurch sie selbst Sinn und Ziel bekam. Dies war wichtig, denn in der Tat wissen auch wir es nicht besser, findet sich auch heute nichts Besseres, als dass der Mensch fröhlich sei in seiner Arbeit, die ihm Voraussetzung ist für ein erfülltes Leben. Indem die Wirtschaft nun gehalten wird, dem Menschen Sinn und Ziel zu geben, anstatt diese zu empfangen von ihm, verliert sie selbst Sinn und Ziel. Und damit wiederum, im Teufelskreis, verliert diese auch der nun sinnlose Mensch.

Doch ist der Mensch ein vernunftbegabtes Wesen. Viele sehen den Abgrund, auf den sie immer schneller zueilen sollen. Sie wenden sich ab. Gehen auf die Suche nach nicht-materiellen Werten, üben ein nicht-kompetitives Verhalten, versuchen ihr Bewusstsein zu erweitern, natürlich zu leben, der menschlichen Natur gemäß also. Und essen deshalb natürliches Müsli und trinken naturtrübe Apfelsäfte. Diese Menschen mag dann, wer will, »modern«, »postmodern« oder »recht eigentlich modern« nennen oder wie auch immer. In Wahrheit ist das Etikettenschwindel, denn etwas Wesentliches ändert sich nicht. Das soziale Umfeld ändert sich, das Sprechen ändert sich, das Konsumverhalten ändert sich, man konsumiert nicht DaimlerChrysler, sondern Selbstfindung. Das mag tapfer sein, ist aber nicht wesentlich besser.

Und kann es nicht sein, denn es ist da nichts Besseres, als dass der Mensch fröhlich sei in seiner Arbeit, in seiner Arbeit, in seiner Arbeit. Und ist diese blödsinnig geworden, so verbessern wir doch nichts, wenn wir uns abwenden von ihr und ihren nicht länger zufrieden machenden Mühen und Plagen. Sondern hören auf, fröhlich zu sein, so oder so. Weshalb der postmoderne Mensch doch nur ein moderner ist. Denn es ist letztlich egal, ob er resigniert vor seinem Fernseher sitzt oder die Nächte abtanzt, fröhlich wird er weder vom einen noch vom andern.

Gibt's einen Ausweg aus der Misere? Ja, er ist einfach. Nie waren Kirche, Staat oder Wirtschaft so unhöflich zu sagen, ihr müsst zur Beichte gehen und dürft keine Familienplanung treiben; ihr müsst gute Kommunisten sein oder gute Arier; ihr sollt immer radikalere Produzenten und Konsumenten sein – deshalb, weil es uns, euren Organisationen, nützt. Wer wollte das schon hören? Sondern sie suchen dem Menschen vorzugeben, wie er zu sein habe, was er zu denken und zu fühlen habe, wer er sei. Sie definieren ihn. Aus dieser Definitionsmacht, der höchsten, die es gibt, ergibt sich der Rest von selbst.

Vor solchem Missbrauch wären wir besser geschützt, wenn wir es wüssten, wer wir sind. Und auch wenn wir in der Frage nach uns selbst nicht gleich zur letzten, endgültigen und einzig richtigen Antwort gelangen, sondern lediglich guten Fortschritt machen und manches besser verstehen, so wär das schon hilfreich.

Der Mensch sei nichts anderes als ein großer Wurm, so lesen wir in der Zeitung. Das sei wissenschaftlich, die Gentechnologie lehre es. Und der Computer, und was gebe es Wissenschaftlicheres als einen Computer, der könne demnächst sogar denken. Denn er sei im Denken nicht prinzipiell vom Menschen verschieden. Also ist im Denken auch der Mensch nicht verschieden vom Computer. Und da es das Denken ist, was den Menschen zum Menschen macht, so ist der Mensch also nichts anderes als ein Computer, eine Maschine.[2]

---

[2] Computer sind Maschinen, Turing-Maschine lautete der Fachausdruck.

Wäre es da nicht erfreulich, in der Frage nach dem Menschen zumindest einen gewissen Fortschritt zu erzielen, vielleicht wenigstens bis zu dem Punkt, an dem man Stellung nehmen kann zu der Behauptung, der Mensch sei nichts als eine Maschine und sei nicht mehr als ein großer Wurm? Ein Eiweißklumpen, der rennt?

Was ist der Mensch?

GRUND UND GRENZE
DER AUFKLÄRUNG

Sie haben kein Recht auf eine eigene Meinung,
und Sie sind nicht gefragt.
Und Sie haben kein Recht auf einen Anwalt.
Und Sie haben kein Recht, die Aussage zu verweigern.
Und Sie haben kein Recht auf körperliche Unversehrtheit.
Und Sie haben kein Recht auf Bildung.
Und Sie haben kein Recht auf Religionsfreiheit.
Und Sie haben kein Wahlrecht.
Und Sie haben kein Recht, Ihren Beruf frei zu wählen.
Und Sie haben kein Recht, irgendeinen Beruf auszuüben, falls
Sie Frau sind. Außer der Prostitution.
Und Sie haben kein Recht zu heiraten, wen Sie wollen.
Und Sie haben kein Recht, sich nicht taufen zu lassen oder Ihre
Kinder nicht taufen zu lassen.
Und Sie haben kein Recht, aus der Kirche auszutreten.
Sie haben keinerlei Menschenrechte, nicht eines haben Sie –
es sei denn, Sie nähmen es sich. Es sei denn, Ihre Vorfahren hät-
ten es sich genommen. Auch unter dreißigjährigem Kämpfen,
furchtbaren Leiden. Und Sie haben noch nicht einmal ein Recht
auf Denkfreiheit, es sei denn, Sie nähmen es sich, auch gegen
Ihren Chef, gegen Ihre Nachbarn, gegen das, was die Leute sagen, oder, falls Sie zufälligerweise Martin Luther heißen, gegen
eine ganze grinsende Welt.
   Bis zu dem Tag, als Luther in Wittenberg seine Thesen an-
schlug, gab es in ganz Europa, außer den Juden, nicht einen
Menschen, der nicht römisch christlich gewesen wäre. Deswe-

gen, weil Sie kein Recht hatten, vom rechten Glauben abzufallen. Taten Sie es dennoch, so waren Ihre Tage gezählt. Sie brauchten gar nicht wirklich vom rechten Glauben abzufallen, es genügte, wenn der Verdacht gegen Sie bestand. Dann war es Ihre Aufgabe, diesen Verdacht auszuräumen, vom Folterkeller aus. Gelang Ihnen das nicht, und kaum jemals gelang es, so wurden Sie lebendig verbrannt, Ihr Vermögen wurde eingezogen.

Bis Martin Luther aufstand, war die Philosophie »ancilla theologiae« gewesen, Magd der Theologie. Ihre Aufgabe war, den römischen Glauben philosophisch zu beglaubigen, das nannte sich Scholastik.

Bis Martin Luther aufstand, hatte es in Europa keine fundamentale Naturforschung mehr gegeben, fast 2000 Jahre lang. Luther trat im Jahre 1517 mit seinen Thesen hervor, 1530 formierte sich der Protestantismus politisch im Schmalkaldischen Bund, 1534 wurde die Lutherbibel fertig gestellt. Erst da war klar: Dies würde nie mehr zurückgenommen werden können.

Erst jetzt stellte sich plötzlich heraus, wie gern der Mensch denkt, wenn er nur darf, wenn die Bedingungen der geistigen Umwelt es erlauben: Bereits 1543 beginnt sich die Erde um die Sonne zu drehen, ein Staubkorn im All, in den »De revolutionibus orbium coelestum« des Nikolaus Kopernikus. Ganz zuletzt erst veröffentlichte er »De revolutionibus«, von seinem Totenbett aus, ein Leben lang hatte er sich nicht getraut. Von da an gibt es kein Halten: 1572, 1609, 1633, 1657, 1684 treten auf: Brahe, Kepler, Galilei, Huygens, Newton.

In den 150 Jahren zwischen Luther und Newton geschieht unvorstellbar viel mehr als in den 1700 Jahren zuvor. »Revolutionibus orbium«, vielleicht kann man das auch lesen als »Aufstand einer Welt«.

Und Ähnliches ließe sich sagen über Mathematik, Medizin oder Wirtschaftswissenschaften: In den 170 Jahren nach Luther geschah mehr als in den 1700 Jahren vorher.

Gelegentlich wird verharmlost, diese Explosion des Wissens sei die Wirkung des Gutenbergschen Buchdrucks gewesen (um 1450), eines neuen Mediums. Das kann nicht wahr sein. Der Buchdruck hat zwar geholfen, Ideen schneller zu verbreiten, Voraussetzung für das Denken war er sicher nicht. Außerdem war das Neue ja gar nicht so neu. Vielfach hat die europäische Wissenschaft dort angesetzt, wo das griechische Denken 1700 Jahre vorher erwürgt worden war durch die römische Globalisierung. Die Griechen hatten keinen Buchdruck. Die Anwesenheit des Buchdruckes erklärt, warum nur 150 Jahre zwischen Luther und Newton liegen. 1700 schweigende Jahre zwischen Luther und Archimedes werden durch die Abwesenheit des Buchdruckes hingegen nicht erklärt.

Viele Entwicklungen, die ihren Anfang bei Luther nahmen, waren diesem selbst gleichgültig, für Naturwissenschaft etwa hat er sich nicht interessiert, den Kopernikus soll er einen Narren geheißen haben. Luther war ausschließlich Theologe, was ihn einzig und allein interessierte, waren kleine, spitzfindige theologische Details, die ließen ihm keine Ruhe. Etwa dies: Sicherlich muss sich der Mensch das Wohlwollen Gottes erwerben, indem er christlich lebt, so lebt, wie es die Kirche vorsieht – logisch so weit. Und offensichtlich ist es eine christliche Tat, der christlichen Kirche Geld zu geben, die Kirche braucht immer Geld – das sieht man ein. Dafür hat man dann das Wohlwollen Gottes und braucht nach dem Tode nicht ins Fegefeuer, wo es obszön zugeht – auch klar. Und natürlich darf man auch für verstorbene Verwandte bezahlen, selbstverständlich, wir sind ja keine Unmenschen, Oma soll ja nicht braten, nur weil sie arm gestorben ist, wär so was christlich? Und weil Geld anonym ist, man sieht ihm keineswegs an, wer bezahlt hat, weil der Papst, auf den ein solcher Ablass letztlich zurückging, sowieso nicht jeden befreiten Sünder kennen konnte, so entwickelte sich ein regelrechter Handel mit dem Ablass. Logisch. Fand die Kirche.

Luther fand das nicht. Denn es lief ja darauf hinaus, sich einen

Rechtsanspruch zu erkaufen gegen IHN. Einen Rechtsanspruch auf Gottes Gnade hatte man sich erkauft, Gott die Freiheit, ja die Möglichkeit des Gewährens der Gnade abgekauft für Geld. Nun ist zumindest in christlicher Auffassung das Gewähren oder Nicht-Gewähren von Gnade ein wesentlicher Aspekt göttlicher Existenz. Man hatte somit, auf gut Deutsch, Gott teilweise aufgekauft, sich in Teilen selbst zu Gott gemacht, durch Bezahlen einer Geldsumme. Das war etwas, was Luther ein Leben lang beschäftigt hat: So geht das nicht! Wie geht es aber dann, wie nur bekomme ich einen gnädigen Gott?

Selbst heute wird nicht jeder aufgelegt sein, derartigen Spitzfindigkeiten zu folgen, damals war das kaum anders. Wer hat schon Lust, sich allen Ernstes durch 95 Thesen theologischer Haarspaltereien zu arbeiten? Es war ja auch nicht so wichtig. Wichtiger war, dass sich da ein studierter Theologe, ein Experte, hinstellt und sagt: »Ihr habt nicht Recht. Ich weiß diese Dinge so gut wie ihr, und ich sage euch, ihr habt nicht Recht.« Womit die Möglichkeit, »etwas anderes« zu denken, belegt war. Die Möglichkeit des Denkens belegt war. 1700 Jahre lang war es nicht möglich gewesen.

Nun stellte sich heraus, dass die vorherige vollständige Zustimmung einer ganzen Welt zu ihrer vollkommenen Entmündigung nur vorgetäuscht und erzwungen gewesen war. Dass nicht nur einer anders denken konnte, sondern viele anders denken wollten.

Von nun an konnte man sich weigern, nach Rom zu fahren zu Gerichtsverhandlung und Verbrennung. Luther selbst machte als erster von dieser Möglichkeit Gebrauch. Stattdessen konnte man fliehen – vorher war das nicht möglich gewesen, fliehen zu den Protestanten oder nach England, das sich von Rom unabhängig machte, oder nach Frankreich, das zwischen Protestantismus und Rom hin und her schwankte, wo man also auch in relativer Sicherheit war, wenn man nicht gerade in eines der nächtlichen Religionsgemetzel geriet. Natürlich musste man flink sein wie ein Hase und gut Acht geben, dass man immer rechtzeitig wegkam, was etwa im Falle des Giordano Bruno aus Nola schief ging, 1600 wurde er verbrannt, wegen Häresie. Sie sagen, er habe geglaubt, der Mensch sei der Spiegel der Welt.

Fliehen konnte man nun also, aber wohin wollte man letztlich? Man wusste, was man nicht mehr wollte, aber was wollte man dann, wie sollte es werden? Was sollte an die Stelle der jahrhundertealten kirchlichen Unvernunft treten?

Die Vernunft natürlich, das ergibt sich aus der Situation von selbst. Und es ist ja auch vernünftig. Damit braucht es dann auch den Verstand, denn wie sonst soll man sehen, was vernünftig ist?

Das ist der Grund der Aufklärung. Und gleichzeitig ihre Grenze. Denn mit dem Verstand war es damals nicht weit her, 1700 Jahre plapperndes Schweigen hatten ihre Spuren hinterlassen, der Mensch verstand sehr wenig von der Welt, konnte kaum unterscheiden, was wirklich war und was unwahr. Biologie gab es fast gar nicht, Chemie war Alchemie, keine Archäologie gab es, keine Geologie, keine Geschichtsforschung, keine Psychologie, erbärmlich wenig Physik. Selbst das bisschen klassische Mechanik mussten Galilei, Newton und Leibniz erst selbst auffinden zu jener Zeit, ein bisschen Wellentheorie, ein wenig Korpuskulartheorie, reine Spekulation über Atome. Alles zusammengenommen hatte man damit einige Teilaspekte der Physik von Raum und Zeit. Die Thermodynamik – deren Grundzüge wir in einem eigenen Kapitel besprechen werden müssen, da ja dieses Buch auf ihr fußt – fehlte vollständig.

In der Physik von Raum und Zeit gibt es aber keine Entwicklung, keine wesentliche Veränderung, sie handelt von Teilchen, die unter Erhaltung von Energie und Impuls halt so gegeneinander stoßen und hin und her fliegen auf ewig, wüst und wirr. Tohuwabohuphysik. Auch wenn man die erst heute bekannten Erweiterungen der Physik von Raum, Zeit und Teilchen hinzunimmt – die Quantentheorie, die allgemeine Relativitätstheorie –, aber die Thermodynamik nicht kennt, so nützt es zu nichts: Über eine Welt, wie sie in der Genesis unter »erster Tag« beschrieben ist, kommt man ohne Thermodynamik nicht hinaus, es geht nicht.

Die Aufklärer wollten aber unbedingt die Welt erklären, sie mussten es. Zumindest unter psychologischen Gesichtspunkten mussten sie es, um dem beeindruckend geschlossenen Weltbild der Kirche etwas entgegensetzen zu können. Mit dem bisschen Wissenschaft, das sie damals hatten, musste das schief gehen. Und vielleicht belastet dieses Scheitern das Verhältnis zwischen Wissenschaft und Gesellschaft bis heute. Und hat auch die Aufklärung selbst schließlich behindert, sodass sie sich gegen die Strukturen, welche das Erbe der kirchlichen Macht antraten, die modernen Staatsideologien, schlecht behaupten konnte.

Die Menschen damals haben vom Unzureichenden ihrer Physik durchaus gewusst und es sich auch selbst sehr gut veranschaulicht, im vorgeblichen Gedankenexperiment des »Laplaceschen Dämons« beispielsweise. Das ist ein gedachtes Wesen, das die momentane Bewegung aller Dinge der Welt kennt. Da sich nach Newtons Theorie die zukünftige Bewegung eines Körpers aus seiner gegenwärtigen berechnen lässt, so hätte der Laplacesche Dämon also das vollständige Wissen auch über die Zukunft der Welt. Damit wäre diese Zukunft festgelegt. Wenn die Welt jetzt, gerade in diesem Augenblick, einen ganz bestimmten Zustand hat, so scheint ihre Zukunft für immer festgelegt, durch die Gesetze Newtons. Da bleibt kein Raum für einen freien Willen. Niemand könnte sich so bewegen, dass es der Vorhersage des Laplaceschen Dämons widerspräche. Und damit wäre die Aufklärung selbst ad absurdum geführt, denn was sollen Moral und Menschenrecht ohne freien Willen? Wenn die Physik alles vorherberechnen kann, jedenfalls im Prinzip, mit Hilfe der Newtonschen Gesetze, so kann es keine Freiheit geben.

Die Lösung des Problems ist heute einfach, damals war sie undenkbar: Es gibt keinen Laplaceschen Dämon in der Physik, auch nicht als Gedankenexperiment. Ein solcher Dämon müsste ja die Bewegung eines jeden der unvorstellbar vielen Teilchen dieser Welt zu einem unendlich genau bestimmten Zeitpunkt unendlich genau kennen. In der Physik aber kann man nur kennen, was man messen kann. Man kann nicht kennen, was prinzipiell unmessbar ist. Unendlich genau – nicht beliebig genau, sondern ganz und gar vollständig genau – kennen kann der Dämon nur, was er unendlich genau messen kann.

Vordergründig kann er das nicht wegen der Quantentheorie, man kann nicht die Bewegung und den Ort eines Teilchens zu einem genau bestimmten Zeitpunkt unendlich genau bestimmen. Aber es braucht die Quantentheorie gar nicht in dem Zusammenhang. Selbst wenn es keine Quantentheorie gäbe, wenn Atome kleine Kugeln wären, welche exakt den Newtonschen Gesetzen gehorchten, so gäbe es trotzdem keinen Laplaceschen Dämon.

Weil es eben keine unendlich genaue Messung gibt in der Physik und schon gar keine unendlich genaue Messung von unvorstellbar vielen Teilchen zum genau gleichen Zeitpunkt. Selbst wenn Sie ein Messgerät hätten (Sie haben ein solches aber gar nicht), welches ein Atom unendlich genau messen könnte, so bestünde dieses selbst ja wieder aus Atomen, es bräuchte weitere Messgeräte, um die Atome des ersten Messgeräts unendlich genau zu messen – und wieder Geräte für jene und immer so fort. Das ist nicht Physik, sondern Dada.

Der Laplacesche Dämon ist also kein Gedankenexperiment: Gedanklich experimentieren würde man, wenn man sich vorstellt, etwas zu messen, das man halt aus praktischen Gründen schlecht messen kann, das aber im Prinzip schon messbar wäre. Wenn man nur beliebig viel Geld zu Verfügung hätte oder beliebig starke Raketenantriebe, zum Beispiel. Aber auch mit beliebig viel Geld und beliebig hochgezüchteten Messapparaturen könnte der Laplacesche Dämon sein Ziel doch nie erreichen. Denn eine unendlich genaue Messung gibt es nicht in der Welt. Die Physik kennt das Unendliche nicht, nirgends in der Physik gibt es etwas Unendliches. In der Mathematik schon, in der Physik nicht. Das Unendliche ist nicht Bestandteil der physikalischen Welt. Es gibt den Laplaceschen Dämon noch weniger, als es »kugelrunde Würfel« gibt. Denn immerhin gibt es ja »Würfel« in der Welt, und es gibt »Kugelrundes«, zum Beispiel Kugeln. Wenn jemand sagt »kugelrunder Würfel«, so hat er lediglich Dinge und Eigenschaften, die es gibt, falsch zusammengesetzt, auf eine Weise, die es nicht gibt. Die Idee des »unendlich genau wissenden Dämons« setzt aber etwas voraus, das es nicht gibt, eine »unendlich genaue Messung«. Was man auch immer aus der sprachlichen Existenz kugelrunder Würfel schließen mag, es hat keine Gültigkeit. Noch weniger Gültigkeit hat deshalb, was man aus der Existenz des Laplaceschen Dämons folgert.

Nicht genug damit, dass es keinen Laplaceschen Dämon gibt, der die Welt vorherbestimmen könnte. Sondern, scheinbar im Gegenteil, wissen wir heute, dass auf der Ebene der Teilchen einzig der Zufall bestimmt, immer nur der Zufall, nichts sonst. Und was sich auf diesen Sachverhalt aufbaut, ist die »Thermodynamik«, die damals noch unbekannt war. Ist aber die Herrschaft des Zufalls, das scheinbar extreme Gegenteil der Laplaceschen Idee also, nicht ebenso unvereinbar mit dem freien Willen, mit Recht und Moral? Nein. Denn gerade eben die völlige Herrschaft des Zufalls im Kleinen ist es, was zu Zwang und Ordnung führt in den großen Strukturen. Doch damals wusste das keiner.

Egal, ob man aus unserer heutigen Perspektive die damalige Kirche oder die damaligen Aufklärer betrachtet, so oder so bekommt man den Eindruck, dass die Menschen unbedingt auf einem in sich geschlossenen und scheinbar vollständigen

Weltbild bestehen, mag es auch noch so falsch sein. Und es einem der Wirklichkeit entsprechenden, aber unvollständigen Weltbild bei weitem vorziehen. Es ist, als hätten wir Menschen eine sehr große Angst davor, einmal sterben zu sollen, ohne je gewusst zu haben, woher wir kamen und warum und wer wir eigentlich waren. Alles, wirklich alles ertragen wir, notfalls sogar den Selbstbetrug – nur das nicht.

Nun hat der Mensch sich in den letzten Jahrhunderten kaum verändert, was damals galt, wird auch heute wahr sein. Wir können zwar mit Verstand und Vernunft ein Weltbild erstellen, das dem der klassischen Aufklärung hoffentlich weit überlegen ist, aber da auch heute nicht alles unserem Verstande zugänglich ist, so wird es nach wie vor eine Grenze dieses vernunftbestimmten Weltbildes geben. Mit der sich abzufinden schwer ist. Die deshalb jenen Leuten Vorschub leistet, welche, die menschliche Urangst vor dem Unbekannten ausnutzend, ihre Macht beziehen aus der Tatsache, dass sie keinen Raum lassen für offene Fragen. Die Prälaten, die Werbefritzen.

Das führt zu der außerordentlich gewagten Frage, ob es möglich sei, die Grenzen des Verstandes zu überschreiten, ohne gegen den Verstand zu verstoßen, ohne unvernünftig zu sein. Offensichtlich ist das Einzige, was die Grenzen des Verstandes überschreiten kann, das Gefühl, die Emotion. Aber sind Gefühle nicht eben unvernünftig, im Widerspruch zu Vernunft und Verstand? Davon geht unsere Epoche gewohnheitsmäßig aus, die Prälaten lassen grüßen, bewiesen aber ist es nicht. Es lohnt, darüber nachzudenken. Es tut Not.

NATURWISSENSCHAFT UND MENSCHLICHKEIT

Was ist Naturwissenschaft? Besser gefragt: Was war Naturwissenschaft bisher? Denn falls sich die Naturwissenschaft gegenwärtig in einer Krise befinden sollte – es gibt Leute, die solches behaupten –, so würde die Beschreibung der heutigen Naturwissenschaft nur zeigen, was Naturwissenschaft nicht ist.

Lassen Sie uns die Frage am Beispiel der Physik untersuchen, deswegen, weil sie die am weitesten zurückreichende Naturwissenschaft ist, sie reicht dreitausend Jahre zurück in die Vergangenheit. Genauer gesagt, ist es die Schrift, die so weit zurückreicht, seit dreitausend Jahren ist Physik schriftlich belegt. Physik auf sehr hohem Niveau bereits, die eigentlichen, primitiven, ersten Anfänge der Physik mögen noch viel weiter zurückliegen.

MODERNE PHYSIK

Schon vor dreitausend Jahren wurden Probleme behandelt, die uns noch heute beschäftigen: Ob die Welt aus elementaren Einheiten aufgebaut sei, oder wie sonst? Ob man Raum und Zeit als nicht hinterfragbare Selbstverständlichkeiten hinzunehmen habe, oder ob es da etwas zu verstehen gebe. Was ist Raum, was Zeit, und haben sie einen Anfang und ein Ende? Wenn ja, was war vor der Zeit, und was ist außerhalb des Raumes? Woher kommen sie? Wie können Dinge entstehen, wie kann es Änderung geben, wie ist es möglich, dass etwas, das vorher nicht existiert hat, jetzt existiert? Und welches Verhältnis haben wir selbst zur Welt? Sind wir nicht wie Gebundene und Gefesselte, halb blind, und sehen wir nicht lediglich den Schatten der wirklichen Dinge anstatt die Dinge selbst? Ist die Welt in Wirklichkeit vielleicht ganz anders, als es uns scheint? Was ist die Welt? Können wir das jemals wissen?

Und nicht nur nachgedacht und spekuliert haben sie damals, sondern auch viel Richtiges gefunden: Ja, es gibt elementare Teilchen, die Welt sähe in der Tat völlig anders aus ohne sie, das wissen wir heute auch wieder, seit hundert Jahren etwa. Ja, in der Tat gibt es eine Menge nachzudenken über Raum und Zeit, und tatsächlich sind sie ganz anders, als es scheint, das wissen wir auch wieder, seit hundert Jahren, oder eher seit fünfzig? Was es aber genau auf sich hat mit Raum und Zeit, das wissen auch wir noch nicht. Was war vor dem Urknall, und falls die Frage sinnlos ist, weil es vielleicht, wir wissen das nicht, keine Zeit gab vor dem Urknall, was war es, was den Urknall verursacht hat? Darüber wissen wir haargenau so viel wie unsere Vorfahren vor dreitausend Jahren.

Dass die Erde nicht immer so gewesen war, wie wir sie kennen, sondern zuerst ganz anders, sie wussten es schon. Obwohl es keine Geologie gab, keine Archäologie, keine Jahreszahlen. Dass die uns vertrauten Tiere ursprünglich nicht waren, der Mensch nicht war, das war ihnen bekannt: Es könne doch zuerst nur einfaches pflanzliches Leben gegeben haben, dann tierisches Leben, erst im Meer, dann an Land, zuletzt erst der komplizierte Mensch.

Das ist eine Entwicklungsgeschichte, eine Evolution. (»Seit hundert Jahren wissen wir das auch wieder«, würde man gerne anmerken, doch das würde nicht stimmen, denn selbst heute noch gibt es Menschen, die das nicht verstehen. Die ausgerechnet auf die Genesis hinweisen, um es nicht verstehen zu müssen.) Selbst die Erde habe es nicht immer gegeben, auch nicht Sterne, Sonne, Mond. Sondern alles sei aus einem Urzustand erstanden, von dem man nur sagen könne, er sei »wüst« gewesen und »wirr«. Sie hatten es gewusst. Und mit »erstanden« meinten sie nicht, es sei vorher nichts da gewesen und dann plötzlich etwas, so wie es der Zauberer zu tun vorgibt: Erst ist kein Kaninchen im Hut, dann ist es plötzlich doch da. Sondern »erstanden« durch Trennen und Ordnen dessen, was vorher wüst war und wirr. Die Entwicklung der Welt als Resultat eines Ordnungsprozesses also.

Die mit heutigen wissenschaftlichen Methoden nachweisbaren Fehler in jenem Bericht aus der Zeit der Keilschrift sind unheimlich geringfügig: In Wirklichkeit gibt es pflanzliches Leben erst seit der Zeit nach der Entstehung der Sonne, und die Sonne ist nicht gleichaltrig mit den anderen Sternen, sondern nur mit manchen. Und die Vögel entstanden nicht im Wasser, sondern auf dem Land.

Und falls in solchen alten Berichten gelegentlich von Gott die Rede ist, so stört das jedenfalls unter wissenschaftlichen Gesichtspunkten nicht. Die Qualität einer wissenschaftlichen Aussage beurteilt man einzig danach, ob sie zutrifft. Alles andere wäre unwissenschaftlich.

Und die sieben Tage? Unwissenschaftlich wäre das, wenn 7 × 24 Stunden gemeint wären, aber das ist nicht der Fall. Sonne und Mond, ausdrücklich als Trenner von Tag und Nacht bezeichnet, gibt es erst seit dem vierten »Tag«. »Es wird Abend, es wird Morgen, erster Tag« (noch ehe es Sonne und Mond gibt, die es Morgen und Abend werden lassen können) weist einfach auf eine geordnete zeitliche Abfolge hin, eine Entwicklung. Kleinlich, wer das als unwissenschaftlich bezeichnet. Wäre es wissenschaftlicher gewesen, mit dem Nachdenken über den Ursprung der Welt, die Herkunft des Menschen abzuwarten bis zum Eintreffen der Schweizer Uhrenindustrie?

Man bedenke: Hätte sich vor hundertfünfzig Jahren ein Expertenkollegium europäischer Wissenschaftler die Aufgabe gestellt, über das Woher der Welt zu schreiben, so viel wie auf ei-

ner Seite Platz findet, wie es die erste Seite der Genesis tut, so
wäre dabei aller Wahrscheinlichkeit nach ein Text von geringe-
rer Qualität herausgekommen.

GEBURT UND TOD EINER WISSENSCHAFT

Es gibt also Physik, auch auf höchstem Niveau, schon sehr lange.
Es gab sie aber nicht in allen Gesellschaften. Immer schon gab es
auch hoch entwickelte Zivilisationen ohne Physik. Und selbst in
den Gesellschaften, welche Physik hatten, blieb die nie lange.

Eine Expertenmeinung zur Frage nach der Lebenszeit der hebräischen Physiker konnte ich in den Bibliotheken bislang nicht
finden. Was auch ein Laie zusammentragen kann, ist Folgendes:
Die Genesis entstand sicher vor ihrer Niederschrift um die Jahre
900 oder 1000 v.Chr. Nun lassen sich zwar im Pentateuch an
manchen Stellen Einflüsse der umgebenden Kulturen nachweisen, die Geschichte Noahs etwa ist die des Utnapitschim aus
dem Gilgamesch-Epos. Die Schöpfungsgeschichte der Genesis
hingegen findet sich nirgends sonst, ist also eine genuine Leistung
der hebräischen Kultur.[3] Sie muss also nach dem Auszug aus Ur
entstanden sein, das sind die Jahre um 1800 v.Chr. Nimmt man
weiterhin an – dies scheint vernünftig –, die erste Seite der Genesis stamme aus der Zeit vor der Gesetzgebung Mose, so folgt
daraus eine weitere Eingrenzung auf vor 1200 v.Chr.

Ganz bestimmt will ich den Experten nicht vorgreifen, doch
will mir scheinen, selbst in deutscher Übersetzung seien Texte
aus verschiedenen Kulturen in vieler Hinsicht verschieden, man
vergleiche Gilgamesch-Epos und Ilias. Und ebenso scheinen mir
die mesopotamischen Texte jener Zeit und die altägyptischen
Texte – wie man sie aus Ausstellungskatalogen kennt oder aus

---

[3] Das geistig am nächsten verwandte Dokument, das Atrachis, bleibt inhaltlich hinter
der Genesis weit zurück.

der populären Literatur – verschieden zu sein. Die mesopotamischen Texte streben selbst noch im Mythischen nach Realitätsbezug und Einordnung in die Welt, nach zeitlicher Abfolge. Die ägyptischen Texte verzichten darauf. Insofern scheinen mir die erste Seite der Genesis, die Erzählung von Noah und das, was man an Keilschrifttexten kennt, verwandt. Vom Geist, der aus den Papyri spricht, scheint die Genesis aber verschieden. Somit wäre der Anfang der Genesis noch vor dem Einzug nach Ägypten entstanden, also vor 1400. Daraus würde für die hebräische Physik eine Lebenszeit folgen von 1800 bis 1400 v.Chr. Das wären vierhundert Jahre, und nur falls die hebräischen Physiker in Ägypten ganz abgeschlossen von der umgebenden Kultur noch weiter am Werk waren, so wären es sechshundert.

Die Entstehung der griechischen Physik ist ein wenig besser dokumentiert. Sie endet jedenfalls mit der Ermordung des Archimedes durch die römische Soldateska, 212 v.Chr., mit der Eroberung des kleinen Griechenlands durch die einzige Weltmacht Rom. Beginnen lassen müssen wir die griechische Physik spätestens mit Parmenides, der um das Jahr 500 v.Chr. gewirkt hat. Spätestens mit ihm, denn er hat schon Dinge gewusst, die später wieder vergessen wurden und erst heute wieder verständlich werden. Für sinnvoller hielte ich es allerdings, schon bei Thales mit dem Zählen zu beginnen oder bei Anaximandros, das wären die Jahre um 600. Anaximandros kam in einem Buch, das vermutlich den Titel »Über die Natur« trug, zu dem Schluss, das Urprinzip der Welt und die Ursache allen Seins sei ein Ordnungsprozess, der aus dem Unbestimmten und Grenzenlosen das Bestimmte schaffe, die Gegensätze voneinander sondere, Trockenes und Feuchtes, Kaltes und Warmes, wir werden darauf zu sprechen kommen im Kapitel über Physik. Die Erde schwebe frei im Raum und habe allmählich die Lebewesen hervorgebracht, erst im Wasser, dann auf dem Land.[4]

[4] »Kleine Weltgeschichte der Philosophie«, H. J. Störig, Frankfurt am Main.

Auch die griechische Physik erstreckt sich also über einen Zeitraum von vielleicht vierhundert Jahren, jedenfalls nicht mehr. Es scheint auch sonst nirgends eine Kultur gegeben zu haben, die über einen längeren Zeitraum Physik betrieb.

Sicherlich ist die Physik also nicht etwas schlechthin Gegebenes. Sondern Physik ist im Leben der Gesellschaften die kurzlebige Ausnahme. Selbst hoch entwickelte Zivilisationen, die auch über eine für ihre Zeit hoch entwickelte Technologie verfügten, kannten oft keinerlei Physik.

Während der Herrschaft des römischen Imperiums und der geistigen Dominanz der römischen Kirche gab es knapp zweitausend Jahre lang keine Physik in Europa. Die Physik hat bei den Arabern überwintert, den Indern, und kam ins christliche Europa zurück, als Luther seine 95 Thesen an die Schlosskirche von Wittenberg schlug. Während sie den islamischen Kulturen seitdem vollständig abhanden kam, und das liegt offensichtlich nicht am Geld.

Wie kommt das, was lässt die Physik entstehen und vergehen in einer Gesellschaft? Wieso entstand Physik eher in den kleinen griechischen Stadtstaaten, den unabhängigen deutschen Fürstenterritorien und den freien italienischen Städten? Selbst bei einer in der Wüste umherziehenden Schar von Hirten, vorausgesetzt nur, die zogen auf der Suche nach etwa anderem herum als nur nach Gras? Wohingegen hoch organisierte, reiche Staaten, die sich das eigentlich hätten leisten können, keine Physik zustande brachten? Im monokulturellen ägyptischen Zentralstaat, etwa zeitgleich mit den frühen Hebräern, gab es keine Physik. Im chinesischen Großreich gab es keine Physik. Unter der geistigen und politischen Globalisierung des Römerreiches und der geistigen Globalisierung der römischen Kirche gab es 1700 Jahre lang keine Physik.

Blättert man in den Geschichtsbüchern, so blitzt Physik immer dort aus dem Dunkel, wo ein unerträglich überständig gewordenes Welt- und Menschenbild umgestoßen wurde, wo

der Mensch sich auflehnte gegen Bevormundung und Verein-
nahmung. Wie es zum ersten Mal beschrieben ist in der Geschichte vom Auszug aus Ur in Chaldäa: Wo der eine sich nicht
mehr abfinden wollte mit dem, was Brauch ist, was die Leute sagen und die Obrigkeit erwartet. Sich nicht mehr abspeisen lassen wollte mit Lehmgöttern, welche Stadtfürst und Gewohnheit
hervorgebracht hatten zur Ruhigstellung der Untertanen. Sondern lieber hinwegwanderte, ins Unbekannte, hoch Ungemütliche, nur um herauszufinden, wie es wirklich sei, wie es richtig
sei. Wie wir es wieder antreffen im frühen Griechenland, wo
sich oberflächlich gesehen ganz anderes ereignet, im Grunde
aber wieder das gleiche, nämlich das Sich-Herauslösen des Individuums aus der Hörigkeit, aus der Anonymität, hin zum autonomen europäischen Menschen.

Und wo ist der Unterschied zwischen Wittenberg und Ur? Nur
darin liegt er, dass Luther nicht wegziehen konnte – wohin hätte
er schon gehen sollen? –, sondern bleiben musste und kämpfen.
Wo der autonome Mensch sich zur Wehr setzt gegen die Zumutungen überlegener organisatorischer Macht, da findet sich auch
die Physik auf den Barrikaden, an seiner Seite. Wo hingegen der
freie Mensch zurücksinkt in geistige Ameisenexistenz und Irrele-
vanz, stirbt auch seine Physik. Insofern gehen, historisch gesehen,
Naturwissenschaft und Menschlichkeit Hand in Hand.

Das Verschwinden der Physik hat sich immer ganz unbemerkt
abgespielt, und niemand konnte es je beklagen. Ganz im Gegenteil: Kaum hatten die Römer Archimedes erschlagen, errichteten
sie ihm ein Denkmal, man wusste schon damals, wie wichtig Physik ist. Es scheint, als stünden die jegliche menschliche Gesellschaft zusammenhaltenden organisatorischen Kräfte tendenziell
in einem Spannungsverhältnis zur Physik. Wo diese Kräfte sehr
stark und wirkungsvoll werden, da bilden sich große Staatsge-
bilde oder einheitliche Religionsgemeinschaften heraus, aber
Physik ist dann nicht mehr möglich. Dabei ist die Physik immer
ganz lautlos, gleichsam ganz von selbst verschwunden, einer Ver-

folgung der Physiker oder der Physik bedurfte es nie. Sodass eine Gesellschaft vorstellbar ist, welche der Physik Denkmäler errichtet, auch sehr kostspielige, und die Physik in hohen Ehren hält, tatsächlich aber schon längst keine Physik mehr betreibt.

DIE IDIOTEN

Das Spannungsverhältnis zwischen der Physik und den Kräften der gesellschaftlichen Organisation zeigt sich auch in den Lebensläufen der großen Physiker. Etwa Galilei, Newton, Mayer, Boltzmann, Einstein, Planck, Noether, Turing.

Galilei: starb in Haft. Mayer: Selbstmordversuch, Irrenhaus. Boltzmann: Selbstmord. Einstein: starb im Exil. Selbst der berühmte Planck war zu Beginn, aber auch wieder zum Ende seiner Karriere völlig isoliert und starb vereinsamt. Noether wurde von ihrer Universität unsäglich behandelt, starb später im Exil. Turing: Selbstmord.

Eine Ausnahme in all dem Elend scheint der auch in weltlichen Dingen erfolgreiche Newton zu sein. Betrachtet man dessen Lebenslauf aber genauer, so wird schnell klar, wie sehr auch Newton ein Leben lang in einer geradezu gruseligen Spannung stand zu seiner sozialen Umwelt. Allerdings dachte er nicht im Traum daran, sich umzubringen oder ins Irrenhaus sperren zu lassen. Sondern drehte den Spieß um, anstatt an seiner Umwelt zu leiden, ließ er sie leiden an sich. Jahrelang musste er sich begnügen mit übler Nachrede und Verleumdung, aber als er endlich ein Amt erreicht hatte, das ihm Macht gab über Leben und Tod, machte er davon auch reichlich Gebrauch, reihenweise ließ er seine Mitmenschen am Halse aufhängen, bis dass sie tot waren. In gewisser Hinsicht lebte wohl auch Newton im Irrenhaus, länger vielleicht als alle andern.

Wenn unsere Beobachtungen wahr sind, wenn die Physik, wie wohl generell die Naturwissenschaften, sich nur da behaupten kann, wo sich das Individuum behauptet gegen die angleichenden gesellschaftlichen Kräfte, so muss es spätestens zu Beginn des 20. Jahrhunderts zu einer existenziellen Bedrohung der Physik gekommen sein. Denn jene Epoche stand unter dem Zeichen von Organisation und Angleichung in vielerlei Hinsicht.

Dazu Albert Schweitzer aus den ersten Jahren des 20. Jahrhunderts: »In ganz einzigartiger Weise geht der moderne Mensch in der Gesamtheit auf. Dies ist vielleicht der charakteristischste Zug an seinem Wesen. Die herabgesetzte Beschäftigung mit sich selbst macht ihn ohnehin schon in einer geradezu krankhaften Weise für die Ansichten empfänglich, die durch die Gesellschaft in Umlauf gesetzt werden. Da nun noch hinzukommt, dass die Gesellschaft durch ihre ausgebildete Organisation eine bislang unbekannte Macht im geistigen Leben geworden ist, ist seine Unselbstständigkeit ihr gegenüber derart, dass er schon fast aufhört, ein geistiges Eigenleben zu führen … geistige Freiheit werden wir erst wieder erlangen, wenn die vielen Einzelnen aufs Neue geistig selbstständig geworden sein und zu den Organisationen, in denen sie seelisch gefangen waren, das würdige und natürliche Verhältnis gefunden haben werden. Die Befreiung aus dem heutigen Mittelalter wird viel schwieriger sein als die, in welcher die europäische Menschheit das Andere überwand. Damals ging der Kampf gegen geschichtlich gegebene äußere Autoritätsgewalten. Heute handelt es sich darum, die vielen einzelnen dazu zu bringen, sich aus der selbst geschaffenen geistigen Unselbstständigkeit herauszuarbeiten. Kann es eine schwerere Aufgabe geben?«

MODERNSTE PHYSIK. MEGAGEIL

Ein junger Forscher macht heutzutage am leichtesten Karriere, wenn er sich einer möglichst großen Forschergruppe anschließt. In deren Reihen er naturgemäß wenig eigene, somit wenig kreative Forschung betreiben kann. Jene Forschergruppen wiederum schließen sich zu größeren Gemeinden zusammen. Selbst auf dem Gebiet der Theorie ist das so, obwohl es dafür eigentlich keinen rationalen, in der Wissenschaft liegenden Grund gibt.

Man erinnere sich, wie früher einmal theoretische Physik betrieben wurde: Im Anfang war ein zu lösendes Problem. Dann haben sich Physiker mit diesem Problem auseinander gesetzt, bis sie eine Lösung fanden. Diese wurde schließlich als Theoriegebäude formuliert.

Heute hat sich diese Ordnung umgekehrt, eine Koordinatentransformation um 180 Grad hat stattgefunden, sozusagen. Heute kommt erst die Theorie, dann, vielleicht, die Lösung des Problems. Verrückte Welt. Es gibt ganze »Theorieschulen« hunderter wenn nicht tausender von Naturwissenschaftlern, ohne dass und jedenfalls ehe die jeweilige Theorie irgendein Resultat gehabt hätte, ehe man also eigentlich von einer Theorie reden kann. Es handelt sich genau genommen nicht um »Theorieschulen«, sondern um »Hypotheseschulen«. Beispiele sind die supersymmetrischen Theorien, »SUSY«, welche seit Jahrzehnten die Existenz vieler supersymmetrischer Teilchen voraussagen. Oder die Chaostheorie, die überhaupt nur noch aus der Absichtserklärung besteht, eine solche Theorie begründen zu wollen.

Diese Zustände, diese Koordinatentransformationen, bringen nicht nur Pseudo- und Hokuspokusphysik hervor. Sie sind auch fähig, gute, viel versprechende Physik abzuwürgen, und haben starke Auswirkungen auf das Verhältnis zwischen Physik und Öffentlichkeit.

So habe ich vor etwa fünfzehn Jahren auf einer sehr schönen Konferenz in Erice, Sizilien, erstmals die Superstringtheorien kennen gelernt. Ich traf Menschen, die mich sehr beeindruckt haben; was die sagten, klang interessant und vielversprechend. Kürzlich habe ich mir ein Buch über Superstrings gekauft[5], um

---

[5] B. Greene, »Das elegante Universum«.

zu sehen, was aus der Sache seitdem geworden ist. In der Zeitung stand, dass der Autor, ein Herr Greene, ein anerkannter Experte sei. Angeblich werden in diesem Buch die Superstrings erklärt. Seite für Seite wird der Leser in der Erwartung gehalten, nun würde es aber wirklich gleich erklärt. Es wird aber nichts erklärt, bis zum Schluss nicht. Es wird aber so getan, als ob. Wenn heutzutage ein führender Experte wie der Herr Greene das, was er in seinem Buch schreibt, für erwähnenswert hält, so sehe ich schwarz für die Zukunft der Superstrings.

Das ist schon schlimm genug. Schlimmer noch ist die Auswirkung solcher Bücher auf die Gesellschaft. Denn nun denkt der Laie, er hätte es deshalb nicht kapiert, weil er nicht intelligent genug sei. Die Physik sei zu schwierig für ihn. Irgendwann wird er sich abwenden, das Interesse verlieren. Jedenfalls der intelligente Laie. Für Physik werden sich zukünftig nur noch die Leute interessieren, die blind glauben und verehren wollen, die sich unbedingt irgendwem geistig unterwerfen wollen. Will später irgendwann einmal jemand behaupten, die Wissenschaft besage, es gebe Hexen oder Computer könnten denken, so wird die nun übrig gebliebene Physiker-Fangemeinde auch das fressen. Die anderen werden nichts sagen, sie denken ja fälschlich, sie interessierten sich nicht für Physik. Da könnten sie folglich auch nicht mitreden.

Das sind aber keine Probleme der Physik selbst, weswegen es ganz falsch wäre, auf eine Krise der Wissenschaft, also eine Krise von Verstand und Vernunft schließen zu wollen. Es handelt sich vielmehr um rein organisatorische Probleme. Es sind Erscheinungen der unkontrollierten Überorganisation, wie sie auch auf anderen Gebieten zu beobachten sind. In der Wissenschaft spielt sich das so ab: Zuerst braucht es die Ansammlung einer kritischen Masse ratloser Wissenschaftler – besonders in Zeiten geistiger Krisis geschieht dies leicht –, welche sich darauf verständigen, die So-und-so-Theorie sei genau das, was man immer schon wollte, es werde Zeit, nun endlich nach ihr zu suchen. Dann beginnt das gegenseitige Begutachten, das Zitieren, man lädt sich gegenseitig zu Preisverleihungen ein und zu immer größeren Konferenzen. Deren Größe die zuständigen Damen und Herren im Forschungsministerium beeindruckt. Und die müssen dann zahlen, weil, die Wissenschaft ist ja enorm wichtig für unsere Zukunft, das versteht jeder. Selbst der, der gar nicht versteht, worum es gerade geht.

Ich sag da nichts Skandalöses, dergleichen ist allgemein bekannt und dank der normativen Kraft des Faktischen akzeptiert. Und bekannt ist auch das Argument, welches die Situation gutheißt: Die Forschung müsse zweckfrei sein, keine Forschung ohne Freiheit der Forschung. Deshalb bräuchten Wissenschaftler keine Rechenschaft abzulegen. Wenn also die Forscher zwanzig Jahre lang immer wieder supersymmetrische Teilchen entdecken und zurücknehmen, fast entdecken, beinahe sehen, für die unmittelbare Zukunft fast sicher voraussagen, immer wieder, so ist das in Ordnung, vorausgesetzt einzig, die Forscher freue es so. Und man soll auch nicht fragen, wozu diese Supersymmetrie in wissenschaftlicher Hinsicht gut sei – unter wohlgemerkt rein wissenschaftlichen Gesichtspunkten ist sie, meiner Meinung nach, zu gar nichts gut –, schließlich muss die Freiheit der Forschung gewahrt bleiben.

Das also ist das Argument, Forschung soll frei sein, so wie früher. Ein zutreffendes Argument, auch ich werde es im Folgenden verteidigen. Aber einen Unterschied zu früher gibt es, und der muss berücksichtigt werden, und zwar gerade eben, um langfristig die Freiheit der Forschung verteidigen zu können: Wohl alle großen Naturwissenschaftler der Vergangenheit haben in ihrem Leben erfolgreich an mehreren Projekten gearbeitet. Planck betrieb Thermodynamik und auch die Quantentheorie, Einstein ebenfalls Thermodynamik und Quantentheorie und Relativitätstheorie und Elektromagnetismus, Newton Mechanik und Optik und Astronomie, Turing hat Maschinen erdacht (Turing-Maschine) und U-Boote versenkt.

Wenn also dieser ungekämmte Herr Einstein irgendwelchen verrückten Gedanken nachhing zu einer bizarren Relativitätstheorie, die niemand verstehen konnte, so durfte man doch beruhigt sein: An seinen Arbeiten zur Quantentheorie konnte man die große Meisterschaft Einsteins sehen. Wirkliche Könner kann man gerne in Ruhe arbeiten lassen, auch wenn man nicht versteht, was sie gerade tun.

Im Unterschied dazu existieren die modernen Theoriekirchen über Jahrzehnte auch ohne jedes Resultat und beanspruchen in ihrer Uferlosigkeit ihre Angehörigen vollständig. Selbst wenn die wollten, sie wären gar nicht in der Lage, ihr Können unter Beweis zu stellen, jedenfalls nicht vor dem immer wieder aufs Neue in baldige Aussicht gestellten Abschluss ihrer Mission.

»Sachzwänge«, hören wir es murmeln, »die heutige Wissenschaft ist halt so, da gibt es Projekte, die sich über viele, viele Jahre hinziehen, die daran beteiligten jungen Leute können sich beim besten Willen nicht kurzfristig profilieren, es geht nicht anders.« Es ginge schon anders: Man müsste ja nur auf den weit verbreiteten Brauch verzichten, die jungen Wissenschaftler für alle möglichen Hilfsdienste und Gefälligkeiten einzuspannen, »für die Doktorarbeit bleibt Ihnen nach dem Abendessen immer noch Zeit, und da müssen Sie durch«. Dann könnten die sich ganz nebenbei auch auf anderen Gebieten beweisen. Warum soll ein junger Teilchenphysiker nicht hin und wieder auf dem Gebiet der Thermodynamik forschen dürfen oder der Ägyptologie – anstatt Hochspannungskabel zu installieren, Halbleiterdioden zu testen oder Meetings vorzubereiten?

ZWECKFREI – ZWECKLOS

Das Argument, dass ein Könner in Ruhe arbeiten dürfen soll, ohne Rechenschaft abzulegen, ist also richtig. Es fehlt ihm aber die rechte Überzeugungskraft angesichts der zu großen Zahl von Planstellen, die mit Wissenschaftlern besetzt sein sollten, deren Inhaber tatsächlich aber nicht nachweisbar etwas Eigenes zur Wissenschaft beitragen und das offensichtlich auch gar nicht ernsthaft versuchen. Die Forschung soll zweckfrei sein dürfen, aber nicht zwecklos.

Wohlgemerkt, es handelt sich hierbei nicht um Probleme der Wissenschaft selbst. Es wäre etwa ganz unangebracht, nun von »ironischer Physik« zu sprechen, von den »Grenzen des Wissens« und dergleichen.[6] Sondern dies sind ausschließlich Probleme der Organisation, genauer der Überorganisation. Ein junger Wissenschaftler wird deswegen gerne Hochspannungskabel installieren und Meetings organisieren, weil er damit zum Zusammenhalt der Gruppe beiträgt, es ist notwendige Voraussetzung für sein berufliches Fortkommen.

LERNEN VON KIM JONG IL

Schlimmer noch als in der theoretischen Physik ist die Situation in der experimentellen Physik, wo sich die natürlich vorkommenden Tendenzen zum Organisatorischen hinter so genannten Sachzwängen verbergen lassen. So wurde vor einiger Zeit ein Großforschungslabor kritisiert anhand konkreter Beispiele, es wurde ihm vorgeworfen, seit zwanzig Jahren nur noch Mediokres zu leisten, jedenfalls nichts, was einen Etat von zweihundert Millionen Mark rechtfertige.[7]

Wäre sich das Labor seiner weißen Weste sicher gewesen, so wäre die Antwort auf die Kritik wohl leicht gefallen, es handelte sich wohlgemerkt um ein Labor der exakten Naturwissenschaft. Es hätte nur zu erklären brauchen, was es denn tut und warum das wichtig ist. Das hätte genügt, und der Kritiker hätte dumm da-

[6] J. Horgan, »An den Grenzen des Wissens«.
[7] Der Spiegel, 44/1999, 47/1999.

gestanden, wie ein begossener Pudel. Und weil die Kritik öffentlich und lautstark vorgetragen war, so hätte auch die Antwort eine breite und aufmerksam gewordene Öffentlichkeit erreicht, man hätte also für seine Sache einen guten Gewinn gehabt, dem nassen Kritiker gewissermassen insgeheim danken sollen.

Das hat man aber nicht getan, von den vielen Wissenschaftlern des Labors war kein einziger geneigt, einen überzeugenden Gegenartikel zu erarbeiten. Ein solcher Artikel wäre von der Zeitung, welche die Diskussion angestoßen hatte, gerne und uneingeschränkt gedruckt worden, meines Wissens. Da kam aber nichts. Also hat besagte Zeitung eine öffentliche Diskussion veranstaltet. Wenn die Forscher keine Zeit haben zum Schreiben, sollen sie wenigsten reden. Die wollten aber nicht: Die Forschungsmanager des kritisierten Labors weigerten sich schlichtweg, an einer öffentlichen Diskussion teilzunehmen, sollte auch der arme Kritiker dabei sein. So diskutierte man ohne den Kritiker. Also gar nicht.

Noch mehr, als sie bei dieser Gelegenheit getan hat, kann die deutsche Presse nicht tun, um einen echten Dialog zwischen Gesellschaft und Wissenschaft in Gang zu bringen.

Besagter Vorfall war kein Fauxpas, sondern hatte System. Schon vorher hatte das Management besagten Labors den Verlag des Kritikers brieflich die unlauteren Motive desselbigen nahe zu bringen versucht, ihn diffamiert und den Verlag zu einem Überdenken seiner Zusammenarbeit mit dem Kritiker angeregt. Übrigens ohne dem Kritisierten eine Kopie des Schreibens zukommen zu lassen; wäre es nach dem Labor gegangen, so hätte man über den Angeklagten, besser gesagt den Diffamierten, zu Gericht gesessen, ohne ihn auch nur anzuhören.

Als der Verlag auf dergleichen nicht einging, heutzutage muss ein Verlag auf so etwas ja nicht mehr eingehen, da wurde das Labor selbst verlegerisch tätig und richtete eine Webpage ein, vermutlich aus öffentlichen Mitteln und während der offiziellen Arbeitsstunden, mit einer Sammlung von Briefen empörter Wissenschaftler, nach dem Motto: »Alle anderen Wissenschaftler, soundso viele tausend, finden das Labor einstimmig gut und weisen die Kritik dieses Einzelnen aufs äußerste empört zurück.« Ein außenstehender Beobachter musste durchaus den Eindruck bekommen, da stünde einer, also wohl ein leicht verrückter Mensch, gegen die Meinung soundso viel tausender, offensichtlich seriöser Wissenschaftler.

Es könnte sein, dass das Labor bewusst und fälschlicherweise diesen Eindruck erzeugen wollte. Das wäre schlimm. Noch schlimmer aber wäre es, anzunehmen, das Labor hätte Recht. Anzunehmen, es fänden sich in der Forschung tatsächlich 99,9 Prozent Mehrheiten. Bei der Verhandlung komplizierter Sachverhalte hat es in pluralistischen und freien Gesellschaften noch nie und bei keiner Gelegenheit zu 99,9 Prozent Übereinstimmung gegeben. Man weiß doch, unter welchen Umständen solche Harmonie einzig entsteht.

Übrigens wurden die im *Spiegel* vorgebrachten Sachargumente bis heute nicht widerlegt, und die vorgebrachten Zukunftsprognosen haben sich bis heute bewahrheitet.

FORSCHE FORSCHER

Nun weiß man also, wie sich so ein Labor der organisierten Forschung den Dialog mit der Gesellschaft nicht vorstellt. Wie aber stellt es sich ihn dann vor? Dazu muss man das Labor selbst sprechen lassen, indem man auf seine Website geht und liest. Da findet sich ja durchaus Material, das die zugrunde liegende Wissenschaft und die konkreten Aktivitäten des Labors beschreibt. Etwa ein interaktives Werk des Titels »Kworkquark«, und das ist durchaus nicht irgendein Machwerk, kein peinliches Versehen, sondern eine mit dem Brinckmannpreis ausgezeichnete, hoch gelobte Arbeit. Da liest man über die Aktivitäten des Labors gleich zu Anfang: »Das erweckt den Eindruck, dass ein

Normalbürger nichts davon verstehen könne. Und da hat der Eindruck nicht ganz Unrecht.«

Mit »Normalbürger« scheint der Nichtwissenschaftler gemeint zu sein, so als ob Wissenschaftler keine normalen Bürger seien. Dann folgt ein Text, in dem das Wort »erklären« mehrfach vorkommt, es wird aber nichts erklärt, sondern so eine Art Gegenstandsbeschreibung gegeben: Dieses und jenes gibt es, und das ist so und jenes anders etc. Menschen, die unbedingt glauben und vertrauen wollen, weil ihnen das besser gefällt als das Verstehen, könnten bis zu dem Punkt immerhin argumentieren, Wissenschaft habe halt nur beschreibenden Charakter, erklären könne sie nicht. Also dürfe man von so einem Hypertext nur Sachinformationen erwarten über die Wissenschaft, aber keine Erklärungen.

Um den Preis der Denunziation der Wissenschaft mag man vielleicht gerade noch so argumentieren können, aber diese Argumentationsmöglichkeit fällt natürlich da weg, wo es nicht mehr um die Wissenschaft selbst geht, sondern um die Aktivität des Labors. Die Aktivität des Labors muss man schon erklären können. Jedenfalls solange es aus Steuergeldern finanziert wird.

Aber auch die Aktivität des Labors selbst wird nur beschrieben: wie so ein Detektor aufgebaut ist, wie viele Experimente es gibt, wie viele Leute da arbeiten, wie viele Meter das Ganze misst etc. Und wenn man hofft, endlich erklärt zu bekommen, wozu das gut sei, liest man: »Diese Geräte sind so kompliziert, dass sie von einer Armada an Wissenschaftlern betreut werden müssen. Es gibt keinen Menschen mehr, der über Sinn und Zweck eine jeden Kabels und Ventils Bescheid weiß. ... Die neuesten Theorien der Theoretiker sind viel zu kompliziert, als dass sie ein Experimentator ... kapieren könnte, und die neuesten Experimente ... so ausgefeilt, dass man alles daransetzen sollte, sie vor den Händen der Theoretiker zu schützen.« Damit ist auf ziemliche flotte Weise klargestellt, welches Ausmaß des Verstehens der »Normalbürger« zu beanspruchen hat.

Aber wenigstens am Schluss, da sollte schon etwas Versöhnliches stehen, man muss den Steuerzahler ja letztlich doch bei der Stange halten, oder?: »Ist dies das Ende der Fahnenstange? Sind alle Rätsel gelöst? Die Teilchenphysik am Ende? Nein. Es ist immer noch eine Menge unentdeckt. Vieles ist noch nicht verstanden. Und damit sich das ändert, wird weltweit und auch bei … kräftig weitergeforscht.«

Schade nur, dass diese Löser von Rätseln in der Hitze des Gefechts ganz vergessen haben zu erklären, welche Rätsel sie nun eigentlich gelöst haben in den letzten zwanzig Jahren. Credo quia absurdum est.

Die Wissenschaft, die einmal Vorkämpferin war und Hüterin menschlicher Freiheit, ist sie das noch? Weiß sie noch vom freien, autonomen Individuum, das sie hervorgebracht hat? Erinnert sie sich noch an Demokratie, Meinungsfreiheit, Pluralismus, geht es sie an? Ein ehemaliger Vorsitzender des Wissenschaftsrates hat es auf den Punkt gebracht: »Demokratisiert die Wissenschaft!«, fordert er verzweifelt.[8] »Sie war schon einmal demokratisch«, füg ich leis hinzu.

Von vielen Menschen wird die Wissenschaft abgelehnt, sie fühlen sich von ihr bedroht. Oder wollen von ihr in Frieden gelassen werden, geben ihr lediglich Geld, im Wunsch nach steigenden Aktienkursen, die Experten regeln den Rest. Sind all diese kritischen oder gleichgültigen Menschen dumm? In dem Fall muss sie der Experte belehren. Oder böswillig? Dann muss man ihnen Strafe androhen für die Zukunft. Sind sie verstockt? Dann müssen wir sie überreden, mit Hilfe dicker Werbeetats schaffen wir auch das. Oder hat ihr Verhalten – vernünftige Gründe? Sind sie vernünftig – diese Menschen?

Eine Entfremdung der Wissenschaft von ihrem Menschen ist nicht nur fatal für diesen, sondern auch für sie selbst. Denn wird

---

[8] *Die Zeit*, 38/2000, S. 41.

die Wissenschaft gleichgültig gegen den Menschen, so irgendwann auch dieser gegen sie. Das wäre ihr Ende, denn letztlich betreibt der Mensch die Wissenschaft um seiner selbst.

Warum wollte er denn die Planetenbahnen so genau kennen? Um aus ihrem uns sichtbaren, oberflächlichen, zweidimensionalen Abbild zu berechnen, wie sich die Planeten wirklich bewegen in der Tiefe des dreidimensionalen Raums. Um zu wissen, wo sie sind. Und damit, wo die Erde ist, man weiß es sonst doch nicht. Wo also wir sind. Warum will der Mensch denn so dringlich verstehen, was das ist: »Raum« und »Zeit«? Um zu wissen, wo er ist und aus welchen Tiefen er herkommt. Warum wollen die Menschen wissen, wie sich Ordnung bildet aus dem Chaos oder, wenn Sie diese Formulierung vorziehen, wie ER Ordnung bildete aus dem Chaos? Sie wollen es wissen, um zu wissen, wie sie geworden sind und warum sie da sind.

Eine Wissenschaft, die den Menschen vergisst, vergisst sich deshalb selbst. Sie beraubt sich ihrer Relevanz. Eine Wissenschaft, in der das Menschliche höchstens noch als Störfaktor vorkommt, wird gegenstandslos. Und ganz nebenbei auch unmöglich, denn Gremien und Organisationen können keine Physik betreiben. Sie wollen so gerne – nehmen wir Menschen das als Kompliment –, aber sie können es nicht. Das kann nur der Mensch. Der freie, der autonome, vielleicht der verzweifelte, welcher selbst vor dem hoch Ungemütlichen nicht zurückscheut.

Betreibt der Mensch letztlich doch deshalb Physik, weil er weiß, dass er sterben muss, und wissen will, warum er dann überhaupt erst lebt, und wo? Und wenn er auch nicht gleich eine Antwort bekommt auf seine Frage, so sieht er doch, dass er ihr erfolgreich nachgehen kann. Und das ist viel. »Das Unverständlichste am Universum ist, dass es verständlich ist«, staunte der Einstein.

Jenes Menschenmotiv aber fehlt unseren Gremien, die da gedenken, ewig zu tagen.

ZUR ÖKONOMIE VON VERNUNFT UND MORAL

Die Wirtschaftswissenschaften, so scheint es oft, sind der Oberschurke, das Böse, und sie sind an allem schuld: an der Globalisierung, an den Börsencrashs, daran, dass immer mehr Leute arm und dafür wenige Leute immer reicher werden. Die Härten des Wirtschaftslebens sind es – und was kann das denn anderes heißen als: »die wissenschaftlichen Regeln der Ökonomie sind es« –, welche von dem Menschen verlangen, immer mobiler zu werden, die Familie zu zerstören, immer mehr zu arbeiten, immer ein wenig mehr als der Konkurrent beziehungsweise der Kollege, was aber ja das Gleiche ist. Die Ökonomie ist es, deren wissenschaftliche Regeln das alles erzwingen: die modernen Tagelöhner, MacDonald's, die Pokémons und das schlechte Wetter. Denn das ist schlecht wegen des Ozonlochs und wegen der zu hohen CO_2-Emissionen, und wer anderes hätte die zu verantworten als die Wirtschaft, die Ökonomie? Moral? Davon braucht man erst gar nicht zu reden, für Moral ist schon lange kein Platz mehr, weder in der Wirtschaft noch in der Politik. Da herrschen die Gesetze des Geldmarktes, die Sachzwänge. Und der Mensch ist ein Produktionsfaktor unter vielen, human capital. Und das ist alles die Schuld der Ökonomie. Aber was heißt hier schon »Schuld«, es ist ja alles wissenschaftlich, es kann ja gar nicht anders sein, man kann es nicht ändern. Ändern kann man gar nichts, man muss halt schauen, dass man trotzdem überlebt. Einatmen – ausatmen – ruhig bleiben – sich nicht beunruhigen.

Auch die klassische Ökonomie entstand in der Zeit der europäischen Aufklärung, so habe ich in einem der Bozener Vorträge erfahren: Die Väter der Aufklärung, John Locke[9], Jean-Jacques Rousseau[10], David Hume[11] und viele andere, waren Philosophen, Politologen, Soziologen und Ökonomen gleichzeitig. Es ging ihnen um eine Wissenschaft vom Menschen. Und weil der Mensch doch irgendwie ein soziales Wesen ist, so erweitert sich die Frage nach dem Menschen zur Frage nach dem menschlichen Zusammenleben. Und aus eben dieser Frage entwickelt sich die Ökonomie. Die Entwicklung des modernen ökonomischen Denkens und die Entwicklung der modernen Demokratietheorie gingen deshalb Hand in Hand. »Was hat Demokratie mit Globalisierung zu tun?«, so hab ich mich gefragt, und bin denn doch neugierig geworden.

Es sei ja so, erklärte uns der Vortragende, dass die Wirtschaftswissenschaften immer mit dem Aufstellen eines möglichst realistischen Modells vom Menschen beginnen, das müssen sie ja wohl, sonst können sie ja das Handeln des Menschen nicht richtig beschreiben und voraussagen. Weil es aber in der Aufklärung letztlich eben auch darum ging, was der Mensch sei, liegt hier tatsächlich eine enge Verbindung der beiden, der Ökonomie und der Aufklärung.

HOMO OECONOMICUS

Ganz einfach kann das Unternehmen nicht gewesen sein, denn erst Adam Smith, Professor für Logik und Moralphilosophie, brachte in seiner 1776 erschienenen Schrift zum »Wohlstand der Nationen« die moderne Nationalökonomie in einen einheitlichen Rahmen.

---

[9] Grundlagen der Geldtheorie.

[10] Autor des Artikels »Économie politique« in Diderots »Encyclopédie ou Dictionnaire raisonné des sciences, des arts et des métiers«.

[11] Mitbegründer der Arbeitswertlehre; Mentor von Adam Smith.

Das Menschenbild, von dem Adam Smith ausging, war relativ einfach: Der Mensch ist autonom, auf sich bedacht und egoistisch. Aber er ist auch vernünftig und erkennt deshalb seine Abhängigkeit von anderen Menschen. Er achtet auch auf das Wohlergehen der Gesellschaft. Im, wohlgemerkt, eigenen Interesse, weder hat er etwas zu verschenken, noch ist er unnötig nett. Der Motor seines Leistungswillens ist also das Selbstinteresse, aber dieses kommt eben aus Gründen der Vernunft auch der Gesellschaft zugute. Indem er seinen Wohlstand mehrt, mehrt er den Wohlstand aller.

Ein solches Modell kann nur funktionieren, wenn der Mensch auf ein Ziel hinarbeitet, sein Handeln also vorhersehbar ist. Und wenn er dies auf eine Weise tut, die von anderen Menschen verstehbar ist, also vernünftig. Des weiteren ist Einsicht in die Situation der anderen nötig, also Moral!, weil sonst der Krieg aller gegen alle droht. Im Folgenden nennen wir dieses Menschenbild den »Homo eoconomicus«.

Selbstverständlich ist das Modell des Homo oeconomicus nur ein erster Schritt, es ist sicherlich ein unvollständiges Modell, aber deswegen nicht etwa falsch. Immerhin hat diese erste Näherung zur Geburt des Faches Ökonomie geführt und bereits damals eine Reihe wichtiger Einsichten zur Folge gehabt.

Das Modell ist unvollständig, weil der Mensch zum einen nicht immer vernünftig handelt. Zum anderen ist zwar plausibel, dass das Wohl der Gesellschaft auch im Interesse des Einzelnen sei, aber was ist das eigentlich – »Wohl der Gesellschaft«? Da gibt es ja ganz verschiedene Ansichten. Das sind Beschränkungen im Modell des Adam Smith, um die man schon zur Zeit der Aufklärung wusste. In der Tat ist es seit damals ein zentrales Anliegen der Wirtschaftswissenschaften gewesen, das ihnen zugrunde liegende Menschenbild stetig zu verbessern, mit dem Ziel, es der Wirklichkeit immer weiter anzunähern. Aus heutiger Sicht lassen sich in der Weiterentwicklung des Menschenbildes seither zwei Hauptrichtungen unterscheiden.

Einmal die Weiterentwicklung des Homo oeconomicus, die darin besteht, das Bild unter Erhaltung der grundlegenden Perspektive mit zusätzlichen Aussagen anzureichern, es also zu erweitern. Wobei diese Erweiterung letztlich aber zu einer Vereinfachung des Menschen- und Weltbildes führt.

Und es gibt es den Versuch in der modernen Managementlehre, ein grundsätzlich anderes Menschenbild aufzustellen, den »Economic man«.

DER MENSCHELNDE HOMO OECONOMICUS

Eigentlich scheint es schwer, zu schwer, innerhalb einer auf Vernunft gegründeten Wissenschaft Platz zu lassen für unvernünftiges menschliches Handeln. Bei genauerem Nachdenken ist aber die offensichtliche Begrenzung menschlicher Vernunft gar nicht so unvernünftig!

- Der Mensch kann und soll ja gar nicht vollständig informiert sein. Nicht nur, weil dies praktisch unmöglich ist. Sondern auch, weil die Aufnahme von Information mit Kosten verbunden ist. Kosten, die unter Umständen nicht aufgebracht werden können oder die sich nicht rentieren. Grenzkosten der Informationsaufnahme und Grenznutzen aus dieser Information sollen gleich sein, das ist eine im ökonomischen Sinne vernünftige Forderung.

- Der Homo oeconomicus wird auch auf die Verarbeitung der aufgenommenen Information nur so viel Energie verwenden, wie es den aus dieser Informationsverarbeitung resultierenden möglichen Vorteilen entspricht: Informationsverarbeitung kostet, sie muss sich also rentieren.

- Anzustrebende »Vorteile« müssen nicht notwendig materielle Vorteile sein. Der Homo oeconomicus mag in Verfolgung seines Eigeninteresses durchaus auch emotionale Ziele verfolgen. Ehre, Ansehen, ein Selbstwertgefühl im weitesten

Sinne mögen ebenso wichtig sein wie der Erwerb materiellen Besitzes.

Das Handeln eines Menschen, dem Information fehlt oder der die vorhandene Information nicht vollständig verarbeiten kann, scheint dann zwar unvernünftig zu sein, aber man kann die Unvernunft verstehen, eigentlich ist sie vernünftig. Und unter rein monetären Gesichtspunkten unvernünftig erscheinendes Handeln kann durchaus logisch und konsequent sein, wenn man emotionale Aspekte berücksichtigt.

Dies sind Beispiele, wie das einfache Menschenbild des Adam Smith vervollständigt werden kann, wobei sogar die menschliche Unvernunft letztlich der Vernunft zugänglich gemacht wird. Für zusätzliche Präzisierungen in der Zukunft ist durchaus Raum. Hierbei müssen aber zwei unverzichtbare Kernpunkte beachtet werden:

Erstens muss der autonome Mensch selbst im Zentrum der Ökonomie bleiben. Er lässt sich nicht ersetzen durch abstrakte Faktoren oder Prinzipien, etwa durch den »Zeitgeist«, den »kollektiven Nutzen«, irgendwelche »selbstständige Bewegungsgesetze des Kapitals« etc. Der autonome Mensch im Zentrum der Ökonomie, die auf ihn ausgerichtet ist, lässt sich durch nichts ersetzen.

Zweitens muss das Handeln des Menschen zumindest von einem Minimum an Vernunft geprägt sein, einem Minimum, das bereits gegeben ist, wenn der Mensch weiß, was er eigentlich will. Ginge man davon aus, der Mensch wüsste gar nicht, was er will, so würde er als Gegenstand der klassischen Ökonomie irrelevant werden – und diese bräche unvermeidbar zusammen. Das ist aber keine sehr hohe Anforderung, dass der Mensch wenigstens wissen sollte, was er will, eigentlich ist es interessant zu sehen, wie diese minimale Anforderung bereits ausreicht, um eine Wissenschaft darauf zu gründen.

Die minimale Anforderung »Wenn er auch sonst nichts weiß, soll er wenigstens wissen, was er will« reicht deshalb aus, weil die vielen Abweichungen vom vernünftigen, »idealen« Handeln in keine bestimmte Richtung weisen, sie heben sich, langfristig betrachtet, auf. Sie führen also zu Verlusten und Umwegen, ergeben aber keine konsistente Entwicklungsrichtung. Bereits ein kleiner Kern immer wiederkehrenden vernünftigen Handelns hingegen ergibt eine langsame, aber konsistente Entwicklung. Deshalb kann der Mensch in einem statistischen Sinne vernünftig handeln, auch wenn er als Individuum ein wenig unvernünftig ist.

Eigentlich ist es ganz einfach, aber ich erinnere mich, wie erstaunt ich war, als ich das alles zum ersten Mal gehört habe. Wenn ich »Informationsverarbeitung« höre, werde ich sowieso schon ziemlich wach. Und überhaupt, mir scheint, dass man auf all diese Punkte wird zurückkommen müssen, wenn es um die Physik geht: Von einer »Vernunft« können die Ökonomen ja wohl nur reden, wenn die, jedenfalls annähernd, für alle Menschen gleich ist. Wie das? Sehen etwa alle im Grunde genommen die gleiche Wirklichkeit? Wie ist das dann aber mit den beliebig vielen »virtual realities«? Jedem seine eigene? Und dann ist auch noch von »Moral« die Rede? Im Kapitel über Naturwissenschaft und Menschlichkeit war bei mir schon der Eindruck entstanden, es sei die Naturwissenschaft, in der die Moral wissenschaftlich wird, nun ist es in der Ökonomie auch nicht anders? Ich find's bemerkenswert.

ECONOMIC MAN

Das Gegenteil vom Homo oeconomicus ist, wenn ich es recht verstanden habe, der Economic man. Der Economic man ist das Menschenmodell der modernen Managementlehre. Die mit der klassischen Ökonomie nicht zu verwechseln ist.

Begriffe wie »Rationalverhalten«, »Nutzenoptimierung«, »Marktgleichgewicht« kommen in der Managementlehre gar nicht mehr vor. Sie kehrt sich vom Homo oeconomicus ganz ab und erklärt das wirtschaftliche Geschehen als Ergebnis von chaotischen Verhandlungs-, Anpassungs-, Beeinflussungs-, Motivierungs- und Problemlösungsprozessen. Die zu erfassen sind, indem man individualpsychologische, sozialpsychologische, soziologische und politische Ansätze integriert. Mit Exaktheit und logischer Stringenz ist es da natürlich vorbei. In einem solchen Modell hat es keinen Sinn mehr, anzunehmen, der Mensch sei an seinem eigenen Nutzen orientiert, vernunftbegabt und grundsätzlich gut. Der Economic man ist gar nicht in der Lage, eigenständig zu handeln, er wüsste schlichtweg nicht, wie, er weiß durchaus nicht, was er will. Er braucht Herrschaft. Er wird zum Objekt, das nur auf die Macher wartet, die sich seiner bemächtigen:

- In der Unternehmensführungslehre, in der es um eine zielorientierte interpersonelle Einflussnahme geht, sind es die Führer, die die Geführten dazu veranlassen sollen, sich an einem gemeinsamen, natürlich von den Führern formulierten Ziel zu orientieren.

- In der Personalwirtschaft, wo es um das »sozialpsychologische Phänomen interpersonaler Beeinflussung« geht, ist das Verhältnis zwischen Beeinflussendem und Beeinflussten grundsätzlich nicht anders.

- Im Marketing, wo bei potenziellen Käufern eine »positive Einstellung gegenüber einer bestimmten Marke« geschaffen werden soll, wird die Willensautonomie des Kunden zumindest eingeschränkt.

- In der Bilanzpolitik, mit der das Ziel verfolgt wird, die »Adressaten der Rechnungslegungsinformationen zu einem unternehmenszielkonformen Verhalten zu bewegen«, rangiert der Aspekt der Manipulation deutlich vor dem der Information.

In der Folge driften weite Teile der Managementlehre ab in eine allgemeine, beliebige Sozialtechnologie, die willig auf alles zugreift, was geeignet erscheint, Menschen instrumentalisieren zu können, Einfluss auf sie zu gewinnen: Esoterik, Spiritualität, Intuition. Vernunft als handlungsleitende Kategorie wird ausgeblendet; die einen schlüpfen in die Gewänder der Gurus und der Hohen Priester, die anderen lauschen andächtig dem Gebotenen und fügen sich willig in die ihnen zugewiesene Rolle.

WAS IST WIRKLICH?

Was entspricht nun der Wirklichkeit besser, der Homo oeconomicus oder der Economic man? Die Ökonomie sollte eigentlich in der Lage sein, diese Frage zu entscheiden, denn sie ist ja eine Wissenschaft.

Dass selbst ein kleiner Rest vernünftigen Handelns zu einer langfristig zielgerichteten, vernünftigen Entwicklung führt, wie es im Modell des Homo oeconomicus vorgesehen ist, das sieht man zum Beispiel am Kapitalmarkt: Nicht immer lassen sich die Investoren bei ihren Anlageentscheidungen ausschließlich von finanzwirtschaftlicher Vernunft leiten, oft sehen sie die zukünftige Entwicklung nicht richtig voraus, offensichtlich unterliegen sie Stimmungen und Launen. Dennoch weist das aggregierte Ergebnis der von den Kapitalanlegern vorgenommenen fehlerhaften Bewertungsakte, der an der Börse festgestellte Marktpreis nämlich, ein bemerkenswert hohes Maß an Vernunft auf. Nach allem, was wir empirisch über die Märkte in allen Teilen der Welt wissen, sind Aktien, Anleihen, Devisen etc. weitgehend effizient bewertet. Es ist im Grunde sinnlos, bessere als durchschnittliche Renditen am Markt erzielen zu wollen.

Das Menschenbild des Economic man hingegen ist unzutreffend. Denn alle Versuche, die angeblichen Irrationalitäten der Kapitalanleger (Herdenverhalten, Massenpsychosen und Ähnliches) gewinnbringend auszunutzen, sind immer gescheitert. Nachweislich fruchten die Bemühungen der Bilanzpolitiker, auf die Urteile der Bilanzadressaten einzuwirken, wenig.

Wenn ich es recht verstanden habe, ist es also so: Selbst bei einem akuten Mangel an Information und selbst wenn diese mangelhafte Information keineswegs vollständig verarbeitet werden kann, ergibt sich langfristig ein zielgerichtetes und vernünftiges Handeln. Die Unvernunft, mit welcher der Mensch zweifellos geschlagen ist, führt zu kurzfristigen Abweichungen vom Weg, verhindert aber nicht eine langfristige Entwicklung, welche der Vernunft entspricht. Trotz seiner beschränkten Möglichkeiten ist der Mensch vernünftig und handelt in Übereinstimmung mit der ökonomischen Realität.

Immer vorausgesetzt, man lässt ihn vernünftig sein und wirken. Nimmt man ihn aus dem Zentrum der Ökonomie heraus und ersetzt ihn durch irgendwelche abstrakten Ideen, »das Kollektiv«, »die Bewegungsgesetze des Kapitals« etc., so ist es vorbei mit der vernünftigen Entwicklung, vorbei mit der Ökonomie als Wissenschaft.

Den Menschen und das wirtschaftliche Geschehen so zu sehen, wie es die Managementlehre vorzuschlagen scheint, ist also gar nicht wissenschaftlich, denn die Managementlehre selbst ist es nicht. Es ist gar nicht wissenschaftlich, den Menschen nur als Produzenten und Konsumenten zu sehen. Nur als »human capital«. Von der Moral abzusehen ist nicht wissenschaftlich. Die Menschen in immer wildere Konkurrenz zu hetzen, sie ständig zum »immer mehr« anzutreiben, was in der Globalisierung umschlägt in ein »immer weniger«, weil man die hoch zivilisierten europäischen Gesellschaften bittet, in Konkurrenz zu treten mit Menschen, die am Verhungern sind (und man fragt sich, ob es also im Sinne der Managementlehre dann nicht folgerichtig wäre, sie am Rand des Verhungerns zu halten, weil ja nur so die Löhne international niedrig gehalten werden können): es ist gar nicht wissenschaftlich. Es entspricht nicht den Regeln der Ökonomie.

BIOLOGIE: WIE GEHT ES WEITER?

Für die Biowissenschaften interessieren wir uns alle. Das Ministerium stockt die Etats auf, es gibt viele Konferenzen, die Presse engagiert sich sehr. Ein Glück. Bedenken Sie, wie wenig übrig bliebe vom Dialog zwischen Gesellschaft und Wissenschaft, zöge man probehalber die Diskussion um die Biowissenschaften ab.

Das Wissen der Biologen ist nicht nur atemberaubend, es betrifft uns auch. Zwar handelt die Biologie von Atomen und Molekülen, so wie die Physik auch. Aber in der Biologie begegnen uns diese Dinge nicht mehr als abstrakte Ideen, die scheinbar nur für irgendwelche ausgeklügelten Versuche eine Rolle spielen, aber anscheinend mit unserer realen Welt kaum in Verbindung gebracht werden müssen. Sondern die Biologie spricht von den Atomen, Molekülen, ja Elektronen unseres Körpers. Sie sagt nicht: »Es gibt Atome und Elektronen, die haben aber ganz andere Gesetzmäßigkeiten, als wir es von unserer Welt gewohnt sind.« Sondern sie sagt: »Aus diesen Elektronen und Atomen bestehst du, und so spielen sie zusammen.« Warum das Herz schlägt, wie die Nerven funktionieren, die Biologen wissen es auf das Atom genau, ja auf das Elektron genau in vielen Fällen. »Hier haben wir nun ein Natrium-Atom, und das gibt nun ein Elektron ab, so bleibt ein Na+-Ion übrig, welches nun die folgenden Vorgänge auslöst. Und dann macht das Herz wieder einen Schlag.« Falls man das Staunen nicht schon völlig verlernt hat, so staunt man sehr.

Bis hinab zu den elementarsten Einheiten kann man heute

alle Lebensvorgänge beschreiben, die Entwicklung eines Lebewesens Stück für Stück verfolgen, es Zelle für Zelle verstehen. Und ebenso lässt sich, wie in einem nachträglich gedrehten Film, die Entwicklung der Lebewesen zurückverfolgen in der Zeit. Die Biologen können selbst noch berechnen, inwieweit wir mit dem Affen verwandt sind, mit dem Dinosaurier, mit dem Wurm, ja selbst noch mit der Bäckerhefe. Wie das Leben seinen Anfang nahm, die wissen das.

Allerdings ist das nicht der Grund, warum die Biowissenschaften große Beachtung finden in den Medien, warum Konferenzen abgehalten werden und das Ministerium die Etats aufstockt. Vielmehr hat sich, die Erkenntnisse der Grundlagenwissenschaft Biologie nutzend, eine Technologie entwickelt, die Gentechnologie, mit welcher man Geld verdienen und Arbeitsplätze schaffen kann – das ist, was uns interessiert – Geld verdienen kann, indem man Krankheiten heilt, oder Menschen verändert, demnächst fast nach Belieben zu verändern in der Lage sein soll. Wie bei jeder neuen Technologie gibt es dabei Hoffnungsvolles, etwa die Bekämpfung von Krebs und Alzheimer, aber auch viel Bedrohliches. Das ist immer so, wenn Menschen neue technische Möglichkeiten in die Hand bekommen, sie lassen sich zum Guten, aber auch zum Schlechten nutzen.

Entsprechend viele Diskussionen und Kontroversen gibt es, das liegt auf der Hand. Doch trotz aller Diskussion gibt es nur wenige Ergebnisse. Vielleicht, weil nur einer der Diskutanten weiß, was er will? Die Wirtschaft weiß, was sie will, aber sonst scheint es niemand so genau zu wissen.

Alle wollen zwar offensichtlich das gleiche, nämlich das Wohl des Menschen: Die Kommissionen und Gremien wollen es, die Ministerien wollen es, die Politiker sowieso, und wir, wir wollen es natürlich auch. Nur, was ist das, das Wohl des Menschen? Das scheint nicht so ganz klar zu sein. Vermutlich deshalb, weil nicht klar ist, was der Mensch denn eigentlich sei. Dann kann man auch nicht wissen, was gut für ihn sei und was gefährlich. Und wenn man das nicht beurteilen kann, lassen sich die potenziellen Folgen der Gentechnologie zwar abschätzen, aber nicht bewerten.

Es fehlen die Maßstäbe: Wenn man zum Beispiel nicht weiß, wohin es mit dem Menschen soll, ob er sich in einer Entwicklung befindet, der ein Ziel gesetzt ist, oder ob er nur so auf irgendeinem Planeten durchs Weltall saust, aus- und einatmend – wie soll man da sagen können, welche der Möglichkeiten der Gentechnik gut oder schlecht sind? Fänden die Forscher den offenbar höchst ausgeklügelten und uns heute immer noch nicht voll verständlichen Automatismus, der nach durchschnittlich achtzig Jahren unser Leben anhält, sollen sie ihn abschalten? Erreichte der Mensch damit ein lange erstrebtes, glückliches Ziel, endlich? Oder wäre es das Ende einer hoffnungsvollen Entwicklung, wäre ein unendliches Leben vielleicht auch zwangsläufig ein sinnloses? Und ähnlich, wie sich Fragen zu seinem Tod stellen, so auch zu seiner Geburt und zu beidem zugleich: Wenn der Mensch nicht mehr für seine Kinder sterben will, wofür soll er dann leben?

Mich erinnert die Situation ein wenig an die der Ökonomie. Wo wir auch nicht immer klar genug unterscheiden zwischen der Grundlagenwissenschaft und dem, was die Macher daraus machen. Ehe die Bioethik-Kommissionen zusammentreten, um über die Folgen der Biotechnologie zu beraten, sollte man vielleicht die Grundlagenwissenschaft Biologie fragen, was der Mensch sei, was sie dazu zu sagen wisse. Der erste Schritt wäre, zu fragen, was Leben sei.

HÜHNER, EIER, UND WIE KOMMT DAS NEUE UNTER DIE SONNE?

Das Leben betreffend ist die erste Frage offensichtlich die, woher es denn komme. Früher einmal gab es kein Leben, sondern nur tote Materie, so viel ist klar. Heute gibt es Leben. Wie hat es sich gebildet, aus der toten Materie?

Populär kommt dieses Problem in der Frage zum Ausdruck, was zuerst gewesen sei, das Huhn oder das Ei. Heute werden die Grundbaustoffe des Lebens von den Lebewesen selbst hergestellt, sie wachsen. Aber wenn es noch kein Leben gibt, woher kommen dann die hoch komplizierten und seltenen Stoffe, die Voraussetzung für das Leben sind? Ein lebendes Wesen nimmt mit seinem Stoffwechsel Wasserstoffatome, Sauerstoff-, Stickstoff-, Kohlenstoffatome auf und baut die dann so zusammen, dass sie Teil seiner selbst werden. Wer aber baut diese Bausteine auf, die doch Grundlage und Voraussetzung des Lebens sind, ehe es Leben gibt?

Die Antwort der Biowissenschaften ist überraschend einfach: Die verschiedenen Naturgewalten, Blitze etwa oder einfach die Strahlung der Sonne, können dieselben chemischen Reaktionen hervorrufen, also Atome zusammenbauen, wie ein Lebewesen. Es geht nur etwas ungeordneter vor sich, dauert also länger. Während ein Lebewesen nur Bruchteile einer Sekunde braucht, um eine Aminosäure aufzubauen, so schaffen das die blind wirkenden Naturgewalten erst nach einigen Minuten. Und so wie ein Lebewesen diese Bausteine zu immer komplizierteren Strukturen zusammenfügen kann, so kann dies auch der Zufall bewirken. Nur dass der halt nicht ein paar Minuten braucht, sondern Millionen Jahre.

Aber was heißt schon »Leben«? »Leben«, das klingt nach Gänseblümchen in der warmen Sonne und zwitschernden Vögeln. Doch eine solche Welt ist es nicht, aus der das Leben kommt. Die Chemiker und Biologen können ziemlich genau rekonstruieren, wie es damals zuging. Es ging höllisch zu, nach heutigen Vorstellungen: so gut wie kein Sauerstoff in der Atmosphäre, stattdessen eine Giftmischung aus Kohlendioxid, Methan und Wasserstoff, Auspuffgase tausender Vulkane. Und weil es kaum Sauerstoff gab in der Atmosphäre, so drang das tödlich harte UV-Licht der Sonne fast ungefiltert bis zur Erdoberfläche durch.

Dieses harte Licht, zusammen mit anderen Naturgewalten, stellte die Energie zur Verfügung, um Atome zusammenzukleben und immer größere Moleküle entstehen zu lassen. Das kann man ganz einfach im Labor nachmachen: Aus den damals frei verfügbaren Stoffen entstehen die Grundbausteine des Lebens ganz automatisch – Moleküle, welche angemessenerweise Namen tragen, die mehr an ein Chemielabor erinnern als an ein Gänseblümchen: Asparaginsäure, Glyzin und so fort. Nur allerdings: Ebenso wie das gleißende Licht der Sonne solche Stoffe zusammenfügte, zerschlug es sie auch wieder. Eine an sich für das Leben ganz aussichtslose Situation.

Die Lebensrettung kam aus der Luft. Dazu muss man bedenken, dass es Licht verschiedener Wellenlängen gibt, verschiedener Farben, wobei jede Farbe eine ganz bestimmte Wirkung auf ganz bestimmte Stoffe hat. Zum Beispiel ist ein normaler Film für alle Farben des Lichts empfindlich, nur nicht für das Rot im äußersten Bereich des Lichtspektrums. Deshalb kann man bei der Filmentwicklung eine rote Speziallampe verwenden.

Man kennt die damalige Zusammensetzung der Luft recht gut: Im Großen und Ganzen bot sie sehr wenig Schutz gegen das tödliche Sonnenlicht. Lediglich zwischen 2600 und 2800 Ångström bildete die Atmosphäre aufgrund ihrer Zusammensetzung einen Filter, Licht in diesem Wellenlängenbereich wurde nicht durchgelassen. Diejenigen Stoffe also, die sonst von dem Licht dieser Wellenlänge zerstört worden wären, waren in Sicherheit, unter dem Schutz der Atmosphäre. Es sind die Proteine und Nukleinsäuren, die Bausteine irdischen Lebens.

Nun kann ich hier nicht sämtliche Vorgänge beschreiben, welche schließlich bis zum Entstehen des Menschen führten. Dazu gibt es ja auch genug Sachbücher, die ganz genau erklären, wie sich erst aus Aminosäuren Eiweiße bilden, auch Proteine genannt, wie die Produktion dieser Proteine im Beisein von Nukleinsäuren geordnet wird, wie sich allmählich Strukturen immer höherer Ordnung ergeben, eine immer größere Vielfalt von Lebewesen. Und wie bis zum heutigen Tage, egal ob Mensch oder Grashalm, alles aus dem gleichen Stoff gemacht ist, aus immer denselben zwanzig Aminosäuren und vier Nukleinsäuren, denen einst die längst verschwundene Uratmosphäre Schutz bot vor den tödlichen Sonnenstrahlen.

Dabei war die Herausbildung des Lebens keineswegs nur durch die Sonne bedroht. Sauerstoff hat ähnlich lebensfeindliche Eigenschaften, er ist eine sehr aggressive Substanz und löst selbst Eisen auf. Die Vorstufen des Lebens haben sehr davon profitiert, dass es damals keinen Sauerstoff gab, er wäre ihnen genauso gefährlich geworden wie die ungefilterte Sonnenstrahlung. Sauerstoff trat in der Atmosphäre erst auf, als die ersten pflanzlichen Lebensformen ihn schufen, indem sie Kohlendioxid zerlegten. Das Leben war damals sehr nahe daran, sich in diesem lebensgefährlichen Gas aufzulösen, es muss eine ungeheuerliche Massenzerstörung vieler früher Lebensformen gegeben haben. Wohl nur wenige haben überlebt, nur die, die zufällig gegen die Wirkung des Giftes immun waren.

Jedenfalls waren die Chancen, dass sich das Leben, so wie wir es kennen, auf unserem Planeten bilden würde, sehr gering. Und dabei ist ja schon unser Planet selbst ein enormer Glücksfall. Wäre er etwas größer oder kleiner oder weiter weg von der Sonne, oder liefe er um eine größere oder kleinere Sonne, auch dann gäbe es uns sicher nicht.

WIE VIELE LEBEN GIBT ES?

Die Schlussfolgerungen aus all diesem Wissen sind ziemlich eindeutig: Es ging bei der Entstehung des Lebens mit natürlichen Dingen zu. Alles, was geschah, können wir an die Tafel schreiben, es braucht keinen übernatürlichen Eingriff.

Das ist schon einmal ein sehr großes und wichtiges Resultat. In der europäischen Aufklärung war das ganz anders, damals konnte niemand die Frage, wie denn Leben aus dem Unbelebten entstehen könne, auch nur annähernd beantworten.

Wenn man aber genau verstanden hat, wie das Leben funktioniert, es an die Tafel schreiben kann, hat man dann auch verstanden, was das eigentlich sei, »Leben«?

Nehmen wir an, Sie wollen wissen, wie und warum ein Automotor funktioniert. Sie nehmen Ihr Auto in der Garage auseinander und studieren den Motor in allen Einzelheiten. Sehr viel Geduld und Geschicklichkeit vorausgesetzt, werden Sie ziemlich weit kommen. »Dies sind offensichtlich Ventile, weil sie mit dem Benzintank verbunden sind, so wird vermutlich Benzin durch diese Ventile eingespritzt, wenn das dann verbrennt, ergibt sich eine Kraft auf diesen Kolben da …« Das und noch viel mehr werden Sie verstehen können. Sie werden verstehen, wie der Motor funktioniert. Haben Sie damit verstanden, warum der Motor funktioniert?

Vermutlich nicht. Dass der Motor vor Ihnen eine Manifestation des Carnotschen Kreisprozesses ist, dass die Funktion des Motors darin besteht, die ungeordnete Bewegung der Gasatome zu verwandeln in geordnete Bewegung, dass die Effizienz des Motors deshalb abhängt von der maximal in ihm herrschenden Temperaturdifferenz, und manches mehr, ich denke, Sie werden das aus dem Studium des einzelnen Motors vor Ihnen nicht schließen. Deshalb, weil Sie gar nicht erst auf die Idee kommen werden, danach zu fragen. Nirgends im Motor steht eingraviert: »Hier manifestiert sich der Carnotsche Prozess.« Wie also sollen Sie auch nur auf die Idee kommen zu fragen, was ein Carnotscher Prozess sei?

Wenn irgendwann ein Freund in Ihrer Garage auftauchte, mit einer Kiste unter dem Arm: »Hier schau mal, ich fand das interessant, was du mir über den Motor erzählt hast, ich hab das Moped meines Sohnes auseinander genommen, weil ich es auch sehen wollte, aber da drin sieht es ganz anders aus. Obwohl es doch das gleiche bewirkt wie dein Motor, es dient der

Fortbewegung, aber hier sind nicht einmal Ventile drin, schau, und da, kein Elektromotor, der mit dem Kolben verbunden werden kann – was sagst du nun?« Ja, dann kämen Sie dem Verständnis des Problems schon viel näher.

Dann könnte es Ihnen gelingen, Gemeinsamkeiten zwischen den ganz verschiedenen Motoren herauszuarbeiten, und am Ende entstünde in Ihrem Kopf ein Verständnis dessen, was die Experten »Carnotschen Kreisprozess« nennen.

Vermutlich werden Sie dann aber immer noch nicht verstehen, dass das, was den Motor letztlich am Laufen hält, das zweite Gesetz der Thermodynamik ist.

Falls aber Ihr Freund ein sehr guter ist, so holt er vielleicht aus seiner Kiste noch etwas heraus: »Und schau mal, das ist seltsam, dies ist eine Katze, die sich, ebenso wie das Moped, auch bewegt, jetzt aber bewegt sich die Katze nicht mehr, weil ein Auto über sie gefahren ist, und deswegen sieht man hier das Bein offen, und da ist kein Motor. Obwohl es doch das gleiche bewirkt, nämlich Fortbewegung, sind da nur eine tragende Struktur und eine weiche Substanz.«

Nein, ich vermute, aus dem noch so genauen Betrachten des uns bekannten Lebens allein lässt sich nur sehr schwer auf die hinter ihm stehenden Gesetze schließen. Deshalb ist die oben geschilderte Entwicklungsgeschichte des Lebens so wichtig. Es gab auf unserem Entwicklungsweg so viele Hürden, so viele Zufälle, dass unsere Entstehung insgesamt ein ungeheurer Zufall ist. Ehe es uns gab, war es extrem unwahrscheinlich, dass es uns je geben würde.

Selbstverständlich ist in der Naturwissenschaft das Unwahrscheinliche erlaubt. Aber wenn es zur Beschreibung eines Sachverhalts zwei verschiedene Szenarien gibt, ein sehr unwahrscheinliches und ein wahrscheinliches, so ist halt doch meist das wahrscheinlichere zutreffend.

Man muss deshalb die Möglichkeit bedenken, dass sich Leben auch auf ganz andere Weise hätte bilden und entwickeln können. Dass es also viele Möglichkeiten gibt, wie sich Leben manifestieren kann. Wenn damals auf der Urerde etwas andere Bedingungen geherrscht hätten, so gäbe es uns vielleicht trotzdem, wir sähen aber anders aus.

In diesem Szenario würde man also nicht schlussfolgern, »dass es genau uns gibt, das ist ein kaum glaublicher Zufall«, sondern, »dass es uns in unserer oder einer anderen Form gibt, ist nicht so unwahrscheinlich«.

Wenn das aber zutrifft, so untersucht die Biologie gar nicht das Leben selbst, sondern eben nur eine der vielen möglichen Manifestationen des Lebens. Leben im recht eigentlichen Sinne wäre dann nur das, was all jene unbekannten möglichen Manifestationen mit dem uns bekannten Leben gemeinsam haben.

Diese Vorstellung von den vielen möglichen Lebensformen gewinnt ja auch seit einiger Zeit erste Bestätigung. Es gibt tatsächlich Formen von Leben, die dem uns gewohnten Leben wenig entsprechen. Wesen, die auf dem Grund der Ozeane hausen, nur dort, nirgends sonst finden sie es wohnlich, die sich von unterseeischen Geysiren nähren. Es handelt sich, wenn ich das recht verstanden habe – kaum traue ich mich, es zu schreiben, aber sie sagen, es sei so –, um Wesen, die ganz anders funktionieren als das uns bekannte Leben. Keine spezialisierten Spielarten des uns bekannten. Anders. Und Lebewesen gibt es, welche im Eis leben oder auf brennenden Kohleflözen, und Leben gibt es auch heute noch, das ganz ohne Sauerstoff auskommt.

Da wäre die Frage zu stellen, auf wie viele verschiedene Weisen denn Leben möglich sei? Auf zehn, hundert, tausend oder eine Milliarde mal eine Milliarde verschiedene Weisen? So weit ich es herausgefunden habe, weiß man das heute nicht.

Manche sagen, Leben sei ein Zustand fern vom Gleichgewicht. Andere meinen, es sei besser erfasst, wenn man berücksichtige, dass es sich um einen Seltsamen Attraktor handle. Das scheint aber nicht genug zu sein, man müsse wohl auch bedenken, dass der Vorgang der Selbstorganisation eine Rolle spiele. Das Leben selbstorganisiere sich selbst aus dem Chaos. Wieder andere behaupten, alles finde eine Erklärung, wenn man beachte, dass das Leben emergiere, indem es zur nächsthöheren Organisationsstufe übergehe. Alles in allem sei es jedenfalls die Komplexität, die das Leben leben mache.

Ich zitiere diese Ansichten nur, ohne sie zu verstehen. Kann ich wohl auch nicht, denn weder sind »Seltsamer Attraktor« noch »Zustand fern vom Gleichgewicht«, »Selbstorganisation« »emergiert«, »nächsthöhere Organisationsstufe« oder »Komplexität« physikalische Größen. Dergleichen ist nicht messbar, ist also keine Naturwissenschaft.

Die Verwirrung über die Frage, was das Leben sei, ist groß und hat Auswirkungen weit über die Biologie hinaus. Ich blättere gerade in einem Artikel im Journal *Nature*, die *Frankfurter Allgemeine Zeitung* hat triumphierend auf ihn aufmerksam gemacht: »Automatic design and manufacture of robotic lifeforms«[12]. Die Autoren arbeiten am Computer Science Department, Volen Center for Complex Systems, und sie scheinen, so genau sagen sie es nicht, davon auszugehen, Leben bestehe darin, dass etwas produziert wird, mit der Möglichkeit, in der Produktion Veränderungen vorzunehmen. Wobei diese Veränderungen von der Außenwelt beeinflusst werden. Dann wäre aber jede Autofabrik auch schon eine robotische Lebensform, denn auch die Farbe der Autos wird ja davon beeinflusst, was der Markt gerade verlangt. Wenn ein sonst ernsthaftes Journal

---

[12] *Nature* 406, August 2000, S. 974.

wie *Nature* derartige Artikel abdruckt, so muss die Verwirrung darüber, was »Leben« sei, beachtlich sein.

Und zwar nicht nur in den USA, am Volen Center for Complex Systems; auch in Europa ist die Frage nach dem Leben ungelöst: »Je mehr sich die Forscher im Gestrüpp der molekularen Wechselwirkungen verstricken, desto mehr Unbehagen macht sich unter ihnen breit. ›Früher konnte einem ein einziger Eiweißstoff den Nobelpreis einbringen‹, sagt [der Dresdner MPI-Direktor Kai] Simons. Heute müsse, wer sich mit irgendeinem Zellprozess befassen wolle, erst Hunderte von Molekülnamen lernen. ›So geht das nicht weiter‹, stöhnt er.«[13] Wie geht es dann weiter?

Wenn auch die Frage nach dem Leben ohne die Biologie erst gar nicht in Angriff genommen werden kann, so mag es doch sein, dass die Biologie selbst nicht über das Instrumentarium verfügt, um sie schlüssig zu beantworten. Die Biologie sagt, wie es funktioniert, nicht warum. Aber das ist doch keine Schande. Deswegen brauchen wir doch nicht gleich zu stöhnen. Vielleicht müssen wir einfach nur zum Wissen der Biologie noch etwas hinzufügen. Möglichst ohne den Bereich der Naturwissenschaft zu verlassen. Wegen der Tafeln.

DIE MATERIELLEN STRUKTUREN DER WAHRNEHMUNG UND DES DENKENS

Man darf ruhig staunen über das ungeheure Wissen der Biologie, die Einzelheiten des organischen Lebens betreffend. Aber nicht zu sehr, sondern soll die Möglichkeit der Steigerung des Staunens unbedingt offen halten. Um auch dem gerecht werden zu können, was die Wissenschaftler herausgefunden haben über die Sinneswahrnehmungen und das Denken.

Mit Hilfe ausgeklügelter experimenteller Methoden können sie heutzutage dem Gehirn beim Denken regelrecht zusehen,

---

[13] *Der Spiegel*, 50/2000, S. 149.

sehen, welche Areale aktiviert werden, welche Nervenzellen in welcher Reihenfolge ansprechen, und vieles mehr. Die Verschaltungen vieler Nervenzellen lassen sich bereits heute im Computer haargenau nachstellen.

Die Funktion der mit dem Gehirn verbundenen Sinnesorgane ist auch im Wesentlichen aufgeklärt. Man kann verfolgen, wie etwa ein Lichtteilchen auf das Auge trifft, wie es durch die Linse des Auges zu einer bestimmten Stelle der Netzhaut dirigiert wird, somit den Ort in der Außenwelt bezeichnend, von dem das Lichtteilchen kam. Wie das Lichtteilchen eine chemische Reaktion auslöst in einem der Sehzäpfchen, die in die Netzhaut eingebettet sind. Wie und warum wiederum diese, allerdings nur im Einklang mit ihrer unmittelbaren Umgebung, daraufhin ein elektrisches Signal in die Nervenleitbahnen schikken. Man sieht, wie und wohin das Signal geleitet wird, wie es mit anderen Signalen in bestimmten Gegenden des Gehirns kombiniert wird, wie diese Gegenden, nach reichlicher Beratung sozusagen, schließlich ein Signal weiterleiten in den Teil des Gehirns, der für die Sprache zuständig ist, und wie es dann sagt: »Ich sehe eine Pfeife.«

Wunderlich ist dieser Übergang von Außenwelt zu Innenwelt, sind doch die Nervenzellen des Auges in nichts Wesentlichem zu unterscheiden von denen des Zentralhirns. Zumindest hinsichtlich der Funktion lässt sich eigentlich schwer angeben, wo nun das Gehirn beginnt: fünf Zentimeter hinter dem Auge oder nur einen, oder ist nicht das Auge selbst recht eigentlich eine Ausstülpung des Hirns? Auch das elektromagnetische Signal des Lichtteilchens ist nicht grundsätzlich verschieden vom elektromagnetischen Signal in der Nervenbahn – wo also tritt das elektromagnetische Signal, das aus dem »Außen« kommt, ins »Ich« ein? Wo fängt der Mensch an, und wo hört er auf, was ist Außen- und was Innenwelt?

DIE SINNESORGANE

Die Geruchswahrnehmung wird von einer großen Anzahl geruchsempfindlicher Zellen verschiedener Klassen hervorgerufen. Bei der Hausmaus sind es etwa eintausend Klassen von Zellen. Die Zellen einer Klasse reagieren auf eine ganz bestimmte Substanz, ein bestimmtes Molekül. Gelangt ein solches Molekül in Berührung mit der Zelle, so spricht sie an. Dabei kann ein bestimmter Geruch, also eine bestimmte Sorte von Molekülen, auch mehrere verschiedene Klassen von Zellen ansprechen lassen.

Diese geruchsempfindlichen Zellen senden dann Signale über die Nervenbahnen an das Gehirn weiter. Für das Gehirn besteht also der wahrgenommene Geruch in der Information darüber, welche Zellklassen angesprochen haben und welche nicht. Jedem Zustand der Außenwelt (Geruch) ist ein Schaltsignal ans Gehirn zugeordnet. Und diese Zuordnung ist einzig und allein durch die Bauart der geruchsempfindlichen Zellen gegeben, und die wiederum richtet sich nach den Lebensinteressen des jeweiligen Lebewesens.

Die Geruchsempfindung ist insofern willkürlich, als sie in erster Linie und ganz direkt etwas über die Lebensinteressen des jeweiligen Wesens aussagt, aber nur ganz indirekt etwas über die äußere Welt. Wenn wir die normale Atmosphärenluft nicht riechen, so lässt sich deshalb keineswegs sagen, sie sei objektiv geruchlos, im Sinne einer physikalischen Eigenschaft. Hätten wir auf Sauerstoff empfindliche Geruchszellen, so würde es ständig nach Sauerstoff riechen. Solche Zellen haben wir nicht, es riecht also nicht ständig nach Sauerstoff, einzig deshalb, weil es für das Überleben nachteilig wäre, es wäre eine überflüssige Information.

Dem wahrgenommenen Geruch wiederum sind Emotionen zugeordnet, die ebenfalls ausschließlich durch die Überlebensinteressen des jeweiligen Lebewesens gegeben sind. Frischer

Kuchen schmeckt nicht deshalb so gut, weil er aus besonders großen und irgendwie leckeren Molekülen besteht, sondern deshalb, weil über Jahrtausende der Mensch chronisch unterernährt war und Kuchenartiges sehr gut ist gegen das Verhungern.

Das Misstrauen der Philosophie gegen die Zuverlässigkeit unserer Wahrnehmung, und dann auch unserer Erkenntnis ist also prinzipiell angebracht. In Bezug auf das Wahrnehmen von Gerüchen, das ja für manche Lebewesen, Hunde oder Katzen etwa, eine entscheidend wichtige Sinneswahrnehmung ist, hat Platon in seinem Höhlengleichnis durchaus das Richtige gesagt: Was wir wahrnehmen, wird großteils durch unsere eigenen Eigenschaften festgelegt, es sollte nicht mit der wirklichen Welt gleichgesetzt werden. Die Wirklichkeit äußert sich in unserer Geruchswahrnehmung bestenfalls als Schatten. Es hat gar keinen Sinn zu fragen, ob die Gerüche beispielsweise eine eigene, über unsere Wahrnehmung hinausgehende Realität haben.

Mit dem Sehen und Hören verhält es sich anders. Der innere Teil des Ohres besteht im Wesentlichen aus einem sich verjüngenden Rohr, welches schneckenförmig in sich gerollt ist und dessen Wände mit Hörzellen bestückt sind, die sehr empfindlich auf Druckschwankungen reagieren. Ein in dieses System vordringender Ton löst solche Druckschwankungen nur an ganz bestimmten Stellen aus, und zwar in genauer Abhängigkeit von seiner Frequenz.

Es gibt im Wesentlichen einen Typ von Hörzelle, dieser eine Typ von Hörzelle ist in der Lage, alle verschiedenen Frequenzen zu messen aufgrund der räumlichen Verteilung der Zellen im Ohr. Über ihren Standort im Ohr – eine physikalische Größe, die man zum Beispiel in Millimetern angeben kann – ist also jeder Hörzelle eine bestimmte Frequenz zugeordnet, wiederum eine objektiv messbare physikalische

Größe. (Und diese Zuordnungsfunktion ist eindeutig und stetig, soweit ich weiß, also umkehrbar.)

Wenn etwa zwei verschiedene Schallquellen jeweils einen reinen Ton derselben Frequenz abstrahlen, so empfindet das Ohr die Töne als gleich, das hängt nicht von den Schallquellen ab. Die vom Ohr wahrgenommenen Abstände zwischen Tönen, Terzen, Oktaven – und so weiter – entsprechen genau berechenbaren und messbaren Frequenzverhältnissen.

Im Vergleich zum Riechorgan hat das Ohr also eher einen weiterleitenden Charakter. Es wandelt lediglich das ankommende Signal um, aus einer Druckschwankung der Luft wird ein elektrisches Signal in der Nervenleitbahn. Lässt die Hörkraft des Ohres nach, so kann man sich eine künstliche Hörhilfe kaufen, das ist nichts Besonderes, es gibt sie im nächsten Laden um die Ecke. Die besteht aus einem kleinen Mikrofon mit elektrischem Verstärker. Hat hingegen jemand sein Geruchsvermögen verloren, so lässt es sich mit einfachen technischen Mitteln nicht ersetzen. Man müsste tatsächlich all die vielen Geruchszellen Stück für Stück nachbauen und sie dann richtig mit dem Gehirn verbinden.

In dem Sinn kann man sicher sagen, dass unser Ohr in wesentlich objektiverer Weise Auskunft über die Beschaffenheit unserer Umwelt gibt als das Geruchsorgan. Das Ohr gibt uns zwar beschränkte, aber eben doch ganz direkte Information über die Wirklichkeit. Falls es eine solche denn überhaupt geben sollte, das wird noch zu besprechen sein.

Ein Geräusch besteht aus einer zeitlichen Abfolge von Frequenzspektren. Das Hirn muss das aufgenommene Frequenzspektrum erst über einen gewissen Zeitraum verfolgen und analysieren, um lebensförderliche Emotionen auszulösen. Zum Beispiel das Gefühl der Angst, wenn das aufgenommene Frequenzmuster übereinstimmt mit dem, welches im Gehirn abgespeichert ist unter der Rubrik »Wolfsgeheul« oder »herannahender Zug«. Eine Emotion wird also dann ausgelöst, wenn das beobachtete Muster übereinstimmt mit einem bestimmten im Gehirn gespeicherten Muster. Die Emotion wird durch das Feststellen einer Ordnung ausgelöst.

Die Schallwellen können aber nicht nur in Bezug auf ein im Hirn vorliegendes Muster geordnet sein, sondern sozusagen eine absolute Ordnung haben. Die Druckwellen eines Tones (hohes C) sind vollständig geordnet, sie folgen einem ganz bestimmten, gleich bleibenden zeitlichen Muster. Der Ton eines bestimmten Musikinstrumentes enthält Schallfrequenzen in einer einfachen, geordneten Zusammensetzung. Die Ordnung eines Musikstückes ist noch höher.

Der Unterschied zwischen einem Geräusch unregelmäßiger Druckschwankungen und einem hoch geordneten Ton wird emotional wahrgenommen. Ein noch höher geordnetes Musikstück weckt noch weit stärkere Emotionen. Diese Emotionen entsprechen keinem Überlebensvorteil, außerdem kommen weder Töne noch Musikstücke in der Natur je vor. Mangels Erklärungsalternative muss man hier die Emotionen auf ein Erkennen einer in der Außenwelt vorgefundenen Ordnung zurückführen.

Der optische Teil des Auges funktioniert wie der eines Fotoapparates oder einer Videokamera: Eine Linse ordnet das ins Auge fallende Licht räumlich so, dass den räumlichen Punkten der Außenwelt räumliche Punkte in der Fokalisierungsebene der Linse zugeordnet sind. Wobei die Abbildungsfunktion eindeutig ist und umkehrbar, die räumlichen Ordnungsbeziehungen zwischen den Punkten der Außenwelt bleiben erhalten. Durch den Vergleich zwischen den beiden Augen wird es möglich, auch die dritte Raumdimension zu erschließen.

Die Farbwahrnehmung des Auges hingegen misst, ähnlich wie das Ohr, eine Frequenz, die Frequenz der Lichtwellen.

Verschieden ist das Auge von der Videokamera nur in den Details der Bildverarbeitung und in der Auswahl der verwendeten Baumaterialen. Statt aus Quarzglas und Siliziumchips besteht es aus biologisch leicht abbaubarem Material. Wegen der Ähnlichkeit kann man es ohne weiteres durch eine Kamera unterstützen, gewissermaßen ersetzen, das tun zum Beispiel die Soldaten, wenn sie unbedingt nachts schießen und bomben müssen.

Ein anschauliches Beispiel für die vollständige Korrelation zwischen Netzhautabbild und Original gibt jene bekannte Videoinstallation, in der ein Buddha einer Videokamera und einem mit dieser verbundenen Bildschirm gegenübersitzt. Er sieht sich selbst im Bildschirm, genau so, wie er von einem anderen, ihm gegenübersitzenden Buddha gesehen würde. Oder so, wie er sich in einem Spiegel sehen würde.

Oft hört man fragen: »Letzten Endes sehen wir ja im Kopf, und wer weiß denn schon, wie verschieden das, was unser Gehirn aus der hereinkommenden Information zusammenkonstruiert, von dem ist, was in der äußeren Wirklichkeit der Fall ist? Ja, wer kann denn auch nur wissen, ob das, was wir im Gehirn zu sehen empfinden, mit dem, was draußen wirklich los ist, auch nur im Entferntesten zu tun hat? Und dabei ist die Rolle der Augen noch gar nicht berücksichtigt. Wenn wir anders gebaute Augen hätten, sähe die Welt dann nicht ganz anders aus?«

Der Buddha gibt eigentlich schon die Antwort auf derartige Fragen. Er hilft auch, sich die Funktion des Gehirns vorzustellen. Denn was der Buddha auf dem Bildschirm sieht, ist ja nicht direkt das, was in die Linse der Kamera dringt. Sondern das, was sich im Speicher der Videokamera befindet. Dieser Speicher enthält kein direktes Abbild der Außenwelt, das man mit einer Lupe anschauen könnte, so wie eine Fotografie. Sondern man fände nur eine lange Folge von Zahlen, »1« und »0«. Aber diese Bits des Speichers sind geordnet in Hinblick auf die Außenwelt, korrelieren mit dieser. Weil die Art der Korrelation bekannt ist, lässt sich aus diesen »1« und »0« dann wieder ein Fernsehbild erzeugen, das so aussieht wie das Original.

DAS GEHIRN

Man darf es sich nicht so vorstellen, dass beim Sehen die gesamte aufgenommene Information direkt ans Gehirn weitergegeben und erst dort verarbeitet wird. Vielmehr wird schon in der Retina damit begonnen, die aufgenommenen Daten zu verarbeiten, mit dem Ziel, sie möglichst stark zu verdichten: Ein Auge, das ein Fernsehbild betrachtet, nimmt annähernd so viel Information auf, wie zur Erzeugung des Fernsehbildes notwendig war, hunderttausende von Bits pro Sekunde. Genauso viel Information nimmt es auf, wenn es ein Buch liest. Die Rate, mit der das Auge Information aufnimmt, ist durch die Art seiner Konstruktion gegeben, sie ändert sich nicht, wenn man etwas anderes ins Blickfeld bekommt. Wenn Sie in einem Buch lesen, werden Sie aber feststellen, dass Ihre Lesegeschwindigkeit begrenzt ist. Viel mehr als zehn oder zwanzig Bits pro Sekunde können Sie nicht bewusst wahrnehmen. Ihr Bewusstsein hat eine Aufnahmekapazität von zehn bis zwanzig Bits pro Sekunde.

Zuerst eliminiert das Auge ungewollte Störsignale, indem auf raffinierte Weise benachbarte Sehzellen verschaltet werden. Dann werden die einzelnen Bildpunkte zu Strukturen geordnet, es werden Beziehungen hergestellt. Diese Strukturen und Ordnungsbeziehungen werden dann interpretiert. Wenn Sie nicht gerade ein Experte für Schriftsätze sind, werden Sie sich, nachdem Sie einen Text gelesen haben, in einem gewissen Umfang zwar an die gelesenen Worte erinnern und somit auch die gelesenen Buchstaben rekonstruieren können. Sie haben gerade das Wort »Buchstabe« gelesen, das wissen Sie ganz genau, und Sie wissen, dass da ein »a« vorkommt. Aber ob es nun ein »a« war oder eher ein »*a*« oder ein »**a**«, das werden Sie, gibt man ihnen einen Stift in die Hand, nicht rekonstruieren können.

Sie müssten, um den Buchstaben genau zu rekonstruieren, ihn längere Zeit betrachten, bis Sie eine Informationsmenge aufgenommen haben, die ausreicht, seine Form zu beschreiben. Es sei denn, Sie seien zufällig Experte für Schriftsätze. Dann müssen Sie nur ganz kurz hinschauen, Type »Helvetica 2« werden Sie sehen. Und das können Sie dann auch ganz genau hinmalen.

Die technischen Details der zugrunde liegenden Vorgänge sind in vielen Fällen sehr genau bekannt, in den letzten Jahren ist es sogar gelungen, in das Gehirn selbst untersuchend vorzudringen, man kann einem Gehirn beim Denken gewissermaßen zusehen.

Viele der Wahrnehmungs- und Denkfunktionen sind so genau bekannt, dass man sie mit Computern vollständig simulieren kann: Man weiß, wie an einer bestimmten Stelle die Nerven miteinander verbunden sind, man kann das dem Computer eingeben und dann verfolgen, was in einer solchen Schaltung von Nerven mit den hereinkommenden Signalen geschieht. Zwar sind bei weitem noch nicht alle Teile des Gehirns so gut studiert, aber der Fortschritt auf diesem Gebiet der Forschung ist stetig, es ist durchaus denkbar, dass irgendwann in der Zukunft ein komplettes Computermodell des Gehirns und der Wahrnehmungsorgane vorliegen wird.

Ich bin sogar bereit zu glauben, dass man auch die Software des Gehirns vollständig rekonstruieren kann. Man braucht dazu ja nur die Spannungspotentiale der Nervenzellen messen. Zumindest in einem Gedankenexperiment geht das.

Weiß man aber damit, was »denken« sei? Das ist nicht gesagt. Die Biologie kann ja auch eine vollständige Beschreibung der Zelle geben, all ihre Funktionen genau auf die Tafel schreiben. Sie weiß trotzdem nicht, was das sei, »leben«.

MATHEMATIK UND SPRACHE

Die Mathematik handelt von Gesetzen, die nicht zur Disposition des Menschen stehen. Sie etabliert die Existenz einer objektiven Wirklichkeit oder schlägt eine solche zumindest nachdrücklich vor. Nachdrücklich genug: Ein Papst mochte die Erddrehung verbieten, doch gegen den Satz des Pythagoras war er machtlos. Wenn er aber den Satz des Pythagoras nicht verbieten konnte, warum dann eigentlich die Erddrehung? Und was, wenn man diese auf jenen zurückführen könnte? – Von daher die bedeutende Rolle der Mathematik in der europäischen Aufklärung.

Es wäre aber unangemessen, sich immer nur auf Kosten jener armen Päpste zu amüsieren. Um vieles vernünftiger als diese längst verstorbenen Päpste sind wir auch heute nicht.

Wir wissen heute, wie das Planetensystem funktioniert, der Fixsternhimmel gebaut ist, besser, als man das damals wusste. Trotzdem lesen wir Horoskope. Was ist da nun unvernünftiger? Nicht wissen, wie der Himmel funktioniert, und sich ein Horoskop stellen lassen? Oder wissen, wie der Himmel funktioniert, und sich trotzdem ein Horoskop stellen lassen? Auch weiß jeder, dass beim Lotto wesentlich mehr verloren als gewonnen wird. Die Chance, im Laufe der Woche bei einem Autounfall tödlich zu verunglücken, ist zweihundertmal größer als die Chance auf einen großen Lottogewinn. Trotzdem spielen die Leute auch weiterhin und verlieren ihr Geld, das sie doch sonst so sorgfältig hüten.

Die menschliche Unvernunft ist wohl nicht zu kurieren, und

in der Tat ist seit Freud eine ganze Wissenschaft entstanden über das Durcheinander, das den Geist des Menschen dominiert.

Die eigentliche Aufgabe der Mathematik liegt nun keineswegs darin, den Kinder in der Schule Rechenfertigkeiten zu vermitteln. Angesichts der modernen Taschenrechner ließe sich das Alltagsrechnen schon in drei oder vier Schuljahren ausreichend erlernen. Die Rolle der Mathematik in unserer Gesellschaft ist eine viel fundamentalere: Gerade wegen des emotionalen und intellektuellen Chaos, welches für den Menschen typisch ist, stellt die Mathematik eine dringend benötigte rationale Komponente in der Gesellschaft dar. Die systematische und zwingend logische Argumentationsweise der Mathematik, das Eindeutige und Rationale ihrer Sprache schlagen sich auch auf anderen Feldern nieder.

Man nehme nur einen ganz gewöhnlichen Kaufvertrag, wie er von jedem Notar ausgefertigt wird. Die Ähnlichkeiten zur Sprache der Mathematik sind kaum zu übersehen: Wie die zu verhandelnden Gegenstände beschrieben und die beteiligten Personen definiert werden – »… im Folgenden Käufer genannt …« –, wie ein lückenloses, in sich geschlossenes geistiges Gebilde Stück für Stück systematisch aufgebaut wird, unter Ausschaltung jeglicher Eventualität, das erinnert sehr an die Vorgehensweise der Mathematik. Die großen Gebilde und Transaktionen der modernen Wirtschaft, die internationalen Verträge der Staatengemeinschaften, ein vereintes Europa wären ohne die enorme Ordnungskraft solch formaler Sprache gar nicht denkbar.

Ähnliches ließe sich auch von vielen anderen Gebieten sagen, etwa der Medizin, wo es ja auch darum geht, in oft sehr komplizierten Situationen eindeutige und vollständige Aussagen zu treffen und Handlungsanweisungen zu geben. Immer wenn es darum geht, zwischen verschiedenen Menschen komplizierte Kommunikationsprozesse ablaufen zu lassen, lehnt man sich an die Denk- und Vorgehensweisen der Mathematik an.

Geht man solchen Gedanken nach, stößt man aber schließlich auf ein seltsames Phänomen: Zwar entfernt die mathematisch präzise Sprache aus der zwischenmenschlichen Kommunikation alle oder fast alle Elemente des Willkürlichen, Subjektiven, Irrationalen, objektiviert also die zwischenmenschliche Kommunikation. Sodass man den Eindruck bekommt, die mathematisch präzise Sprache erzeuge ganz allgemein und in jeder Hinsicht Objektivität. Das aber stimmt ganz und gar nicht. Die mathematisch präzise Sprache schafft Objektivität zwar zwischen den verschiedenen Menschen, nicht aber zwischen dem Menschen und der Welt.

Wo es um die Objektivität menschlicher Wahrnehmung zur Welt hin geht, da löst sich die mathematisch präzise Sprache umso mehr ins Ungefähre auf, je genauer man hinschaut. So lässt sich durchaus ein juristisch klarer Kauf- oder Erbvertrag für eine Katze aufsetzen, auch unter haarsträubend komplizierten Bedingungen und unter Berücksichtigung vieler verschiedener Parteien und Konstellationen. Was aber ist eine Katze? Das lässt sich nicht sagen.

Wer weiß, was eine Katze ist, merkt natürlich nichts von dieser Unsicherheit. Wenn es jemand aber nicht weiß? Oder wenn jemand so tun wollte, als wüsste er es nicht, etwa um den Vertrag zu umgehen? Wie erklärt man es dann? Eine Katze besteht aus Kopf und Schwanz und so weiter. Was aber ist ein Kopf? Jedes Mal muss man auf eine Referenz verweisen, und die braucht dann wiederum selbst eine Referenz und immer so weiter.

Letztlich bleibt nur die Katze selbst. Je genauer wir die Katze beschreiben wollen, um sie zu abstrahieren, umso mehr schauen wir letztlich die Katze selbst an. Dieses Phänomen ist durch Weitertreiben mathematisch exakter Sprachpräzision nicht in den Griff zu bekommen. Denn auch in der Mathematik selbst existiert es. Moderne Lehrbücher der Mathematik versuchen erst gar nicht zu beschreiben, was ein Punkt sei oder eine

Gerade, sondern beschränken sich darauf, die Beziehungen festzulegen, welche zwischen einer Sache namens »Punkt«, »Gerade« etc. herrschen sollen.

Und das ist noch gar nicht einmal alles! Selbst wenn man die Wörter unserer Sprache eindeutig bezeichnen könnte, so stellt sich das Problem, dass ein und dasselbe Wort, ja ein und derselbe Satz, ganz verschiedene Bedeutungen haben kann. Die aus der Sprache selbst nicht erschlossen werden können, sondern ersichtlich werden nur in Referenz auf etwas, das außerhalb der Sprache liegt. Einfache Beispiele: »Silberfischbesteck«, »Der Professor gehörte zum Ausschuss«, »Das Geld ist sicher auf der Bank«, »Wenn Ihr Hundebaby kein rohes Fleisch mag, kochen Sie es«. Oder weniger offensichtlich: »Jeder Besucher bekommt zur Begrüßung einen Luftballon«: Bekommt jeder Besucher einen eigenen Luftballon für sich oder jeder den immer gleichen Luftballon? Bekommt er den Luftballon anlässlich einer Begrüßung oder um ihn, den Luftballon, zu begrüßen?

»Jeder Besucher bekommt zur Begrüßung einen Luftballon« ist feinste Schriftsprache, alles korrekt, genau, ausführlich. Die gesprochene Sprache ist weit weniger zimperlich:

»Morgen!«

»Morgen!«

»Gibt's heut Tafelspitz?«

»Morgen.«

»Morgen?«

»Morgen.«

»Morgen!«

»Morgen!«

Ein eindeutiger und klarer Dialog für jeden, der die Situation versteht. Der Text hat seine Referenz in der Situation. Ohne diese Referenz ist er völlig unverständlich.

Zur Zeit der Aufklärung gab es diese Ambiguität der Sprache natürlich auch schon, sie wurde aber nicht thematisiert, war nicht »entdeckt«. Erst die moderne Sprachforschung hat das große Ausmaß und den prinzipiellen Charakter sprachlicher Ambiguität erkennen können. Trotz enormer Bemühungen – der wirtschaftliche Aspekt der Angelegenheit ist ja offensichtlich – gelang es nie, Sprache eindeutig in Computercodes zu übersetzen, sie in eine geschlossene mathematische, programmierbare Beschreibung zu bringen. Welche der vielen möglichen Bedeutungen ein Wort, ein Satz im konkreten Fall hat, das hängt nicht nur von dessen Zusammenhang mit anderen Wörtern und Sätzen ab, sondern auch von der Situation, in der sich der Sprecher befindet, und von der Situation des Zuhörers.

Und »Situation des Sprechers«, »Situation des Empfängers« sind eben nicht Elemente des Textes. Ein Text wird im Allgemeinen erst dann schlüssig, wenn man seine Referenz, die außerhalb des Textes liegt, kennt.

Ganz allgemein gilt, was wir schon bei der Katze sahen. Die Mehrdeutigkeit der Sprache kann durch erhöhte Formalisierung, durch noch so präzise mathematische Ausarbeitung nicht behoben werden. Was wenig verwundert.

Im Jahre 1900 nahm sich der Göttinger Mathematiker Hilbert den Mut, die Mathematik selbst zum Studiengegenstand der Mathematik zu machen. Auf einem Kongress trug er eine Liste mit noch nicht gelösten Problemen vor und fragte unter anderem, ob die Mathematik eigentlich vollständig sei, ob sich also alle ihre Aussagen tatsächlich beweisen lassen? Und ob die Mathematik wirklich widerspruchsfrei sei, ob es also denkbar sei, auch falsche Aussagen zu beweisen? Ja, ihm wäre noch nicht einmal klar, ob die Mathematik auch nur entscheidbar sei, ob es also möglich sei, für eine beliebige Aussage immer genau zu sagen, ob sie richtig oder falsch sei.

Erst im Jahre 1931 konnte dann Gödel beweisen, dass die Mathematik nicht gleichzeitig widerspruchsfrei und vollständig sein kann. Und wenn schon nicht die Mathematik beides, vollständig und in sich abgeschlossen, sein kann, wie soll es dann die Sprache sein? Womit wir uns, dieses Mal von der Mathematik her kommend, wieder im Zentrum aller Fragen befinden, der Frage nach dem Menschen und der Frage nach dem Denken.

DER TURING-TEST

Folgender Test wurde vorgeschlagen, um herauszufinden, ob ein Computer denken kann: Man setze einen Menschen an ein Computerterminal. Über dieses Terminal kann er mit einem unbekannten und ihm unsichtbar bleibenden Gesprächspartner kommunizieren. Der unbekannte Gesprächspartner kann ein anderer Mensch sein oder ein Computer. Über das Computerterminal beginnt der Mensch nun eine Unterhaltung mit dem unsichtbaren Partner. Wenn er aufgrund der Unterhaltung zu dem Schluss kommt, sein Gesprächspartner sei auch ein Mensch, obwohl es tatsächlich ein Computer war, so sagt man, dieser Computer könne denken.

Dazu muss man bedenken, dass schon vor über dreißig Jahren ein Informatikprofessor ein einfaches Programm namens Eliza schrieb, das in der Lage war, eine Unterhaltung mit einem Menschen über das Terminal zu führen. Das Programm hat nichts vom Gesagten verstehen können, es hat das Sprechen lediglich simuliert. Dafür hatte es eine Reihe einfacher Tricks zur Verfügung, etwa den, eine Aussage in eine Frage umzuwandeln. Sagte der Mensch zum Beispiel:»Heute geht es mir gar nicht gut«, antwortete Eliza:»Oh, warum geht es dir denn nicht gut? Hast du Lust, darüber mit mir zu reden?« Trotz seiner Einfachheit konnte das Programm eine vernünftige Unterhaltung so gut simulieren, dass in einsamen Stunden die Sekretärin des Professors sich heimlich mit ihm unterhielt und ihm ihre Sorgen anvertraute. Fast heimlich, denn das Programm schrieb ohne Wissen der Sekretärin alle Unterhaltungen mit.

Seit den Tagen von Eliza sind derartige Programme natürlich noch besser geworden und können heutzutage in einer Unterhaltung, die sich über einen Zeitraum von mehreren Minuten erstreckt, einen guten Teil der Gesprächsteilnehmer täuschen.

Wohlgemerkt, beim Turing-Test wird nicht verlangt, dass ein Philosophieprofessor den Computer mit einem Philosophieprofessor verwechselt. Wenn ein achtjähriges Kind den Computer nicht von einem anderen Kind unterscheiden könnte, wäre dem Computer nach der Logik des Turing-Tests die Denkfähigkeit eines Kindes attestiert. Also Denkfähigkeit attestiert. Da heutzutage bereits etwa ein Drittel der Erwachsenen dem tricksenden Computer aufsitzen, wäre dieser Anteil unter Kindern sicherlich weit höher. Beliebig hoch vermutlich, man muss nur weit genug mit der Altersgrenze heruntergehen.

Nähme man den Turing-Test tatsächlich ernst, müsste man folglich schon den heutigen Computern die Fähigkeit zum Denken attestieren. Das tut man aber nicht, weil die Programmierer, und nicht nur die, ganz genau wissen, dass der Computer in keiner Weise versteht, was da eigentlich gesprochen wird. Der Computer ist nicht in der Lage, irgendetwas zu verstehen, sondern kann nur so tun, als ob. Das allerdings ziemlich gut.

Die Schlüssigkeit des Turing-Tests ist also durch die Praxis schon längst widerlegt. Manche Computerfans wollen das aber nicht wahrhaben, vielleicht passt es nicht in ihr einfaches Weltbild.

Wenn wir bedenken, was wir weiter oben über Sprache und Mathematik gesagt haben, so ist es ja auch klar, warum der Turing-Test nicht funktionieren kann. Wäre Sprache ein in sich geschlossenes logisches System, so könnte man sie einem Computer natürlich auch vollständig einprogrammieren. In dem Fall würde dann die Unterscheidung zwischen Sprechen und der Simulation des Sprechens hinfällig. Zwischen dem Sprechen eines Computers und dem Sprechen eines Menschen gäbe es dann keinen messbaren Unterschied mehr. Höchstens den, dass der Computer keine Fehler macht, Computer sind unfehlbar. Und weil, was nicht messbar ist, für die Naturwissenschaft nicht existiert, so könnte man dann tatsächlich behaupten, der Computer denke oder tue etwas, das vom Denken nicht unterscheidbar ist.

Sprache ist aber eben kein in sich geschlossenes, vollständiges logisches System. Da liegt der Haken. Man kann sie grundsätzlich nicht programmieren. Zum Glück, erlaub ich mir zu bemerken.

Daraus folgt aber, dass es einen messbaren Unterschied geben sollte zwischen einem noch so gut simulierenden Computer und einem echten Menschen, der wirklich denkt. Der Turing-Test muss unvollständig sein, nur deshalb erlaubt er wohl, einen Menschen fälschlich mit einem Computer gleichzustellen. Darauf ist zurückzukommen.

Und was ist dann das Denken? Von der Mathematik wissen wir, was es nicht ist. Das, was im Turing-Test als »Denken« vorgeschlagen wird, ist es nicht. Wir können es vage zu umschreiben suchen: Für das Denken muss wohl dessen »Unabgeschlossenheit« wichtig sein.

PHYSIK DER ORDNUNG

NICHTS NEUES UNTER DER SONNE

Es war eine Zeit, da waren Bäume nicht, Himmel war nicht, Sonne nicht. Heute wiegen sich Bäume im Wind, der weite Himmel wölbt sich, die warme Sonne scheint. Wie kam das? Wie kann sein, was vorher nicht war?

Dies ist eine Urfrage, die sich immer wieder in anderer Form überall dort findet, wo nachgedacht wird. Auf dem Gebiet der Religion, der Philosophie, der Kunst, der Biologie, der Physik.

Der Religion stellt sich die Frage, was Gott tat, nachdem er die Welt im Urzustand erschaffen hatte. Ließ er sie sich autonom weiterentwickeln? Dann wäre er eine Art Uhrmacher, der gar nicht mehr gebraucht wird, nachdem er seine Arbeit getan hat! Greift Gott also bis zum heutigen Tage in die Welt ein? Das ist die weiter verbreitete Vorstellung. Aber sie ist halt auch problematisch. Dann muss man nämlich die physische wie auch die moralische Welt aufteilen in Bereiche, für welche Gott zuständig ist, und solche, für die er nicht zuständig ist. Für die Planetenbahnen beispielsweise wäre Gott seit Newton nicht mehr zuständig, für Auschwitz war er es sicherlich auch nicht. Aber wo genau sind dann seine Grenzen? Und wie passt das zusammen, Gott und Grenzen?

Die Kunst wirft einen anderen Aspekt auf: Was ist Kreativität? Gibt es so etwas überhaupt? Wie konnte Picasso malen wie niemand zuvor, wie er es also von niemandem hat erlernen können?

Auch in der Physik stößt man auf das Problem, seit Anbeginn: Parmenides fand, es gibt gar keine Veränderung, nicht einmal Bewegung gibt es. Heraklit hingegen meinte: »Alles fließt, nichts besteht.« Demokrit fand, es gebe das Neue schon, es bilde sich allerdings durch das Umordnen der ewig gleichen unveränderlichen Atome. Das klingt nach einem sehr interessanten Kompromiss, wirft aber die Frage auf, was »Umordnen der Atome« konkret bedeuten soll. Gibt es da eine geheimnisvolle Kraft? Sitzt da jemand mit Lupe und Pinzette? Was ist es, das da umordnet?

Das sind die ältesten Fragen der Menschheit, und wir müssen sie in diesem Kapitel nicht alle auf einen Schlag beantworten wollen. Wir werden lediglich die begrifflichen Grundlagen erarbeiten, die wir brauchen, um über diese Fragen überhaupt reden zu können. Wir werden also klären, was Entropie ist, warum diese immer zunimmt im Universum und warum sie dazu notwendig abnehmen muss in einem Teil des Universums. Und zwar nicht in irgendeinem Teil des Universums, sondern nur dort, wo es möglich ist, »Ordnung« zu schaffen.

Und dann werden wir gar nicht erst versuchen, aus einer Wissenschaft heraus die Welt erklären zu wollen oder das Leben und das Denken. Wir werden lediglich neue, zusätzliche geistige Werkzeuge aus diesem Kapitel mitnehmen, um diese dann mit dem Wissen, das wir bereits aus unseren vorhergegangenen Diskussionen gewonnen haben, zu kombinieren.

TOHUWABOHU

Die Physik lässt sich in zwei Gebiete aufteilen: in die Physik von Teilchen und Raum-Zeit sowie die Physik der Thermodynamik. Die Physik von Teilchen und Raum-Zeit handelt davon, wie elementare Teilchen unter der Einwirkung von vier fundamentalen

Kräften miteinander wechselwirken. Wie sie aufeinander stoßen, voneinander abprallen, hin und her laufen durch Raum und Zeit, immer unter genauer Beachtung des Energie- und Impulserhaltungssatzes. Keinem Teilchen ist es gestattet, einfach so loszulaufen, ohne von einem anderen Teilchen angestoßen worden zu sein. Es darf erst loslaufen, wenn es von einem anderen Teilchen angestoßen wurde, und es bewegt sich dann mit dem genau gleichen Impuls und der genau gleichen Energie, die es beim Stoß erhalten hat.

Doch obwohl die Erhaltungssätze genau beachtet werden müssen und alle wirkenden Kräfte genau bekannt sind, lässt sich dennoch der genaue Lebensweg eines Teilchens nicht vorhersagen.

Bei Billardkugeln ist das scheinbar anders als bei den Teilchen. Denn Sie können mit etwas Übung eine Billardkugel der Reihe nach auf fünf andere stoßen lassen und dabei jede dieser fünf Kugeln in das jeweils für sie vorgesehene Loch bringen. Sie können also den Weg dieser insgesamt sechs Kugeln vorhersagen. Aber nun stellen Sie sich vor, Sie hätten einen riesigen Billardtisch mit hunderttausenden von Kugeln vor sich und wollten die alle mit einem Stoß in ihre Löcher schicken. Sie können sich vorstellen, mit welch irrwitzig hoher Präzision man die Positionen all dieser Kugeln kennen und die erste Kugel anstoßen müsste. Es ginge nicht. Und dann erst bei Atomen, wo Sie es normalerweise mit Milliarden zu tun haben, von denen nicht eines auch nur eine Sekunde lang stillsteht. Um da irgendetwas Relevantes voraussagen zu können, müsste man nahezu unendlich genau messen können. Unendlich genaue Messungen sind aber in der Physik nicht möglich.

Die Quantentheorie verändert die Sachlage nur quantitativ. Ihr zufolge gibt es bei dieser Messungenauigkeit nämlich einen Beitrag, der nicht vom untersuchten Körper selbst, also nicht von seiner Größe oder Masse abhängt. Dieser Beitrag spielt bei einem makroskopischen Körper kaum eine Rolle, führt aber bei

Atomen zu sehr starken Effekten. Wenn sich Atome begegnen, ist das in etwa so, als hantiere ein blutiger Anfänger mit dem Billardstock: Die Atome fliegen nach ihrem Zusammenstoß (falls sie überhaupt zusammenstoßen) wild auseinander, ihr Verhalten kann nur durch die Gesetze der Wahrscheinlichkeitsrechnung beschrieben, aber nicht mehr individuell und präzise vorhergesagt werden. Man kann den Lebensweg eines individuellen Atoms nicht im Detail vorhersagen.[14]

Damit nicht genug, gibt es auf dem Teilchenniveau auch keine ausgezeichnete Zeitrichtung, Zukunft und Vergangenheit lassen sich nicht unterscheiden. Und deshalb kann es auch nicht so etwas wie eine Entwicklung geben, denn jede Entwicklung ist ja immer Entwicklung in der Zeit.

Alles in allem bietet sich das Bild einer sinnlosen Geschäftigkeit, wie ein immer während es Tischtennisturnier ist es, bei dem die Bälle nie hinunterfallen, sondern auf ewig hin und her wandern. In alle Ewigkeit, sinnlos, aussichtslos, öde, wüst und wirr. Es ist dies die Welt des ersten Tages, die Physik des Tohuwabohu.

Und in dieser wirren Wüstenei geht auch der Laplacesche Dämon zugrunde, jenes Fantasiewesen, das aufgrund seines Wissens um die Zukunft sämtliche Werte der Aufklärer zunichte gemacht hätte: Ordnung, Recht und Freiheit. Die Unberechenbarkeit der Teilchen ist es, die uns vor dem Laplaceschen Dämon rettet. Es gibt in Wirklichkeit keinen Laplaceschen Dämon, nicht einmal als Gedankenexperiment gibt es ihn.

Auch sonst kann aus der Wüste allerlei Gutes kommen: Denn nur aus Gründen der Übersicht haben wir die Physik getrennt in die beiden Teilgebiete: Physik von Teilchen und Raum-Zeit und Thermodynamik. Tatsächlich aber hängen diese bei-

---

[14] Die Ergebnisse von Mechanik und Quantenmechanik werden hier aus Platzgründen lediglich vorgetragen, ohne wirklich erklärt zu werden. Der an einer genaueren Darstellung des physikalischen Sachverhalts interessierte Leser sei auf mein Buch »Alles Quark?« verwiesen.

den großen Gebiete zusammen, die Thermodynamik setzt das Wissen ums Tohuwabohu voraus.

Die Thermodynamik erfährt von der Raum-Zeit-Physik, wie die Welt aus diskreten, elementaren Teilchen aufgebaut ist. Nicht nur die Materie, sondern auch die Strahlung, auch jeglicher Energieübertrag besteht immer aus »kleinsten Portionen«, das sagt uns die Quantentheorie. Und dass die Teilchen letztlich nur den Gesetzen der Wahrscheinlichkeitsrechnung folgen, man ihr individuelles Schicksal also nicht vorherbestimmen kann, auch das weiß die Thermodynamik von der Raum-Zeit-Physik.

THERMODYNAMIK

Wenn wir auch nicht vorhersagen können, wie sich ein einzelnes Teilchen verhalten wird, oder eine einzelne Energieportion, so können wir doch sagen, welche Möglichkeiten es hat für seine Zukunft und welche Möglichkeiten es nicht hat. Und das ist viel.

Mikro- und Makrozustände

Betrachten wir als Beispiel ein Stück Eisen; es soll aus neun Atomen bestehen und zu Beginn unseres Versuches keine Energie enthalten. Aus der Quantenphysik wissen wir, dass man auf jedes der Atome nicht beliebig wenig Energie übertragen kann, sondern nur einen bestimmten elementaren Mindestbetrag an Energie, der sich nicht weiter aufteilen kann.

Geben wir diesen Mindestbetrag an Energie in das Eisenstückchen, so wird sich diese Energie also nicht auf die verschiedenen Atome verteilen, sondern auf irgendeinem Atom »Platz nehmen«.[15] Nun ist aber ein Atom elementar, es ist nichts drin,

---

[15] Diese Mindestenergie ist sehr gering, zu gering, um das Atom aufzubrechen oder sonstwie zu verändern; wir können das Atom für unseren Versuch ohne Einschränkung als elementares Kügelchen betrachten, ohne Struktur.

zum Beispiel enthält es keine Batterie und auch sonst nichts, womit es Energie speichern könnte. Deshalb kann es die Energie nur aufnehmen in Form von Bewegungsenergie. Es beginnt also, sich schnell zu bewegen. Das tut es, indem es um seine Ruhelage herum schwingt.

Früher oder später – sagen wir, nach durchschnittlich einer Sekunde (aber die Zahl ist natürlich ebenso erfunden wie die »neun« in neun Atome) – wird das herumschwingende Atom einen seiner Nachbarn anstoßen; nun fängt der an zu schwingen, das erste Atom aber kommt zur Ruhe. Denn die Energie kann ja immer nur auf einem Atom sitzen, sagt die Quantenphysik.

Welchen Weg genau die Energieportion nehmen wird, lässt sich nicht vorhersagen. Und im Allgemeinen auch nicht beobachten. Wir wissen nicht, auf welchem der neun Atome die Energieportion zu einem bestimmten Zeitpunkt sitzen wird. Wir wissen nur, es gibt neun verschiedene Möglichkeiten. In irgendeinem dieser neun Zustände wird sich das Eisen befinden. In der Sprache der Physik: »Das System aus neun Eisenatomen und einer Energieportion kann sich in einem von neun Mikrozuständen befinden.«

Übrigens ist dies hier eine gute Gelegenheit, eine Pause in der Lektüre einzulegen, machen Sie ruhig ein Fläschchen Wein auf, oder machen Sie sich einen Tee, laden Sie jemanden ein, mit dem man ein Gespräch führen kann, lassen Sie sich obigen Gedanken auf der Zunge zergehen, und sprechen Sie über ihn. Denn obwohl er vollständig banal ist, lässt sich doch aus ihm die gesamte Thermodynamik entwickeln, nur durch Zählen.

Geben wir eine zweite Energieportion hinzu, so bleiben für diese nur noch acht freie Atome (wir dürfen annehmen, dass auf ein Atom nicht zwei gleiche Energieportionen passen). Egal, auf welchem der neun Atome die erste Energieportion sitzt, für die zweite bleiben in jedem dieser neun möglichen Fälle genau acht Möglichkeiten. Für das System aus neun Eisenatomen und zwei Energieportionen[16] gibt es nun also 9 × 8 Mikrozustände.

Bringen wir ein zweites energiefreies Eisen aus ebenfalls neun Atomen in Kontakt mit unserem Stück Eisen, so hat das System aus den beiden Eisen und den zwei Energieportionen immer noch 9 × 8 Mikrozustände, solange beide Energieportionen im ersten Eisen verbleiben. Aber irgendwann wird durch die zufällige Wanderbewegung der Energieportionen eine von ihnen in das zweite Eisen auswandern. Nun hat das System 9 × 9 Mikrozustände, in denen es sich befinden kann, also insgesamt 9 × 8 + 9 × 9 Mikrozustände. 9 × 8 Mikrozustände kann man so beschreiben: »Beide Energieportionen sind im selben Eisen.« Von den anderen 9 × 9 Mikrozuständen kann man sagen: »In jedem Eisen ist eine Energieportion.« Mehr Zustände sind nicht möglich.

Wandern die Energieportionen ganz zufällig und ziellos umher, so sind alle (9 × 8 + 9 × 9) Mikrozustände (nach einiger Zeit des Umherwanderns) gleich wahrscheinlich. Und genau eben deshalb wird sich das System aus zwei Eisen und zwei Energieportionen etwas öfter in einem der 9 × 9 Zustände befinden und etwas weniger häufig in einem der 9 × 8 Zustände. Geringfügig öfter werden sich die beiden Energieportionen in verschiedenen Eisen befinden, geringfügig seltener werden sie zusammen in einem Eisen sein.

Nun brauchen wir nur noch die Verbindung zur makroskopischen Welt herzustellen. Wir nennen ein Eisen mit zwei Energieportionen »heiß«, eines mit einer Energieportion »warm«, eines ohne Energie »kalt«. Ob ein Eisen heiß oder kalt ist, das lässt sich mit dem Thermometer messen, es ist eine in der makroskopischen Welt messbare Eigenschaft, es ist ein Makrozustand.

---

[16] Wir vereinfachen insofern, als man natürlich die beiden Energieportionen nicht unterscheiden kann, und wir unterscheiden auch nicht zwischen den beiden identischen Stücken Eisen. Wenn man konkrete Zahlenwerte ausrechnen will, so muss man dergleichen natürlich berücksichtigen, es ändert aber an der grundlegenden Argumentation nichts.

Wenn man obige Zahlenbeispiele durchgeht, so stellt man fest: Der Makrozustand »ein heißes und ein kaltes Eisen« hat weniger (9 × 8) Mikrozustände als der Makrozustand »zwei warme Eisen« (9 × 9 Mikrozustände).

Bei nur neun Atomen und nur zwei Energieportionen ist dieser Unterschied sehr gering: Die beiden Zahlen 9 × 9 und 9 × 8 sind lediglich um etwa zehn Prozent verschieden. Aber wenn man realistisch große Zahlen verwendet, Zahlen der unvorstellbaren Größenordung 10^{23}, so wird der Unterschied gewaltig groß, unvorstellbar groß. Wenn man ein realistisch großes (10^{23} Atome) Stück Eisen, das heiß ist (10^{23} Energieportionen), in Kontakt bringt mit einem gleichartigen kalten (keine oder nur wenige Energieportionen) und ein wenig abwartet, sodass die Energieportionen Zeit finden, sich zu verteilen, so werden die Eisen nicht 9 × 9 Sekunden lang warm sein und 9 × 8 Sekunden lang eines heiß, eines kalt, sondern »fast immer« warm, »fast nie« heiß und kalt. »Fast immer« bedeutet, Sie müssten länger warten als das Universum alt ist, um beobachten zu können, wie sich aufgrund einer statistischen Fluktuation alle Wärmeenergie in einem Eisen ansammelt und das andere kalt zurückbleibt.

Natürlich kann man dergleichen auch genau ausrechnen[17], aber es lässt sich ebenso gut grafisch veranschaulichen.

Wir haben links zwei sich berührende Eisenstückchen aus je neun Atomen und mit insgesamt zwei Energieportionen und zum Vergleich rechts zwei etwas größere Eisenstückchen (je 143 Atome) mit etwas mehr Energieportionen (42). Die beiden Eisen sollen sich schon seit langer Zeit berühren, sodass die Energieportionen genug Möglichkeiten hatten, sich ganz zufällig irgendwie auf die Eisen zu verteilen. Beide Male zeichnen wir einen Mikrozustand, in dem alle Energie sich in einem Eisen versammelt hat. Man sieht sofort: Dass sich zufälligerweise zwei Portionen

---

[17] Für n Atome und m Energieportionen ist die Zahl der Mikrozustände gleich n!/(n-m)!m!

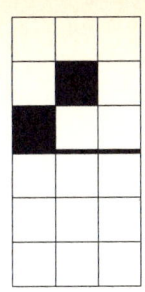

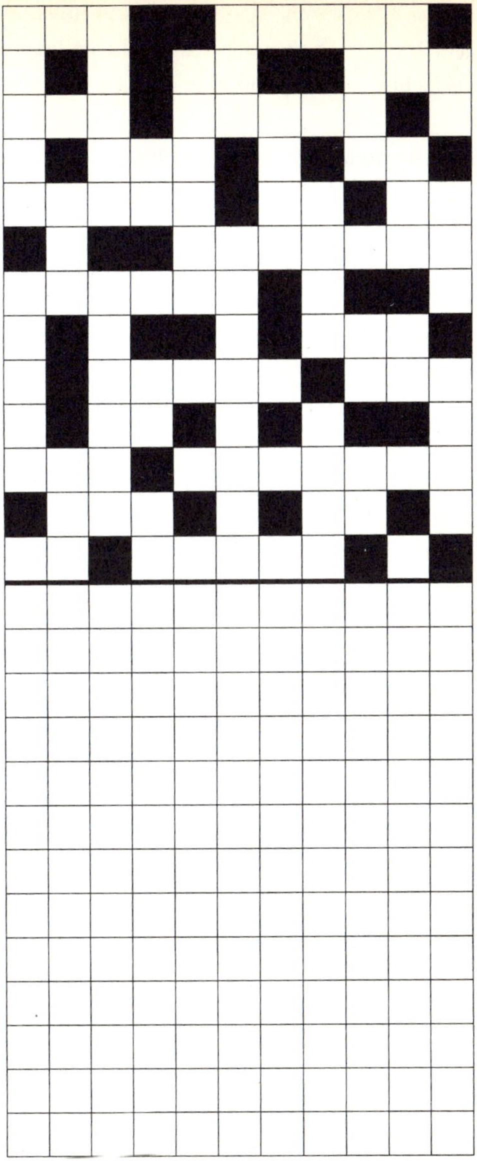

auf ihrer Wanderung im gleichen Eisen treffen, das ist schon möglich. Aber 42? Das wäre bereits ein toller Zufall. Und dabei ist 42, verglichen mit 10^{23}, immer noch eine sehr kleine Zahl.

Die Wanderung der Makrozustände

Wenn wir ein heißes und ein kaltes Eisen in Berührung bringen, und sich dann allmählich (indem die Energieportionen zufällig umherwandern) die Temperatur der beiden Eisen ausgleicht, so ist bei dem Vorgang keineswegs eine besondere Kraft im Spiel. Und die Atome handeln auch nicht absichtlich. Und es sitzt keiner mit der Pinzette hinter dem Vorhang.

Trotzdem durchläuft das makroskopische System aus zwei Eisen eine Entwicklung, die unaufhaltsam ist und zielstrebig, die beiden Eisen streben auf den Makrozustand »gleich warme Eisen« zu. Diese zielstrebige Entwicklung ergibt sich aus der zufälligen Bewegung der einzelnen Energieportionen und der Gleichberechtigung aller Mikrozustände.

Der vollständig blinde Zufall auf der Ebene der Teilchen führt zu einer gerichteten und sogar unaufhaltsamen Entwicklung in der makroskopischen Welt. Einfach aus dem Grund, weil halt eine große Zahl größer ist als eine kleinere. Deswegen und nur deswegen wird sich ein System, das sich in einem Makrozustand mit wenigen Mikrozuständen befindet (heißes + kaltes Eisen), spontan auf einen Makrozustand hin bewegen, der viele Mikrozustände besitzt (warmes + warmes Eisen).

Und natürlich ist das nur ein Beispiel. Unserer Zeichnung können wir, ohne sie zu ändern, auch eine andere Bedeutung zuordnen: Das schwarze sollen die Atome eines Gases sein. Anstatt zwei Eisen in Kontakt zu bringen, eines heiß, eines kalt, betrachten wir nun zwei Raumvolumen, eines mit Gas, eines ohne. Und die beiden Volumen können wir miteinander verbinden, indem wir eine Trennwand zwischen ihnen herausziehen.

Was bedeuten die Kästchen in diesem Fall? Wiederum von der Quantentheorie wissen wir, dass Atome sich nicht irgendwo in einem Volumen aufhalten können. Ihre Aufenthaltswahrscheinlichkeiten sind nur an bestimmten Stellen von null verschieden. Davon merkt man in der makroskopischen Welt wieder nichts, aber die Atome merken das sehr wohl. Die Kästchen bedeuten jetzt also die Stellen im Raum, wo sich die Atome aufhalten können. Die Verallgemeinerung lässt sich beliebig weiter treiben: In einem System mit sehr vielen Atomen, die viele verschiedene Raumpositionen einnehmen können, viele verschiedene Geschwindigkeiten haben können etc., da stößt zwar die grafische Darstellung an die Grenzen ihrer Möglichkeiten, aber es genügt ja, die Werte all jener Größen für jedes Teilchen in eine Liste zu schreiben, das nennt man Vektor. Dieser Vektor spannt einen entsprechend vieldimensionalen Raum auf. Und weil jeder Punkt dieses Raumes genau beschreibt, was im System gerade geschieht, was sich ereignet, so kann man den Raum »Ereignisraum« nennen. Wiederum wird man im Laufe der Zeit das System in Makrozuständen mit jeweils immer mehr Mikrozuständen finden.

SPRACHLICHE UND MATHEMATISCHE FORMULIERUNG DES ZWEITEN GESETZES

Was wir gerade besprechen, nennt sich »Zweites Gesetz der Thermodynamik«, wir müssen es nur noch etwas wissenschaftlicher formulieren. Ein bisschen knapper und allgemeingültig.

Bisher hatten wir die Ehrlichkeit der Welt vorausgesetzt: Niemand soll insgeheim in unseren Versuch eingreifen, es soll niemand Energie aus den untersuchten Systemen herausnehmen oder in sie hineingeben, niemand soll manipulieren, etwa mit Pinzetten oder wie auch immer sonst. Wenn wir ein Gesetz formulieren wollen, müssen wir diese Ehrlichkeit ausdrücklich verlangen, wir verlangen, dass das zu untersuchende System abgeschlossen sein soll.

Für die Zahl der Mikrozustände schreiben wir abgekürzt »W«. Und dann könnten wir formulieren:

In einem abgeschlossenen System nimmt W immer zu.

Für weiterführende Rechnungen ist es allerdings vorteilhaft, wenn man den Logarithmus[18] von W verwendet, ln(W), anstatt W selbst. An unserem Argument ändert das eigentlich nichts, denn wenn eine Zahl, a, größer ist als eine andere, b, also $a > b$, so ist auch ihr Logarithmus größer, $\ln(a) > \ln(b)$. Wenn W immer zunimmt, so nimmt also auch ln(W) immer zu. Und wenn wir einen Ausdruck, der immer zunimmt, mit einer konstanten Zahl multiplizieren, etwa mit k, so nimmt das Ergebnis dann natürlich auch immer zu.

Der Ausdruck $k \times \ln(W)$ nimmt also auch immer zu, weil W immer zunimmt, und das nennen wir »Entropie«. Wobei sich die Konstante k »Boltzmann-Konstante« nennt. Das Zweite Gesetz der Thermodynamik lautet dann:

$$\text{Die Entropie } S = k \times \ln(W) \text{ geschlossener Systeme}$$
$$\text{nimmt immer zu.}$$

Die Formel ist sehr einfach, jedenfalls für jemanden, der mit dem Rechenschieber vertraut ist. Die einzige Schwierigkeit besteht darin, sich »Mikrozustände« vorzustellen und diese abzuzählen. Aber solange man keine genauen Zahlenwerte ausrechnen will, und das wollen wir ja gar nicht, braucht einen der Logarithmus sowieso nicht zu interessieren. Auch wie groß W nun genau ist, das ist einem dann egal. Nur auf das Wörtchen »zunehmen« kommt es an, wie wir im Folgenden sehen werden.

---

[18] Der Logarithmus ist eine Funktion mit der Eigenschaft: $\ln(a \times b) = \ln(a) + \ln(b)$, er verwandelt also ein Produkt aus zwei Zahlen in eine Summe. Die früher gebräuchlichen Rechenschieber hatten eine logarithmische Skala, mit der man Multiplikationen durchführen konnte.

Die hier formulierten Gedanken lassen sich auf Boltzmann zurückführen, die Formel ist in seinem Grabstein auf dem Wiener Zentralfriedhof eingemeißelt.

Spontan und natürlich – ganz von allein
Ereignisse, welche die Entropie eines geschlossenen Systems erhöhen, laufen also spontan ab, auf natürliche Weise, niemand muss mit der Pinzette stupsen. Es passiert ganz von allein. Und sie können nicht nicht-ablaufen, ein System hat nicht die Entscheidungsfreiheit, seine Entropie zu erhöhen oder lieber darauf zu verzichten. Seine Entropie erhöht sich automatisch und unvermeidbar.

Dass man mit so einem einfachen Gesetz, das so einfach abzuleiten ist – die schwierigste Formel, die uns begegnet ist, war ja »9 × 8« –, überhaupt etwas anfangen kann, ist schon interessant. Dabei gibt es eigentlich fast gar keine abgeschlossenen Systeme in der Natur, die Vorstellung vom geschlossenen System dient hauptsächlich zum Ordnen der Gedanken, »man stelle sich vor, das System sei abgeschlossen«. Das vermutlich einzige real existierende abgeschlossene System im Universum ist das Universum selbst. Deshalb lässt sich auch sagen:

Nur die Vorgänge laufen spontan und natürlich ab, welche die
Entropie des Universums erhöhen.
Und das ist der Grund, warum sie ablaufen.

Anstatt von der »Entropie« kann man in Anlehnung an die Alltagssprache auch von der »Ordnung« eines Systems sprechen: Ein Zimmer ist dann geordnet, wenn alle Gegenstände an ihrem Platz liegen, wenn es also in einem ganz bestimmten Zustand ist. Ist es in irgendeinem der vielen anderen möglichen Zustände, so ist es ungeordnet. Ein System ist also dann geordnet, wenn es sich in einem Makrozustand befindet mit relativ wenigen Mikrozuständen. Dann kann man formulieren:

Nur die Vorgänge geschehen, welche die Unordnung des Universums erhöhen. Das ist der Grund, warum sie geschehen.

Lourdes und Selbstorganisation

Dieses sehr einfache Gesetz hat es in sich, handhabt man es unachtsam, kann man sein Wunder erleben. Lassen Sie uns das System aus zwei Eisen nochmals ungenauer betrachten (es handelt sich um ein geschlossenes System, weil wir stillschweigend annahmen, die Energieportionen könnten nicht aus den Eisen entweichen und es könnten nicht unversehens zusätzliche Energieportionen dazukommen).

Der Ausgangszustand besteht also aus einem heißen Eisen, das folglich eine hohe Entropie hat, denn es enthält ja viele Energieportionen, welche man auf viele Weisen anordnen kann, und einem kalten Eisen, dessen wenige Energieportionen nur wenige Mikrozustände erlauben. Die Entropie des kalten Eisens ist deswegen vergleichsweise niedrig.

Indem Energie vom heißen ins kalte Eisen fließt, erhöht sich die Entropie des Gesamtsystems, die Zahl seiner Mikrozustände W erhöht sich insgesamt. Dabei erhöht sich auch die Entropie des vorher kalten Eisens. Weil es ja Energieportionen aufnimmt und die Zahl der möglichen Mikrozustände dadurch zunimmt. Aber die Entropie des vorher heißen Eisens ist während des Abkühlens gesunken. Weil es nun weniger Energieportionen enthält, hat es auch weniger Mikrozustände. Wobei sich allerdings, und das kann man leicht nachrechnen, die Entropie des kalten Eisens stärker erhöht, als sich die des heißen Eisens erniedrigt, sodass insgesamt die Entropie des geschlossenen Systems aus zwei Eisen steigt.

Ignoriert man fehlerhafterweise die Präsenz des kalten Eisens und sieht nur auf das heiße Eisen, so scheint Seltsames zu geschehen: Die Entropie des heißen Eisens erniedrigt sich ja, in (scheinbarer) Verletzung des Zweiten Gesetzes! Das Eisen erhöht seine Ordnung! Es selbstorganisiert sich selbst! Ein Wunder!

Es ist aber kein Wunder, sondern immer so: Damit sich die Entropie eines geschlossenen Systems erhöhen kann, muss sich die Entropie eines offenen Teilsystems erniedrigen.

Zählen mit dem Thermometer

Es gibt noch einen anderen Zugang zur Entropie. Indem man einem System Energie zuführt, erhöht sich ja die Zahl seiner Zustände, wie wir gesehen haben. Um wie viel sich die Zahl der Mikrozustände eines Körpers erhöht, wenn man eine bestimmte Energiemenge zuführt, das hängt auf ganz bestimmte und charakteristische Weise von den Eigenschaften des Körpers ab. (In unserem Modell haben wir angenommen, dass auf ein Atom nur eine ganz bestimmte Energieportion passt. Das wäre ein Beispiel für solch eine charakteristische Eigenschaft eines Körpers. Eine andere charakteristische Eigenschaft ist die Zahl der Atome, aus denen der Körper besteht.) Diesen charakteristischen und eindeutigen Zusammenhang zwischen der Energiezufuhr und der Zunahme von W kann man nutzen, um die Entropie eine Körpers ganz einfach mit dem Thermometer zu messen. Wenn man bei der Temperatur T einem Körper die Wärmemenge ΔQ zuführt, so erhöht sich seine Entropie um $\Delta S = \Delta Q/T$. (Δ ist das Symbol für »Differenz« oder »Erhöhung«.) Wenn man also die Zahl der Mikrozustände eines Körpers nicht kennt, so kann man trotzdem seine Entropie bestimmen. Dazu braucht man lediglich ein Thermometer. Die Entropie eines Körpers ist also eine ganz eindeutig bestimmbare physikalische Größe.

Ist das überhaupt Physik?

Das Zweite Gesetz mag für jemanden, der aus der Zeitung weiß, wie enorm komplex und für den Laien ganz unverständlich die moderne Physik sei mit ihrer undurchschaubaren Mathematik, selbstredend, und der gerne verehren möchte, wenn er nichts Besseres findet, notfalls sogar die geheimnisvolle Phy-

sik, etwas enttäuschend sein. Haben wir doch letztlich nur mit
wissenschaftlicher Präzision gesagt: »Wenn entweder etwas
Wahrscheinliches oder aber etwas Unwahrscheinliches geschehen kann, so geschieht wahrscheinlich das Wahrscheinliche.«
Und die Mathematik, die wir verwendet haben, ist das Zählen
mit natürlichen Zahlen, Unterrichtsstoff der Grundschule also.
Und selbst das $S = k \times \ln(W)$, das doch immerhin fesch aus-
schaut, ist ja eigentlich auch keine richtige Formel, sondern lediglich eine Definition.

$^1/_2\, k \times T$

Zum Glück gibt es noch ein zweites geistiges Standbein der
Thermodynamik, außer dem Zweiten Gesetz, mit einer richtigen Formel. Es besteht in der Feststellung, dass ein Teilchen der
Temperatur T[19] im Mittel die Bewegungsenergie $E = {}^1/_2\, k \times T$
hat. Jedes Teilchen, egal wie groß oder klein. Immer und unter
allen Umständen, egal ob das Teilchen in einem festen Körper
eingebaut ist oder ob es als Gasatom frei umherfliegt. Im festen
Körper schwingt es mit der Energie $^1/_2\, k \times T$ um seine Ruhelage,
als Gasatom fliegt es mit der Energie $^1/_2\, k \times T$ durch den Raum.

Genauer gesagt hat es $^1/_2\, k \times T$ pro »Freiheitsgrad«. Ein Atom,
das sich in allen drei Richtungen des Raumes bewegen kann,
hat drei Freiheitsgrade, zum Beispiel. Könnte man ein Atom an
einer festen Stange aufhängen, wie eine Art Pendel, sodass es
nur hin und her schwingen kann, so hätte es nur einen Freiheitsgrad. Ein Auto, das aus soundso vielen Atomen besteht, von denen jedes mehrere Freiheitsgrade besitzt, insgesamt sollen es N
Freiheitsgrade sein, hat dann entsprechend $N \times {}^1/_2\, k \times T$ thermische Energie.

[19] In dieser Formel wird die Temperatur in Grad Kelvin verwendet. Sie hat ihren Null-
punkt bei −273 Grad Celsius. Tiefere Temperaturen gibt es nicht, weil bei 0 Grad
Kelvin die Wärmebewegung der Teilchen aufhört.

In der makroskopischen Welt wird diese Energie als »Wärmeenergie« wahrgenommen, aber es ist letztlich nichts anderes als die Bewegungsenergie der Atome.

Ganz einfach

Die Thermodynamik basiert auf diesen beiden Feststellungen. Einmal, dass jedes Teilchen im Mittel die Energie $1/2$ k × T hat (pro Freiheitsgrad), und zum zweiten, dass die Entropie eines geschlossenen Systems zunimmt.

Natürlich, wenn Sie aus welchen Gründen auch immer wissen wollen, was passiert, wenn Sie ein Gas ganz bestimmter Zusammensetzung in ein bestimmtes Volumen bei genau dieser und jener Temperatur einsperren, oder wissen wollen, wie viel Kohle die von Ihnen gebaute Dampfmaschine braucht, um Ihren Kühlschrank auf minus 29 Grad Celsius abzukühlen, ja, dann müssen Sie noch eine Menge zusätzliche Rechenarbeit leisten. Dann müssen Sie von adiabatischen Zustandsänderungen wissen und die adiabiatische Invarianz von p*, die Hamiltonschen Bewegungsgleichungen verstehen, die makrokanonische Gesamtheit und das Zeit- sowie das Scharmittel, und natürlich sollte man bei der Gelegenheit auch über die Onsagersche Symmetrierelation nachdenken, die Langevinsche Gleichung, die Fokker-Planksche Differentialgleichung, mindestens.

Zum Glück wollen Sie aber gar keine Dampfmaschine bauen, warum also sollten wir diese Dinge besprechen? Sie würden es auch gar nicht verstehen. Seien Sie bitte nicht beleidigt, wenn ich das so offen sage, ich verstünde es ja auch nicht. Ich habe dergleichen früher mal verstanden, wegen der Prüfung, dann hab ich es sofort wieder vergessen. Weil ich ja keine Dampfmaschinen bauen will.

Es ist immer so in der Physik: Wenn Sie irgendwelche Anwendungen ausrechnen wollen, so wird es schnell kompliziert. Wenn Sie aber verstehen wollen, wie die Natur grundsätzlich funktioniert, so ist es immer einfach. Die Thermodynamik lässt sich zurückführen auf $\frac{1}{2}$ kT und S = kln(W). Das ist alles.

Und ebenso steht es mit den anderen Gebieten der Physik. Die grundlegendsten Formeln, aus denen sich alles andere ableiten lässt, sind Gleichungen der Art c = constant, E = hν, p = h/λ, E(Welt) = const, hin und wieder taucht ein Δ-Zeichen auf, und das war's auch schon.

Natürlich gibt es die langen Formeln des Standardmodells der Teilchenphysik und die noch längeren der Superstringtheorie. Aber das sind Gebiete, auf denen man sich gerade vortastet. Man versteht noch nicht so recht, was Sache ist. Vom Standardmodell ist inzwischen jedem klar, dass es nicht die grundlegendste Theorie der Teilchen sein kann, weil es eigentlich nichts erklärt. Es stellt nur Beziehungen her zwischen den Teilchen, erklärt diese aber nicht. Noch weiter entfernt davon, eine abgeschlossene Theorie zu sein, sind die Superstrings.

In ihren Anfängen war auch die Quantentheorie außerordentlich kompliziert. Planck hat Rechnungen durchgeführt, denen damals nur die allerhellsten Köpfe gewachsen waren. Seine Berechnungen zum schwarzen Strahler sind an die Grenze der menschlichen Leistungsfähigkeit gegangen, und die Formeln sind lang, sehr lang. Sie lassen sich allerdings auf die einfache Tatsache zurückführen, dass sowohl materielle Teilchen als auch Energie in kleinsten elementaren Einheiten auftreten, plus ein wenig Thermodynamik. Das ist alles. Planck hat das damals selbst nicht verstanden. Einstein hat dem Planck die physikalische Bedeutung seiner eigenen Formeln erst erklären müssen.

Sobald die Physik verstanden ist, lassen sich ihre grundlegenden Gesetze immer sehr einfach formulieren. Und je besser wir die Physik verstehen, umso einfacher wird sie. So war das bisher jedenfalls immer. Je mehr die Menschheit ernsthaft über Physik nachdenkt, umso einfacher wird sie.

NACHDENKLICHKEITEN ZU PARMENIDES

Dass jedes beliebige Atom oder Auto und überhaupt alles immer die Energie $\frac{1}{2}$ k × T (pro Freiheitsgrad) hat, erinnert ein wenig an die Quantentheorie. Sie werden davon gehört haben, Teilchen sind als Wellen darstellbar. Ein Teilchen der Energie E hat die Kreisfrequenz ω, und es gilt E = ω × (h/2π).[20] Nun kann man aber den Bewegungszustand eines Teilchens nicht nur durch seine Energie (oder seinen Impuls) angeben, sondern auch durch eine Größe, die sich »Wirkung« nennt[21]. Die so genannte Plancksche Konstante »h« in obiger Formel, geteilt durch 2π, ist die Wirkung des Teilchens. Weil diese Wirkung eben eine Konstante ist, bedeutet das, dass die Bewegung aller Teilchen immer und unter allen Umständen die gleiche ist, sie ist gleich h/2π. So, wie die Geschwindigkeit des Lichtes immer die gleiche ist, c, so ist auch die Bewegung aller anderen Teilchen immer gleich, nämlich h/2π.

Dass sich die Wirkung eines Teilchens nie ändert, kann man mit Argumenten der klassischen Physik plausibel machen, wenn man bedenkt, dass die Teilchen ja elementar sein sollen, sie sollen nicht aus verschiedenen Bestandteilen bestehen, es soll »nichts drin sein« in einem elementaren Teilchen. Solche elementare Teilchen unterliegen, genau besehen, keinen Kräften. Denn eine der Grundannahmen der Physik besagt, dass sich zu jeder Kraft immer sofort eine gleich große, aber entgegengesetzte Gegenkraft aufbaut (zum Beispiel die Trägheitskraft im Falle einer Beschleunigung). Bei einem elementaren Teilchen heben sich diese Kräfte unmittelbar auf. Ein Teilchen aber, auf das keine Kraft wirkt, ändert seinen Bewegungszustand nicht.

---

[20] Wenn Ihnen die Frequenz ν einer Welle geläufiger ist, können Sie ebenso gut schreiben: E = ν × h, denn Frequenz und Kreisfrequenz hängen zusammen: ω = 2π × ν.

[21] Mit E = Energie, p = Impuls, A = Wirkung, F = wirkende Kraft, l = Weglänge, t = Zeitintervall gilt: E = F × l, P = l × t, A = F × l × t.

Das Prinzip von Kraft und Gegenkraft gilt zwar auch für Menschen oder Autos. Insgesamt wirkt auf einen Menschen oder ein Auto auch nie eine Kraft. Nur hat halt ein Mensch eine Ausdehnung, er besteht aus vielen Teilen, da liegt das Problem beim Auffahrunfall. Die Kraft, welche den Menschen nach vorne schiebt (Trägheitskraft), und die, welche ihn bremst (Armaturenbrett), sind zwar gleich groß und entgegengesetzt gerichtet, heben sich also insgesamt auf. Nur leider wirken sie auf verschiedene Zonen des Körpers. Bei einem elementaren Teilchen kann man sich derartige Überlegungen aber sparen, denn es besteht eben nicht aus verschiedenen Teilen.

Sie werden sich wohl Ihrer Schulzeit erinnern, als ein guter Teil der Qualen des Physikunterrichts darin bestand, Geschwindigkeitsenergien und Impulse auszurechnen. Das ist deswegen so kompliziert, weil die Geschwindigkeitsenergie und der Impuls von der Geschwindigkeit abhängen, und die wiederum ist nicht etwa eine Eigenschaft des betreffenden Gegenstandes, sondern es ist eine relative Eigenschaft. Ein Auto zum Beispiel hat genau besehen keine Geschwindigkeit, sondern es hat eine bestimmte Geschwindigkeit in Bezug auf die Oberfläche der Straße, eine andere in Bezug auf ein entgegenkommendes Auto und so weiter. Die Geschwindigkeit ist nicht eine Eigenschaft des Autos an sich, sondern beschreibt ein Verhältnis zwischen dem Auto und einem Beobachter. Die Physik sagt: »Die Geschwindigkeit eines Teilchens hängt vom Beobachter (oder: vom Bezugssystem) ab.« Im Gegensatz zur Geschwindigkeit hängt die Wirkung eines Teilchens aber nicht vom Beobachter ab, sondern ist eine Eigenschaft des Teilchens selbst. Deswegen hat ein Teilchen verschiedene Geschwindigkeiten, je nach Beobachter, aber es hat immer die gleiche Wirkung. Und nicht nur bewegt sich ein bestimmtes Teilchen immer mit der gleichen Wirkung, sondern alle Teilchen bewegen sich immer mit der gleichen Wirkung, $h/2\pi$.

Die Temperatur eines Teilchens ist sozusagen eine kollektive

Eigenschaft. Ein einzelnes Teilchen hat eigentlich keine Temperatur, weil es ja keine bestimmte Energie hat. Erst mit anderen Teilchen zusammen lässt sich seine Temperatur angeben. Man kann zum Beispiel die Temperatur eines in einem Behälter eingeschlossenen Gases angeben. Damit hat man aber ein bevorzugtes Bezugssystem etabliert, den Behälter nämlich, in dem die Gasatome umherfliegen. Und nun, wo eindeutig klar ist, worauf sich die Bewegung eines jeden Teilchens bezieht, entweder auf den Behälter oder, das läuft auf das gleiche hinaus, auf die Gesamtheit der anderen Teilchen, da findet man nun, dass die Teilchen im Mittel alle die gleiche Wärmeenergie haben, $1/2$ kT. Das erinnert schon sehr an das h = constant der Quantenphysik. Lässt sich die Thermodynamik also auf grundlegende Eigenschaften der Teilchen zurückführen?

Was das mit Parmenides zu tun hat? Nun, der fand, es gebe gar keine Bewegung. Auf den ersten Blick eine durchaus einfältige Idee, die auch der Erfahrung und dem Augenschein widerspricht. Genauer besehen aber könnte Parmenides Recht gehabt haben. Denn wenn sich alle Teilchen immerzu gleich bewegen, mit der gleichen Wirkung h, welchen Sinn macht es dann schon, überhaupt von Bewegung zu sprechen?

Besagter Parmenides hat außerdem behauptet, man könne nur das Seiende denken, während das Nichtseiende erstens nicht sei und zweitens auch nicht gedacht werden könne. Es gab und gibt eine Menge Leute, die das anders sehen. Heutzutage zum Beispiel spricht man von den beliebigen »virtual realities« des Cyberspace, die man ganz beliebig schaffen kann. Neben der »real reality«. Laut Parmenides kann eine solche »virtual reality« aber nichts anderes sein als ein unvollkommenes Abbild der Wirklichkeit. Ich werde vermutlich zur gleichen Ansicht kommen, das seh ich voraus.

Beide Ansichten des Parmenides, es gebe keine Bewegung und man könne nur das Seiende denken, sind also nichts weniger als selbstverständlich. Scheinen mir aber richtig. Ist es ein

Zufall, dass Parmenides zweimal auf so verrückte, aber korrekte Ansichten kam? Oder hat das eine mit dem anderen zu tun, gibt es zwischen jenen beiden Feststellungen des Parmenides einen tieferen Zusammenhang, der aus dem wenigen, was von Parmenides überliefert ist, nicht vollständig ersichtlich ist, den Parmenides aber gekannt hat und den wir noch nicht wieder kennen?

DEMOKRATIE UND TECHNISCHER FORTSCHRITT

Morgen soll es ein Produkt geben, das es heute nicht gibt. Wie kann das sein? Die Frage zerfällt bei genauerer Betrachtung in zwei Teile. Einmal in die Frage nach Natur und Wesen des kreativen Aktes, sodann in die Frage nach den gesellschaftlichen und kulturellen Voraussetzungen des Fortschrittes. Der zweiten Frage wollen wir in diesem Kapitel nachgehen.

WAS IST TECHNISCHER FORTSCHRITT?

Das ist gar nicht so klar. Rad, Schrift, Computer waren gewiss technischer Fortschritt. Die Pyramiden oder das Kolosseum sind es wohl nicht, obwohl sie sehr beeindruckend aussehen und des öfteren und leichthin als große technische Leistungen bezeichnet werden. Was wir an ihnen bestaunen, ist wohl eher die organisatorische Leistung. Selbst wenn wir den Erbauern der Pyramiden oder des Kolosseums zugute halten wollten, sie hätten neue Bautechniken zur Anwendung gebracht, so wäre das immer noch kein technischer Fortschritt, weil es ja unklar ist, wo der Fortschritt sein soll bei den Pyramiden. Weder waren sie ein Fortschritt für den toten Pharao noch für die Arbeiter an den Pyramiden. Ähnliches gilt für das Kolosseum.

Es gibt wohl zwei Kriterien dafür, ob etwas ein technischer Fortschritt ist. Erstens: Handelt es sich um eine echte technische Neuerung? Wenn nicht, so ist es vielleicht ein Fortschritt, ein organisatorischer, ein politischer Fortschritt, ein Fortschritt im Bewusstsein, aber kein technischer Fortschritt. Zweitens: Ist es ein Fortschritt, für wen und inwiefern?

Sind die modernen Windkraftanlagen ein Fortschritt? Sie ersetzen das Öl, das ist schon ein Fortschritt. Aber doch wohl sehr stark ein Fortschritt in unserem Bewusstsein, in der Politik. Nicht so sehr im Technischen. Denn das Windrad lässt sich zumindest bis ins mittelalterliche Syrien zurückverfolgen. Von dort kam es im Gefolge der Kreuzzüge nach Europa. Das Funktionsprinzip des Windrades wurde seit dem Mittelalter nicht mehr geändert. Die Baumaterialien und die Konstruktionsprinzipien wurden verbessert, aber die grundlegende Technologie stammt unverändert aus dem Mittelalter.

Deswegen ist die heutige Verbreitung des Windrades zu einem großen Teil eine politische Leistung. Der Staat zwingt mittels Gesetz die Gesamtheit aller Stromverbraucher, an die Betreiber der modernen Windmühlen Geld zu transferieren, indem der mit Windanlagen erzeugte Strom über Marktpreis von der Gesamtheit der Verbraucher abgenommen werden muss. Das sind Subventionen. Deshalb rentiert sich die Sache für die Betreiber.

»Erprobter Standort, attraktive Rendite«
»354 Prozent Ausschüttung bei zwanzigjähriger Laufzeit«
»Windparkbeteiligungen: Investitionen in eine sichere Zukunft«
»hohe Renditeaussichten bis ca. 10 Prozent pro Jahr«
»Ausschüttungen bis 13,5 Prozent pro Jahr«
»Langfristig sichere Kapitalanlage«
»gesetzlich geregelte Vergütung des erzeugten Stroms«
»steuerliches Ergebnis – 112,84 Prozent für das Jahr 2000«
jubeln die Annoncen. Man hat kein gutes Gefühl beim Lesen solcher Lockrufe. Es ist natürlich alles legal, »gesetzlich geregelt«. Aber eigentlich sind sie eine Aufforderung, die Mitmenschen abzukassieren. Ein Volkswirtschaftler wird das genauer ausrechnen können, im Prinzip gehen halt jedes Jahr, wenn Sie die

Stromrechnung bezahlen, soundso viel Mark an die Windkraft-
betreiber. Ein Teil ist für die 354-Prozent-Ausschüttung, der Rest
wird vom Winde verweht.

Es ist zumindest bedenklich. Ich finde, man soll Geld verdienen, möglichst viel, ruhig auch 354 Prozent, ich find das gut.
Aber man soll das Geld verdienen, indem man Werte schafft,
das können gern auch immaterielle sein. Nicht, indem man mit
politischen Tricks das Geld des Nachbarn aufs eigene Konto
transferieren lässt. Das ist doch bedenklich. Natürlich ist es für
eine gute Sache und insofern gerechtfertigt. Aber es kann doch
nur funktionieren, solange es sehr wenig Windenergie gibt,
denn wer soll das sonst bezahlen? Und das ist doch eigentlich
das Gegenteil dessen, was man ursprünglich wollte, man wollte
doch eigentlich möglichst viel Windenergie, oder nicht? Ist es
nicht ein bisschen so wie mit den Kettenbriefen? Der Letzte, der
Dumme, zahlt!

Man hofft wohl auch auf steigende Energiepreise, dann
würde sich das alles rentieren, und man könnte die Subventionen wieder herunterfahren. Aber einmal Volltanken kostet
doch heute schon über hundert Mark. Soll einmal Volltanken
zweihundert Mark kosten oder dreihundert? Ist das nicht so,
wie eine Wirtschaftsdepression herbeiwünschen? Wer könnte
guten Gewissens von so etwas profitieren wollen?

Ich habe gelegentlich gehört, diese Subventionen seien deshalb sinnvoll, weil sie das Entstehen eines Marktes für alterna-
tive Energien ermöglichen und weil es infolgedessen mehr und
größere Unternehmen auf dem Gebiet geben wird. Die wiederum betreiben auch Forschung und Entwicklung, und die
wiederum führen schließlich zu billigeren Verfahren. Aber wäre
es nicht schneller und billiger, diese Forschung und Entwicklung
direkt an den entsprechenden Instituten durchführen zu lassen?

Und wo ist sie denn, bitte sehr, die Forschung und Entwicklung? Billigere Werkstoffe zu suchen und größere Kugellager zu
entwickeln ist ja schön und gut. Aber das kann doch nicht alles

sein. Das wichtigste Ziel sollte doch sein, grundsätzlich neue Verfahren auszudenken. Lediglich Kugellager und Flügel zu verbessern ist so, als hätten sich unsere Urgroßeltern damit zufrieden gegeben, die Pferdekutschen leichter und komfortabler zu machen, anstatt das Auto zu entwickeln.

Soll man also die Subventionen einfrieren? Die Windkraft aufgeben? Natürlich nicht. Das Bestreben, Öl zu ersetzen durch Wind, Sonne, Wasser, ist offensichtlich richtig. In Bezug auf Organisation, Problembewusstsein und Politik gibt es echte Fortschritte auf diesem Gebiet. Nur fehlt leider die technische Komponente an diesem Fortschritt. Fügte man die noch hinzu, ja, ich glaube, dann würde alles gut. Dann hätten wir echten technischen Fortschritt.

ANGEWANDTE FORSCHUNG

Der Zeitgeist behauptet, der technische Fortschritt komme aus der angewandten Forschung. Nur leider gibt es keine angewandte Forschung. Forschung ist ja, wenn man noch nicht weiß, was dabei herauskommen wird, denn nur, weil man es nicht weiß, erforscht man es ja. Wer forscht, kann also unmöglich wissen, ob das, was er erforscht, anwendbar sein wird. Es gibt angewandte Entwicklung, aber keine angewandte Forschung. Und die angewandte Entwicklung heißt einfach Entwicklung, weil es halt so eindeutig ist, dass sie angewandt ist. Entwicklung bedeutet, man weiß bereits genau, was man will, zum Beispiel höhere Türme bauen für die Windräder, und nun überlegt man, wie das geht. Und so etwas kann man dann auch planen. So etwas kann die Regierung planmäßig fördern.

Aber große, grundlegende, echte Erfindungen sind noch nie geplant worden: Die Erfinder der Quantentheorie konnten nicht wissen, dass auf der Quantentheorie die modernen Halbleiter aufbauen würden und auf denen der Computer und auf dem das Internet. Und das Elektronenmikroskop wurde nicht erfunden, um damit die Struktur der DNA erforschen zu können. Und Benz wäre fast Pleite gegangen mit seiner Erfindung, von wegen Förderung.

Die technische Weiterentwicklung einer neuen Technologie kann vom Staat, von Unternehmen oder sonstigen Organisationen geplant und generalstabsmäßig vorangetrieben werden. Die Verbesserung der Autos, der Computer, der Laser kann planmäßig und dadurch in der Tat effizienter und schneller vorangetrieben werden. Das geschieht ja auch in Deutschland, deutsche Autos sind ziemlich gut. Aber durch Planung und Organisation bekommt man keine wirklich neuen Produkte.

DEMOKRATIE UND WISSENSCHAFT

Wenn sich die Wissenschaft wirklich so weit vom demokratischen Ideal entfernt hat, wie ich das im Kapitel »Naturwissenschaft und Menschlichkeit« beschrieben habe, dann könnte man die Forderung nach angewandter Forschung besser verstehen. Denn offensichtlich braucht eine undemokratische Wissenschaft Führung, Befehl, Vorgaben. Und das führt zur Forderung nach angewandter Forschung. Denn angewandte Wissenschaft kommt auch ohne Demokratie aus: Ein hoher Beamter, eventuell der Forschungsminister, gibt die Ziele vor. Möglicherweise gute, richtige, zukunftsweisende Ziele: Umweltschutz, Energiegewinnung etc. Diese Ziele werden den großen Forschungsorganisationen mitgeteilt, welche sich natürlich danach richten. Obwohl ein solches Verfahren den Verwaltungsabläufen totalitärer Staaten mehr ähnelt als dem Funktionieren einer Demokratie, scheint es doch legitim zu sein, weil ja die Entscheidung darüber, was denn erforscht werden soll, immerhin aus einem demokratischen Diskurs kommt oder doch jedenfalls kommen könnte.

Aber ebenso wenig, wie es angewandte Forschung tatsächlich gibt – man kann lediglich so tun, als gäbe es sie –, ebenso wenig können Forschungsorganisationen kreativ sein. Eine Organisation kann nicht kreativ sein. Sonst könnte man ja ein Institut gründen, welches das Werk Picassos oder Thomas Manns fortsetzt. Das geht nicht. In so einem System können nur Befehle ausgeführt werden, aber es kommt zu keinen neuen Ideen.

Ich will mich damit keineswegs pauschal gegen die Forschungsorganisationen richten. Wie wichtig gut funktionierende Organisationen sind, das sieht man an vielen afrikanischen Ländern, in denen jegliche Organisation zusammengebrochen ist und wo deshalb Hunger, Krieg, Seuchen und Analphabetentum herrschen. Man soll also nicht die Organisationen durchs Chaos ersetzen, sondern lediglich die Überorganisation durch Demokratie.

Die Forschung, auch die organisierte Forschung, muss demokratisch sein, sie muss ihren Wissenschaftlern gewisse Freiräume zum Denken lassen. Und sie muss demokratisch sein, um überhaupt am demokratischen Diskurs teilnehmen zu können.

Nehmen wir an, Nordkorea wollte die Möglichkeit nutzen, zu unserem gesellschaftlichen Dialog beizutragen. Durch Zeitungsartikel, Interviews, Ausstellungen, Bücher, Filme wäre das möglich. Und manchmal findet man auch ein Interview mit Politikern aus Nordkorea. Die sagen aber immer das Gleiche, erzählen, wie gut es in Nordkorea ist und wie prima die Regierung arbeitet, die fleißig für die Zukunft des Landes sorgt und immerzu große Fortschritte macht. Solch menschenverachtendes Geschwafel kann man sich auch schenken. Und wenn zehnmal mehr Interviews gegeben würden, und wenn die Regierung von Nordkorea Filme produzieren und Ausstellungen konzipieren würde, so wäre damit doch nichts erreicht. Ein undemokratischer Staat kann einfach nicht am demokratischen Diskurs teilnehmen. Wenn die Meinung der deutschen Öffentlichkeit über Nordkorea sehr wichtig wäre für Nordkorea, so würden die

Nordkoreaner vermutlich Werbeagenturen anheuern, zur Imagepflege. Und überall hingen dann Hochglanzfotografien glücklicher Kinder und so weiter. Aber ein demokratischer Diskurs würde daraus nicht entstehen können.

Es gibt zur Zeit überall auf der Welt große Bemühungen, die Wissenschaft in einen Dialog mit der Gesellschaft zu bringen. Diese Bemühungen sind eindeutig zu begrüßen, sie gewöhnen die Wissenschaftler an die neue Vorstellung, dass sie nicht länger hinter ihren Institutsmauern verschlossen vor sich hin werkeln können. Das ist ein guter erster Schritt. Aber ein demokratischer Dialog ist es sicher noch nicht.

Erstens erwartet man vom Bürger, er solle sich für das interessieren, was die Wissenschaft macht, anstatt der Wissenschaft nahe zu legen, sich gelegentlich auch mal für die Interessen der Menschen zu engagieren. In einer Ehe geht so etwas ja auch schief, wenn nur einer sich für den anderen interessieren soll. Zweitens ist diese Kommunikation wiederum von oben nach unten organisiert. Es ist also ein erster Schritt in die richtige Richtung, wenn man die Wissenschaft zum Kommunizieren tragen will, notfalls huckepack. Das ist gut und zu begrüßen. Man darf sich aber nicht damit zufrieden geben, denn es reicht nicht.

Vollständig kann man diese Probleme nur in einem größeren Zusammenhang diskutieren, wir werden das im Kapitel über die europäische Physik tun. Hier würde es uns zu sehr vom Thema abbringen, in diesem Kapitel, das doch vom technischen Fortschritt handelt, können wir nicht zu Lösungsvorschlägen gelangen. Geben wir uns vorerst damit zufrieden, das Gesagte knapp zusammenzufassen und an einem Beispiel zu erläutern.

ZUSAMMENFASSUNG

Die Wissenschaft muss aus zwei Gründen demokratisch sein. Einmal, um am demokratischen Diskurs der Gesellschaft teilnehmen zu können. Ihre Teilnahme am demokratischen Diskurs ist nicht nur aus Sicht der Gesellschaft wünschenswert, sondern liegt tatsächlich im Interesse der Wissenschaft selbst. Zweitens ist eine undemokratische Wissenschaft unkreativ. Es ist ein Teufelskreis. Eine unkreative Wissenschaft hat nichts zu sagen, deshalb kommuniziert sie nicht, deshalb wird sie undemokratisch, deshalb wird sie unkreativ, und immer so fort.

BEISPIEL

Das ist alles sehr abstrakt und klingt gewaltig nach Hauptseminar. Lassen Sie uns zur Veranschaulichung ein Beispiel erfinden. Damit es ein möglichst realistisches Beispiel ist, wollen wir möglichst nahe an den Problemen der realen Welt bleiben, also nicht darüber nachdenken, wie man die Superstringtheorie am besten vorantreiben kann, sondern eher darüber, wie man die Windenergie verbessern kann.

Ist aber die Idee, die Windenergie auf verbesserte Weise nutzen zu wollen, realistisch? Hätte man das nicht schon in der europäischen Aufklärung getan, wenn es nur ginge? Nicht unbedingt: Bis etwa 1700 war die Physik mit den elementarsten und allgemeinsten Problemen völlig ausgelastet. Warum bewegen sich die Dinge und wie, und was machen die Planeten, und was ist Licht? Erst ab 1738 gibt es die Hydrodynamik, die Lehre von der Bewegung der Flüssigkeiten und der Gase, 1738 beendete Daniel Bernoulli sein Werk *Hydrodynamica sive de viribus et motibus fluidorum commentarii*. Darin erst liefert er die entscheidende Gleichung, die Bernoullische Gleichung. Wie alle grundlegenden Gleichungen der Physik ist sie einfach:

$$p + \tfrac{1}{2}\,\varrho v^2 = \text{constant}$$

Das besagt: Erhöht (erniedrigt) sich die Geschwindigkeit der Luft, v, so erniedrigt (erhöht) sich ihr Druck, p, und zwar in dem

Maße, dass die Summe $p + \frac{1}{2} \varrho v^2$ immer gleich groß bleibt (ϱ ist die Dichte der Luft). Dies ist eine Folge des Energieerhaltungssatzes. Denn die Luft besitzt Energie sowohl in ihrer Bewegung als auch in ihrem Druck. Erhöht sie ihre Geschwindigkeit, also ihre Geschwindigkeitsenergie, so muss sie im gleichen Ausmaß die in ihrem Druck gespeicherte Energie reduzieren. Wenn sich ein Fluss oder ein Rohr an einer Stelle verengt, so muss das Wasser an der Stelle schneller fließen, sonst gäbe es ja eine Überschwemmung oder einen Rohrbruch. Und dadurch, dass es schneller fließt, sinkt sein Druck.

Das ist die Physik, die hinter dem Flugzeug steht, der Tragfläche, und ebenso hinter der Windmühle. Denn eine Windmühle besteht ja aus einer Anordnung sich im Kreise drehender Tragflächen. Aber so weit war Bernoulli noch nicht, er hat nicht über Tragflächenprofile nachgedacht, sondern über Wasser, das in Röhren wechselnden Querschnitts fließt.

Als man schließlich begann, lange nach Bernoulli, über Flügel nachzudenken, scheint die europäische Aufklärung bereits auf dem Rückzug gewesen zu sein. Die ersten Flugzeuge wurden von Tüftlern und Bastlern zusammengeleimt, die von Physik bereits nichts mehr wussten. Selbst noch die Bomberflotten, die London verwüsteten, waren gebaut worden von Tüftlern und Bastlern. Das wäre kaum zu glauben, gäbe es nicht etwa die Autobiografie Heinkels. Der Erbauer der deutschen Bomberflotte scheint durchaus nicht gewusst zu haben, warum ein Flugzeug eigentlich fliegt. Er hat eben ausprobiert und seinen Testpiloten ziemlich gute Gehälter gezahlt und eine hohe Lebensversicherung, auf Anweisung Udets, des Fliegergenerals. Das war großdeutsche Forschungsförderung, gute Gehälter für die Testpiloten. Und Heinkels Nichtwissen ist keineswegs ungewöhnlich, selbst in den heutigen Physikbüchern ist es manchmal falsch beschrieben, warum das Flugzeug fliegt.

Natürlich haben die Tüftler und Bastler auch versucht, die Windmühle prinzipiell zu verbessern, mit viel gutem Willen und großer Ausdauer. Aber eine Windmühle ist, genau besehen, wesentlich komplizierter als eine einfache Flugzeugtragfläche. Da geht es nicht ohne Physik, guter Wille reicht nicht.

Selbst noch beim jüngsten Patent sieht man das, es stammt von der amerikanischen Rüstungsfirma Grumman, aus dem Jahre 1978 – also den Nachfolgern Heinkels in technischer, nicht in ideologischer Hinsicht. Selbst die versuchten, die Natur mit viel Tüftelei und trickreichen Gedankengängen zu überlisten. Die Idee der Firma Grumman war, hinter dem Windrad eine Zone niedrigen Luftdrucks zu erzeugen, damit die Luft vom Unterdruck verstärkt durch das Windrad gesaugt wird. Dazu hat man den Luftstrom durch eine Hüllstruktur hinter dem Propeller sich aufweiten lassen, ihn also abgebremst, im Widerspruch zur Bernoulli-Gleichung, die doch besagt, dass Unterdruck dann entsteht, wenn Luft schneller wird, nicht langsamer. Und das wurde sogar vom amerikanischen Patentamt angenommen, obwohl eine klare und eindeutige Verletzung der Energieerhaltung vorliegt, ein Perpetuum mobile, so lautet der Fachjargon. Und dieses Patent wurde dann auch noch von einer neuseeländischen Firma gekauft, für teures Geld, das die findigen Manager an der Börse NASDAQ aufgetrieben hatten.

So etwas kann natürlich nicht funktionieren, sondern lediglich zum Fallen des NASDAQ beitragen, und so ist es nach vielen Daniel-Düsentrieb-Patenten still geworden um die eigentlich nahe liegende Idee, die Windmühle grundsätzlich zu verbessern.

Um also auf unsere Ausgangsfrage zurückzukommen: Ja, es lässt sich verstehen, warum das Windrad nie verbessert wurde. Es hat kulturelle, gesellschaftliche Gründe, weshalb wir also keineswegs schließen dürfen, das mittelalterliche Windrad sei nicht mehr verbesserungsfähig. Dass und wie es besser gehen könnte, kann man erkennen, wenn man einem Hubschrauber zusieht. Der Hubschrauber funktioniert ja wie eine Windmühle, nur umgekehrt. Er beschleunigt mit seinem großen Rotor Luft. Dazu verbraucht er Energie. Die Windmühle hingegen bremst

Luft mit ihrem Rotor ab, entnimmt ihr Energie. Der große Rotor des Hubschraubers tut zweierlei, er hebt ihn nach oben, und er zieht ihn nach vorn. Der kleine Propeller des Flugzeugs sorgt lediglich für die Vorwärtsbewegung, den Zug nach oben stellen die Tragflächen her. Einen Teil der Arbeit, welche der Hubschrauber mit seinen schmalen, aber schnell drehenden Rotorblättern leistet, leisten am Flugzeug die großen, starr stehenden Flügel. Und obwohl diese viel größer sind als die Rotorflügel des Hubschraubers, ist das Verfahren ökonomischer. Die Energiebilanz des Flugzeugs ist besser als die des Hubschraubers.

Was passierte, wenn man nun das Arbeitsprinzip des Flugzeugs umdrehte, den großen Rotor einer Windmühle ersetzte durch ein ebenso großes System fester Flächen, mit nur einem kleinen Propeller in der Mitte? Wenn das ginge, ließe sich die Windenergie vielleicht viel billiger nutzen.

Die Sache ist also realistisch, keine Träumerei von Spinnern. Setzen wir also unser Gedankenexperiment fort, stellen wir uns einen jungen deutschen Wissenschaftler vor, Meyer soll er heißen, und lassen ihn eine neue Methode zur Nutzung der Windenergie entwickeln. Und weil der Wind nicht immer weht, es deshalb Leute gibt, die der Windenergie kritisch gegenüberstehen, soll der Herr Meyer auch gleich darüber nachdenken, wie die Strömungen des Meeres oder die eines Flusses zu nutzen wären. Denn Wasserströmungen sind zuverlässiger als Wind, sie sind vorhersehbar und meist stetig.

Sehr schwierig ist es eigentlich nicht, man muss nur Acht geben, nicht mit der Bernoullischen Gleichung in Konflikt zu kommen, sonst zieht man unweigerlich den Kürzeren. Will man hinter dem Windrad eine Tiefdruckzone aufbauen, so müssen wir Luft durch eine Verengung laufen lassen, dann erhöht sich die Geschwindigkeit der Luft, dadurch sinkt ihr Druck[22]. Gleichzeitig

---

[22] Wenn die Luft über die gewölbte Oberseite einer Tragfläche fließt, so durchläuft sie genau besehen ebenfalls eine Verengung. Deshalb, weil die Luft in einigem Abstand

muss aber die durch das Windrad fließende Luft sich ausdehnen können. Denn sie wird ja langsamer beim Durchgang durch das Windrad. Das ist wie bei den Mauthäuschen auf der italienischen Autobahn: Damit es keine Stockung im Wind- beziehungsweise Verkehrsfluss gibt, muss sich dieser aufweiten, von zwei Spuren auf zehn zum Beispiel.

Weil man nicht ein und denselben Luftstrom gleichzeitig abbremsen und beschleunigen kann, muss das Windrad in ein System von Leitflächen eingebaut sein, sodass die durch das Rad fließende Luft sich aufweiten kann, aber getrennt davon der äußere Luftfluss in eine Verengung tritt. Das geht leicht, die Figur zeigt, wie so etwas aussehen könnte.

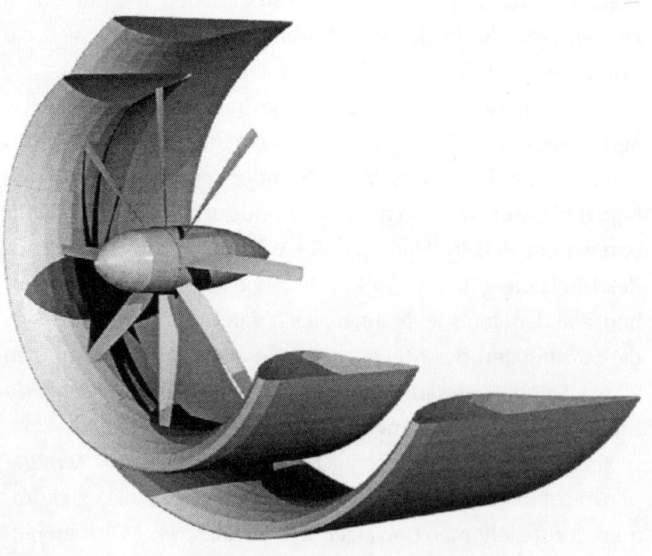

von der Tragfläche ganz ungestört von dieser vorbeifließt. Zwischen dieser ungestört fließenden Luft und der Tragflächenwölbung also effektiv eine Engstelle des Flusses entsteht, deren äußere Begrenzung sozusagen die von der Tragfläche unbeeinflusst fließende Luft bildet.

Unser junger Herr Meyer überzeugt sich sicherheitshalber, ob es wirklich funktioniert, und baut im Keller seines Hauses ein paar Pappmodelle des Flügelsystems, allerdings ohne Propeller – das gibt ein typischer Werkzeugkasten nicht her, wir wollen ja realistisch bleiben mit unserem Gedankenexperiment –, und testet das Flügelsystem mittels eines Ventilators. Es funktioniert.

Aber während unser junger Herr Meyer fröhlich in seinem Keller an der Windenergie bastelt, schießen sich draußen die Leute tot wegen des Öls. So geht das nicht, wir müssen die Entwicklung beschleunigen. Wir holen den Herrn Meyer aus dem Keller und lassen ihn Briefe schreiben. An große ernsthafte Unternehmen, die auf dem Gebiet der Windkraft tätig sind, die Geld damit verdienen und vielleicht auch Subventionen bekommen, hin und wieder; und an Werften, weil die so etwas bauen könnten und den ganzen Tag über Auftragsmangel klagen; und an verschiedene Forschungsinstitute.

Was wird geschehen? Ich denke, gar nichts wird geschehen. Die Industrie wird höflich, aber nichtssagend antworten, die Forschungsinstitute gar nicht oder flegelhaft. Woran liegt das? Stellen wir uns einen Herrn Soundso vor in seinem Forschungsinstitut oder seiner Firma und lassen ihn den Brief vom Herrn Meyer bekommen. Der Herr Soundso hat in einer halben Stunde eine Besprechung mit seinem Chef, leider, denn einiges ist in letzter Zeit schief gelaufen. Was nicht an ihm liegt, dem Herrn Soundso, an seinem guten Willen und seiner Kompetenz ist nicht zu zweifeln, er kennt sogar die Bernoulli-Gleichung. Aber er bekommt halt immer genau so viel Arbeit zugeteilt, wie man gerade eben noch schaffen kann in der vorgesehenen Zeit, das Management kann so etwas genau beurteilen und ziemlich gut organisieren. Nun geschieht aber immer noch etwas Unvorhergesehenes. Kollegen liefern ihre Resultate zu spät, der Computer stürzt ab, die Sekretärin hat die Krise, und dann muss man unvorhergesehenerweise zum Zahnarzt. Dazu kann der Herr Soundso nichts, und das Management kann auch nichts dazu, wie soll das Management denn vorhersehen können, dass der Herr Soundso ausgerechnet jetzt zum Zahnarzt muss, wo doch in zwei Wochen Messe ist!

Jedenfalls muss der Herr Soundso gleich zum Chef und steht furchtbar unter Druck. Und noch dazu hat man neue Vorgaben aus dem Ministerium bekommen, zwanzig Seiten Formulare, und die müssen erst mal ausgefüllt werden. Letztes Jahr ist dabei ein Fehler passiert, der hat 25000 Mark gekostet.

Was soll der Herr Soundso nun mit dieser unaufgefordert zugesandten Idee anfangen? Er ist wirklich nicht zuständig, er hat den Brief nur freundlicherweise aufgemacht, irgendeiner muss es ja tun, man kann den Brief ja nicht einfach in den Müll werfen. Zuständig ist Herrr Soundso einzig und allein für die Dauerschmierleistung des Hauptkugellagers im Windmühlenmodell A33-0, bei Temperaturen unter minus fünfzehn Grad Celsius und Luftfeuchtigkeit über neunzig Prozent, seit A33-0 auch an der Küste aufgestellt wird, kommen solche Betriebsbedingungen leider vor. Ein Laie kann sich gar nicht vorstellen, was das für Albträume sind, wenn so ein Lager bei minus 15 Grad kaputt geht. Und außerdem, selbst wenn er, der Herr Soundso, den unaufgeforderten Vorschlag weiterreichen würde, was soll es ihm nutzen? Eine Gehaltserhöhung kriegt er deswegen nicht. Er hat ein festes Gehalt, so wie alle. Wenn hingegen etwas schief ginge mit der Sache, dann wäre er, natürlich, wieder der Sündenbock.

Und deswegen antwortet der Herr Soundso erst gar nicht oder nur sehr höflich. Kann man ihm deshalb Vorwürfe machen? Nein, das kann man nicht.

Und die Moral von unserem Gedankenexperiment ist, dass in einer überorganisierten Forschungslandschaft neue Ideen schlicht untergehen. Eine Forschungslandschaft, die organisiert ist wie ein autoritärer Staat, wo jeder genau das machen muss, was ihm vorgeschrieben wird – da gehen neue Ideen unter, noch ehe überhaupt geprüft werden kann, ob sie gut oder schlecht sind. Eine Organisation kümmert sich nur um das, was sie selbst hervorgebracht oder veranlasst hat, einfach deshalb, weil sich für irgendetwas anderes keiner zuständig fühlt. So viel zum Demokratieideal in der Wissenschaft selbst. Wissenschaftler und Ingenieure brauchen Freiräume.

Das ist es, was ich gemeint habe: Nur eine demokratische Wissenschaft kann kreativ sein. Eine Wissenschaft, die durchorganisiert ist wie ein Ameisenhaufen, kann nicht kreativ sein.

Als Nächstes stellen wir uns vor, wie das mit der Wiederaufnahme der Wissenschaft in den gesellschaftlichen Diskurs aussehen könnte. Denn allein kommt der Herr Meyer nur langsam weiter. Weder kann er einen richtigen Prototypen bauen, das gibt sein Geldbeutel nicht her, noch ist er Experte genug, einen solchen Prototypen zu simulieren. Dazu benötigte er sehr komplizierte Computerprogramme und große Computer. Alleine schafft das der Herr Meyer nicht.

Also setzt der Herr Meyer auf den Dialog mit der Gesellschaft, um herauszufinden, ob das wirklich funktionieren könnte mit den Leitflächen. Da müssen wir den Herrn Meyer wohl oder übel ein Buch schreiben lassen, ich sehe nicht, wie es bei den real existierenden Zuständen unserer Wissenschaft sonst gehen könnte, armer Meyer. Er schreibt also ein Buch über Physik, das gibt ihm die Gelegenheit, auch ein paar Seiten über Windmühlen zu schreiben und darüber, wie man sie eventuell verbessern kann. Und er fragt die Leser, ob ihm vielleicht jemand weiterhelfen könne. Ein paar Monate später lassen wir wieder einen Brief ankommen, diesmal beim Herrn Meyer. Nein, lieber zwei Briefe, wegen der Demokratie, da muss es mindestens zwei Meinungen geben. Der eine Brief geht so: »Sehr geehrter Herr Meyer, machen Sie doch lieber wieder mal Physik, anstatt Tragflächen zu bauen, das kann der Modellbauklub viel besser.« Das ist okay, das ist ein Beitrag zum demokratischen Diskurs, das muss man akzeptieren. Der andere Brief geht so: »Sehr geehrter Herr Meyer, das ist aber schön, Ihr Buch, ich sehe die Rolle der Wissenschaft auch so, das ist gut, dass das mal jemand sagt, und das mit der Windmühle finde ich interessant. Wir könnten das zusammen verfolgen. Ich bin Experte für fluidodynamische Simulationsrechnungen.«

Den zweiten Briefschreiber können wir nicht wieder »Meyer« oder »Müller« nennen, »Tonio Kröger« ist schon vergeben, nennen wir den Briefschreiber halt Fabiano Bet, Dr. Fabiano Bet. Wie stellen wir uns den vor? Er muss kompetent sein, sonst kommt bei der Sache nichts raus. Er muss auch beruflich erfolgreich sein, sonst würde er andere Sorgen haben, als in seiner Freizeit solche Rechnungen zu machen. Und er muss auch zufrieden mit seinem Beruf sein, denn sonst würde er sich in seiner Freizeit ablenken von allem, was auch nur von weitem an seine berufliche Tätigkeit erinnert. Allerdings, ein »high potential«, ein leistungsorientierter moderner Mensch, der alles tut für seine Karriere, darf Fabiano auch wieder nicht sein. Denn die Freizeitbeschäftigung, die er jetzt gleich aufnehmen wird, fördert nicht seine Karriere. Des Weiteren muss er jemand sein, der Bücher liest, sonst hätte er den Brief ja nicht schreiben können. Und er muss ein sehr gutes Verhältnis zu seiner Familie haben, denn die nächsten Monate wird er sie ein wenig vernachlässigen, weil er jeden Abend am Computer verbringt. Was wiederum erlaubt zu schließen, ganz rational, dass Fabiano keinen Lebensabschnittspartner hat, denn ein solcher müsste ja darauf bestehen, für seine Gegenwart sofort einen Gegenwert zu bekommen, nicht in einer hypothetischen Zukunft, an der er voraussichtlich keinen Anteil haben wird. Fabiano lebt wohl eher in einer Beziehung, in der es zumindest Pläne gibt für eine gemeinsame Zukunft. Und Sie sehen schon, wie viele Schlüsse wir ziehen können aus der einfachen Annahme, dass Fabiano sich für die Windmühle interessiert. Wenn wir aber so viel über Fabiano schließen können, ohne ihn je gesehen zu haben, so ist das ja wohl nur deswegen möglich, weil halt die Lebensverhältnisse der Menschen, ihre gesellschaftliche und kulturelle Situation, durchaus einiges zu tun haben mit dem wissenschaftlichen Fortschritt.

Nun geht Fabiano ans Werk. Erst wird ein Propeller simuliert, der sich in einer Windströmung dreht. Das ist gar nicht so einfach. Es geht überhaupt nur, wenn man einige Tricks kennt, also eine Menge Mathematik, die über Bernoulli doch ein wenig hinausgeht. Aber wenn man es sehr geschickt einrichtet, das simulierte Gerät sehr fein in viele kleine Teilvolumen einteilt, auch nicht alles simuliert, sondern stattdessen raffiniert ausgewählte Rand- und Symmetriebedingungen dem Programm vorgibt, abwechselnd in verschiedenen Bezugssystemen arbeitet, in solchen, die nicht rotieren, und solchen, die rotieren, wenn man die dabei auftretenden Corioliskräfte berücksichtigt und die Zentrifugalkräfte des Systems fein austariert – ja, dann geht es. Natürlich nicht an einem Abend, nicht in einer Nacht, man darf lieber nicht auf die Uhr schauen, und die Ehefrau soll es lieber auch nicht tun.

Der Computer wird ja heutzutage oft missbraucht, manche denken, die Intelligenz des Computers verstärke die eigene, so, wie der Presslufthammer die Kraft des eigenen Arms verstärkt. Regelrechte Heilserwartungen werden herangetragen an den Computer, der sogar die Wirklichkeit ersetzen soll, eine virtual reality schaffen, in die man flüchten kann vor der wirklichen. Fabiano sieht das anders. Er kennt seinen Computer in- und auswendig, weiß alles über ihn, kennt die neueste Software. Deswegen weiß er, wie dumm der Computer ist, so dumm wie zum Beispiel ein Pinsel, ein Meißel, ein Stift, ein Hammer. Es kommt darauf an, wer mit dem Computer arbeitet, was er mit ihm macht.

Kunst besteht immer im Ausführen einfachster Tätigkeiten. Dem Führen eines Stifts, dem Anbringen von Pinselstrichen, dem Schlagen eines Meißels. Es ist einzig und allein die Vollkommenheit, die völlige Beherrschung und Meisterschaft, mit der Stift, Pinsel oder Meißel gehandhabt werden, die machen das Triviale zur Kunst. Ebenso verhält es sich mit dem Computer. Er kann sein, was früher der Meißel war. Nicht mehr, nicht weniger.

Und so entsteht dann das Werk unter den Händen des Meisters. Der Bau des Propellers, der ersten Umhüllung, das Betrachten, Untersuchen, Bedenken des Geschaffenen, der sorgsam abgewogene nächste Schritt, und jetzt funktioniert es tatsächlich. Virtual reality? Ja, aber nicht im Computer, sondern in des Meisters Kopf.

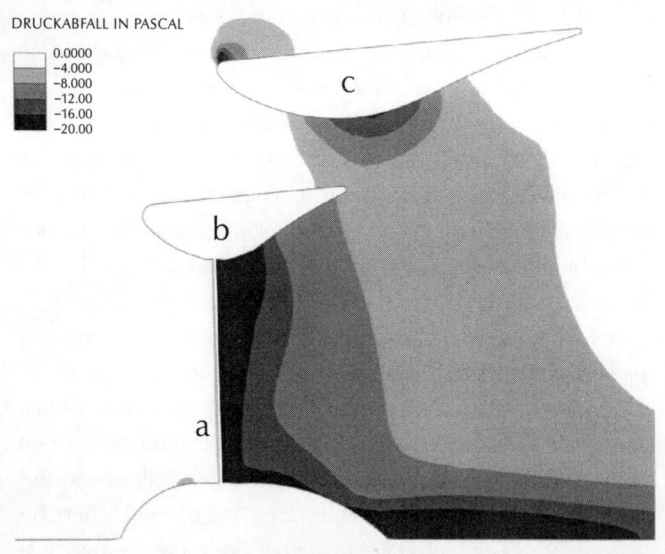

DRUCKABFALL IN PASCAL

	0.0000
	−4.000
	−8.000
	−12.00
	−16.00
	−20.00

Die Figur zeigt einen Querschnitt der Anlage, längs ihrer Achse. Im Zentrum der innersten Hüllstruktur sehen wir den Propeller, das Windrad. Die Propellerebene ist mit »a« gekennzeichnet, die erste Leitfläche mit »b«, die zweite, äußere Leitfläche mit »c«. Der Wind kommt von links mit einer Geschwindigkeit von fünf Metern pro Sekunde, das sind knapp zwanzig Kilometer pro Stunde. Ein Teil des Windes fließt durch den innersten Kanal, durch das Windrad. Ein anderer Teil des Windes läuft in die Engstelle zwischen der innersten und der darauf folgenden Hüllstruktur.

Die innere Hüllstruktur hilft, den Durchfluss der Luft durch den Propeller zu erhöhen, es fließt 34 Prozent mehr Luft hindurch und mit einer entsprechend höheren Geschwindigkeit, als es ohne die Leitflächen der Fall wäre. In der Engstelle zwischen der ersten und zweiten Hüllstruktur erreicht die Luft eine höhere Geschwindigkeit, ihr Druck fällt deswegen ab (Bernoulli). Es entsteht ein Gebiet niedrigen Luftdrucks. Das ist in der Figur mit verschiedenen Grautönen gezeigt.[23] Dieser Druckabfall breitet sich aus in das gesamte Innenvolumen der ersten Hüllstruktur, bis zum Windrad. Der Druck hinter dem Propeller fällt deswegen ab. So wie der erhöhte Durchfluss der Luft bewirkt auch dieser Druckabfall eine Erhöhung der Leistung des Windrades. Die innere Hüllstruktur alleine erhöht die Leistung um vierzig Prozent, zusammen mit der äußeren ergibt sich eine Leistungssteigerung auf das Doppelte, verglichen mit dem bloßen Windrad.

Hiermit ist gezeigt, dass es geht. Das ist immerhin schon etwas, die Leistung eines Windrades durch eine Hüllstruktur verdoppeln, so etwas hat es seit dem syrischen Mittelalter nicht gegeben, es ist ein Weltrekord.

Aber mehr, als dass es geht, ist nicht gezeigt. Einmal ist die Struktur sehr groß, und ihre Konstruktion wäre wohl entsprechend teuer. Es fragt sich also, ob man das große äußere Profil ersetzen kann durch eine Aneinanderreihung von vielen kleinen Profilen. So etwas kann der Computer im Hobbyraum von Fabiano allerdings nicht simulieren, dazu bräuchte es einen Großrechner. Des Weiteren werden in einem komplizierteren System nicht nur Turbulenzen auftreten, sondern die werden dann auch miteinander wechselwirken. Vermutlich werden diese Turbulenzen in der Praxis die maximale Leistungsfähigkeit des Systems bestimmen. Ist es möglich, die Leistung eines Windrades nicht nur zu verdoppeln, so wie in der Figur gezeigt, sondern zu vervierfachen? Oder zu verzehnfachen? Das weiß

---

[23] Vor dem Windrad wird die Luft abgebremst, entsprechend steigt ihr Druck, das ist aus Gründen der Übersichtlichkeit in der Figur weggelassen.

man nicht, auf jeden Fall aber muss die Aerodynamik des Systems sehr gut optimiert werden, das ist mehr, als eine einzelne Person nach dem Abendessen schaffen kann, selbst mit einem Großrechner.

Außerdem muss man Prototypen herstellen, damit man Erfahrung bekommt im Bau solcher Geräte und besser abschätzen kann, was so etwas in der Massenproduktion kosten würde. Woher das Geld nehmen? Da werden wir den Herrn Meyer noch ein Buch schreiben lassen müssen, das sehe ich voraus, vielleicht eins übers Denken, in dem er auf die Suche geht nach einem reichen Leser, vielleicht einen ohne Kinder, der sein Geld in einer gemeinnützigen Stiftung anlegen will.

Überlegen Sie sich das, wenn Sie genug Geld haben. Die Anlage würde nach Ihnen benannt werden, falls es klappt. Das ist nur fair, und dann wird Ihr Name, wenn Sie einmal gestorben sind, nicht nur auf Ihrem Grabstein stehen, wo er in dreißig Jahren verwittert sein wird. Außerdem denke ich, es würde Ihnen Spaß machen, Sie hätten einen großen emotionalen Gewinn, noch zu Lebzeiten, und dass ein emotionaler Gewinn auch ernst zu nehmen ist, das sahen wir ja im Kapitel über die Ökonomie von Vernunft und Moral.

Anwendungen der neuen Technik

Ein kleines Windrad, wie man es zum Beispiel an Bord einer Yacht verwendet, kostet um die tausend Mark und leistet typischerweise zwanzig Watt. Das Segel der Yacht kostet ebenfalls um die tausend Mark, hat die gleiche Funktion wie das Windrad, es entnimmt dem Wind Energie, es leistet aber typischerweise zwanzig Kilowatt. Also tausendmal mehr. Das Segel bleibt nicht von alleine in der Luft, es braucht einen Mast, Stahldrähte, eine Winde, alles in allem zehntausend Mark. Aber auch wenn wir all dies berücksichtigen, so bleibt dennoch Raum für Hoffnung: Ein Segel oder eine Tragfläche mit einem Windrad zu koppeln könnte zu einer Verbilligung der Windenergie führen.

Vor allem aber ergeben sich ganz neue Anwendungsmöglichkeiten. Es werden ja heute schon große Windparks im Meer geplant, große Windräder herkömmlicher Bauart, deren Turm auf einem Fundament im Meeresgrund ruht. Das ist teuer. Auf eine billigere schwimmende Plattform kann man so ein Ungetüm nicht setzen, wegen der Wellenbewegung. Aber ein System von Leitflächen mit einem relativ kleinen Windrad in der Mitte könnte man sich auch auf einer im Meer schwimmenden Plattform vorstellen. Auch weit vor der Küste und über sehr tiefem Wasser. Man bräuchte lediglich ein paar hundert Meter Ankerkette.

Ein System wie das in der Zeichnung sollte nicht nur in einem Luftstrom funktionieren, sondern auch in einer Wasserströmung. Ein System aus Leitflächen mit einem Rad in der Mitte könnte einer Flussströmung oder einer Meeresströmung Energie entnehmen. Im Prinzip sollte es ja auch möglich sein, eine herkömmliche Windmühle einfach auf dem Meeresgrund aufzustellen, sie muss nur wasserdicht sein. Allerdings gibt es dabei eine Reihe schwer wiegender Probleme. Zum einen werden sich irgendwann Algen und Muscheln auf den Rotorblättern ansiedeln. Des Weiteren muss man einen gewissen Abstand zum Meeresboden halten und auch zur Wasseroberfläche. Denn die Meereswellen sind in Wirklichkeit viel größer, als sie an der Wasseroberfläche zu sein scheinen. Eine Meereswelle ist tatsächlich ein sehr ausgedehntes System rotierender Wassermassen, das sich bis tief unter die Wasseroberfläche erstreckt. Entweder muss eine Unterwassermühle sehr robust gebaut sein, um den Wellen standzuhalten, oder einfach genug Abstand zur Wasseroberfläche haben. Ein Rotor von dreißig Meter Durchmesser müsste also in wesentlich tieferem Wasser installiert sein.

Das System aus Leitflächen würde hingegen einfach unter der Wasseroberfläche treiben, an einer Ankerkette. Wenn das Wasser langsam über die Leitflächen fließt, wäre Algenbewuchs zumindest für die Leitflächen kein Problem, und ebenso wären diese auch weniger empfindlich gegen die Wirkung der Meereswellen.

Zukunftsmusik

Wohlgemerkt, all dies ist Zukunftsmusik. Bisher ist lediglich bewiesen, dass man die Leistung eines Windrades erhöhen kann. Wie weit man sie maximal erhöhen kann, ist unbekannt. Es gibt zum Windrad bis heute kein grundlegendes physikalisches Modell, sondern lediglich mechanistische Behandlungen, wie sie sich in einem Buch finden, das ein deutscher Wissenschaftler nach dem Ersten Weltkrieg geschrieben hat.[24] Für Verbrennungsmotoren hat man ein solch grundlegendes, thermodynamisches Modell, den so genannten Carnotschen Kreisprozess. Für Windräder nicht. Fabianos Arbeiten legen aber zumindest nahe, dass es auch für das Windrad eine grundlegende theoretische Beschreibung geben müsste. Denn offensichtlich kann man eine Menge Fragen stellen, die auch eine Antwort haben müssen, wir befinden uns hier ja in der Naturwissenschaft. Diese Antwort kann nur aus einem uns noch unbekannten theoretischen Modell kommen, das es also auch geben muss.

Zusätzliche Informationen finden sich unter
http://www.fisica.uniud.it/~grassmann/.

---

[24] A. Betz, »Wind-Energie und ihre Ausnutzung durch Windmühlen«, Göttingen 1926. Reprint Ökobuch Verlag, Staufen 1994.

STAND GOTTES

Weder habe ich vor, Gott zu widerlegen noch ihn zu beweisen oder ihn auszurechnen – oder gar Elementarteilchen nach ihm zu benennen[25]. Ganz ausweichen können wir der Frage nach Gott aber nicht, aus drei Gründen:

1. Die Wissenschaft ist zuständig für das Liefern von Informationen, die der Gesellschaft zur Beantwortung offener Fragen dienen. Manche Menschen interessieren sich für die Frage nach Gott. Wenn die Wissenschaft etwas weiß, was eventuell für die Frage nach Gott von Interesse sein könnte, so muss sie das mitteilen. Diesen Austausch zwischen Naturwissenschaft und Religion gab es schon immer, die Religion hat schon immer auf naturwissenschaftliche Überlegungen und Versuche zurückgegriffen: Die Schöpfungsgeschichte der Genesis hat sicher geholfen, war vielleicht sogar Vorbedingung, um sich von der Vielgötterei der umgebenden Kulturen abzusetzen. Ebenso ist das Fällen von Wotanseichen in seiner Anlage und Denkrichtung ein physikalisches Experiment.

2. Aus historischen Gründen. Die Zeiten, in denen die Physik vorwärts sprang, waren auch die Zeiten, in denen am meisten über Gott nachgedacht wurde (Genesis, klassisches Griechenland, Reformation). Bei den Römern gab es zweitausend Jahre kein vorbehaltloses Nachdenken über Gott und keines über Physik.[26]

---

[25] Der Herr Lederman, obwohl Nobelpreisträger, hat neulich das theoretisch vorhergesagte Higgsteilchen als »god particle« bezeichnet. Ich find das dumm.

[26] Ein Denken, das nicht ergebnisoffen ist, ist kein Denken. Es ist klar, was passiert

3. In der Vergangenheit wurden viele wichtige Gedanken gedacht im Zusammenhang mit Gott. Sollen wir die alle auf den Schutt werfen, um noch einmal bei Null anzufangen? So viel Zeit haben wir nicht. Falls wir uns über Gott nicht sicher sind oder solange wir den Begriff »Gott« zwar ablehnen, aber nicht in der Lage sind, ihn durch etwas Besseres zu ersetzen, sollten wir all jene Gedanken weiterverwenden dürfen und seinen Namen als vorläufigen Platzhalter betrachten, bis wir Genaueres wissen. Zum Beispiel gibt es den Gedanken, dass der Mensch das Ebenbild Gottes sei. Soll man diesen Gedanken wegwerfen und ihn dann ersetzen durch die noch zu diskutierende Idee, der Mensch sei nichts als ein Klumpen Eiweiß? Nein, es ist besser, jenen Gedanken weiterzuspinnen.

Das Gottesbild in unserer Gesellschaft ist allerdings sehr vage geworden. Manche Menschen stellen sich unter Gott jemanden vor, an den sie sich wenden, wenn es ihnen schlecht geht, wenn sie etwas brauchen, etwas fürchten. Er soll ihnen Geld geben und Gesundheit, und sie danken ihm zum Beispiel, weil sie zu essen haben.

Andere Leute finden das nicht richtig. Sie befürchten, man schiebe Gott damit insgeheim die Schuld dafür zu, wenn andere Leute verhungern. Gewiss sind ja viele der Menschen, die jeden Tag verhungern, ehrlich und fleißig und sind gute Menschen, und es verhungern auch kleine Kinder. Die zu bestrafen Gott keinen Grund hat. Wenn also Gott mir zu essen gibt, warum dann nicht auch denen? Wenn Gott die Eigenschaft der Schuldfähigkeit habe, so sei er ja aufgrund seiner Allmacht an allem schuld, im Guten wie auch im Schlechten. Dies könne nicht sein. Gott könne nicht Schuld haben an den Konzentrationslagern, also könne es auch nicht seine Schuld sein, wenn ich esse. So sagen diese Leute.

---

wäre, wenn Thomas von Aquin zu unerwünschten Resultaten gekommen wäre. Und ihm selbst war das wahrscheinlich auch klar.

Solche Abwägungen könnte man fast beliebig ausweiten und fortsetzen. Selbst schon in ganz einfachen Fragen gibt es viele verschiedene Meinungen über Gott. Wenn man dann erst in die wirklich kniffligen theologischen Fragen eindringt, kommt man mit weniger als 95 Thesen kaum hin. Damit ist nicht gesagt, wir wüssten gar nichts über Gott. Einige Teilaspekte sind natürlich schon gut geklärt. Zum Beispiel wissen wir, dass Gott die Familienplanung ablehnt und vor allem keine Unkeuschheiten vor der Ehe mag, und er will uns sonntags bei der Messe sehen.

Aber das sind nur Teilaspekte. Bereits bei der Frage, ob es gottesfürchtig ist, wenn Geistliche in den heiligen Stand der Ehe eintreten, gibt es schon wieder Meinungsverschiedenheiten. Und dann erst die Rolle der Frau in der Kirche oder die Rolle des Papstes und das mit der Kirchensteuer, da ist noch viel zu klären. Schon dass das Thema »die Rolle der Frau in der Kirche« überhaupt eine Diskussion nötig hat, ist ja schwer zu verstehen, zum Beispiel.

Diese Unklarheit der Gesellschaft über das Wesen Gottes kann zwar, muss aber nicht notwendig im Wesen der Sache selbst liegen. Ist also nicht notwendigerweise ein Argument gegen Gott. Vielleicht gab es in den letzten zweitausend Jahren einfach nicht genug ergebnisoffenes, also ernsthaftes Nachdenken, ich will das nicht beurteilen.

Es herrscht ein großer Bedarf nach überdenkenswertem Material, da sind auch die Naturwissenschaften gefragt. Was zu der Frage führt, ob denn ein richtiger Christ überhaupt über Naturwissenschaft nachdenken soll. Nachdenken soll er natürlich schon. Aber auch über Naturwissenschaften? Selbst da gibt es verschiedene Meinungen, denen ich mich jeweils nicht anschließen, sondern die ich lediglich zitieren will. Natürlich darf heutzutage ein Christ über Naturwissenschaften nachdenken, wenn er denn will, so sagen manche, das habe aber gar nichts mit seinem Christsein zu tun, es sei völlig davon getrennt zu betrachten. Das ist die eine Extremposition. Zu der es auch die andere gibt, sie war vor allem früher einmal vertreten, ich ziehe es vor, meine Neutralität in der

Sache zu unterstreichen, indem ich zitiere: »Welch schauerlich Geheimnis, mein Gott, welch tiefe, uferlose Fülle! Und das ist die Seele, und das bin ich selbst! Ein Leben so mannigfach und vielgestalt und völlig unermeßlich! Mein Gedächtnis, siehe, das sind Felder, Höhlen, Buchten ohne Zahl, unzählig angefüllt von unzählbaren Dingen jeder Art, seien es Bilder, wie insgesamt von den Körpern, seien es die Sachen selbst, wie bei den Wissenschaften, seien es irgendwelche Begriffe oder Zeichen, wie bei den Bewegungen des Gemüts, die sich, wenn die Seele auch schon nicht mehr leidet, im Gedächtnis erhalten und also mit diesem in der Seele sind: durch all dieses laufe ich hin und her, fliege hierhin, dorthin, dringe vor, soweit ich kann, und nirgends ist Ende: von solcher Gewaltigkeit ist das Gedächtnis, von solcher Gewaltigkeit ist das Leben im Menschen, der da sterblich lebt!«

Weil es so viele offene Fragen gibt in der Frage nach Gott und so viele Unklarheiten, ist es für den Naturwissenschaftler schwer möglich, vielleicht unmöglich, die Gesellschaft konkret darauf hinzuweisen, was aus den Naturwissenschaften für denjenigen, der nach Gott sucht, interessant sein könnte. Schon deshalb ist dem Naturwissenschaftler Zurückhaltung geboten, die allerdings nicht mit Desinteresse gleichzusetzen ist. Er soll einfach nur ganz bescheiden sagen: »Dies ist, was wir wissen, nehmt es, und urteilt selbst.«

Das bringt leider Nachteile mit sich für den, der über Gott nachdenkt. Denn er ist nun auf einen sehr lebhaften Diskurs zwischen Wissenschaft und Gesellschaft angewiesen, aus dem er seine Schlussfolgerungen ziehen kann, nachdem er alle verschiedenen Meinungen gehört hat. Wenn es einen solchen Diskurs aber nicht oder nicht genügend gibt, so muss der, der nachdenken will, im Grunde genommen erst einmal selbst Physik studieren. Und mir will scheinen, dieses Kapitel diene eigentlich nur dazu, verständlich zu machen, dass Sie diesen zugegebenermaßen problematischen Sachverhalt jedenfalls nicht der Naturwissenschaft zum Vorwurf machen sollten.

ZUR METAPHYSIK DES INFORMATIONSZEITALTERS

Begriffe wie »Gewicht«, »Energie«, »Geschwindigkeit« gibt es auch in der Alltagssprache, in der Physik werden sie dann genauer definiert. Das ging nicht von heute auf morgen. Zuerst dachte man, »Gewicht« sei ein Bestreben der Körper, an ihren natürlichen Platz zu gelangen. Heute weiß man es besser, »Gewicht« ist die Kraft, die ein Gravitationsfeld auf einen Körper ausübt, welcher eine Masse hat.

Was Energie ist, verstehen wir seit den Arbeiten Robert Mayers, seit 1845. Wenn sich ein Körper unter dem Einfluss einer Kraft F über eine Strecke l bewegt, so wird dem Körper durch diese Kraft die Energie F × l zugeführt: Ziehen Sie einen Eimer Sand mit der Kraft F das Baugerüst hoch auf eine Höhe l, dann haben Sie am Eimer die Arbeit F × l geleistet, und der Eimer hat die Energie F × l gewonnen.

Den Begriff der Geschwindigkeit gibt es wohl schon länger: Geschwindigkeit ist der Weg, den ein Körper zurücklegt, geteilt durch die Zeit, die er dazu braucht. Aber so richtig versteht man auch heute noch nicht, was es mit der Geschwindigkeit auf sich hat, denn sie beschreibt ja ein Verhältnis zwischen Raum und Zeit. Und was Raum und Zeit sind, das ist nicht so ganz klar, darüber brüten die Superstringtheoretiker.

Wann ist etwas eine physikalische Größe? Am liebsten sind dem Physiker die erhaltenen Größen. Energie zum Beispiel ist eine erhaltene Größe. Nicht die Energie eines bestimmten Körpers, der kann natürlich seine Energie verlieren oder welche aufnehmen. Von der Energie des Universums hingegen nimmt man an, daß sie erhalten bleibt; auch in der Wechselwirkung zweier Körper, die nur untereinander wechselwirken, aber nicht mit dem Rest der Welt, muss die Energie erhalten bleiben. (Die Hubenergie, welche Sie dem Eimer zugeführt haben, stammt aus der chemischen Energie Ihrer Muskeln.)

Des Weiteren gibt es physikalische Größen, die nicht erhalten bleiben, dafür aber die Eigenschaft eines Körpers beschreiben. Wir hatten ja schon erwähnt, dass die Energie genau genommen nicht eine Eigenschaft eines Körpers selbst ist: Wenn Sie mit dem Auto mit dreißig Kilometern pro Stunde auf ein anderes, geparktes Auto fahren, so geschieht nichts Dramatisches, falls Sie sich angeschnallt haben. Wenn Sie aber mit dreißig Kilometern pro Stunde auf ein Auto fahren, das Ihnen mit zweihundert Stundenkilometern entgegenkommt, so wird sehr viel Energie frei, weil die Geschwindigkeit immer eine relative Größe zwischen zwei Körpern ist.

Die Entropie eines Systems hingegen ist eine Variable, welche tatsächlich das System selbst beschreibt. »Die Anzahl der möglichen Zustände« hängt nicht vom Beobachter ab. Auch die Wirkung eines Teilchens ist eine Eigenschaft des Teilchens selbst.

Aus Größen, die erhalten bleiben oder die eine Eigenschaft des Körpers selbst sind, lässt sich am meisten lernen. Es gibt aber auch physikalische Größen, die sind weder das eine noch das andere. (Wo der Physiker auf eine solche stößt und sie untersucht, tut er es immer in der geheimen Hoffnung, sie irgendwann auf etwas zurückführen zu können, das erhalten ist oder aber charakteristisch für einen Körper.)

Die Geschwindigkeit etwa ist nicht erhalten: Wenn Sie Ihr Fahrrad zum Halten bringen, so verschwindet seine Geschwindigkeit, ohne aber irgendwohin zu gehen – nur der Impuls bleibt erhalten, er geht auf die Erde über. Geschwindigkeit ist aber auch keine Größe, welche die Eigenschaft eines Körpers beschreibt: Wie schnell Sie fahren, hängt, wie gesagt, vom Beobachter ab. Ein Schiff, das den Fluss hinauffährt, hat eine andere Geschwindigkeit für eine Ente, die ebenfalls im Fluss schwimmt, als für jemanden, der am Ufer sitzt.

Im Grunde genommen reicht es, wenn etwas eindeutig messbar ist, dann kann es eine physikalische Größe sein. Hingegen gehört, was nicht real oder aber nicht messbar ist, zur Metaphysik.

Information

Die »Information« wird definiert in der Informationstheorie, die klassische Definition stammt von Shannon: »If in a set of messages, ›the probabilities of the possible messages are given by p1, p2, … pN, then the amount of information associated with the first message is $\log_2(1/p1)$, that of the second is $\log_2(1/p2)$, and so forth. The expected value of these amounts of information is called the entropy H, of the average information of the message set: $H = p1\log_2(1/p1) + p2\log_2(1/p2) + …$‹.«[27]

Mit einfachen Worten: Wird eine Nachricht durch Bits übermittelt, ist ihr Informationsgehalt einfach die Zahl ihrer Bits. Soweit bekannt ist, lässt sich jede Nachricht, jedes Signal im Prinzip auch tatsächlich durch Bits ausdrücken, ohne dass etwas dabei verloren ginge. Beispiele sind Musikdiscs oder digitalisierte Filme. Es genügt deshalb, sich zu merken: »Informationsgehalt einer Nachricht = Anzahl der Bits.«

Es gibt noch eine Reihe anderer Definitionen von »Information«, etwa von Kolmogorow, sie haben alle zwei wichtige Eigenschaften gemein:

Erstens lässt sich die Definition von »Information« nur in bestimmten Spezialfällen anwenden – etwa wenn zwei Computer über eine Datenleitung Daten austauschen. Da braucht man nur die Bits zu zählen. Versuchen Sie jedoch, mit Hilfe der Shannonschen Definition anzugeben, was der Informationsgehalt

---

[27] »The New Encyclopædia Britannica«, 1994.
    C. E. Shannon and W. Weaver, »The Mathematical Theory of Communication«, University of Illinois Press, Urbana, Campaign 1949.

- dieses Buches sei?
- oder eines gleich dicken Buches, in dem aber die Buchstaben zufällig angeordnet sind?
- oder eines gleich dicken Buches, das überhaupt keine Buchstaben enthält, sondern nur Druckerschwärze?
- oder eines gleich dicken Buches, das in einer Ihnen unbekannten Schrift und Sprache beschrieben ist, insbesondere einer Schrift, von der nicht bekannt ist, wie viele »Buchstaben« es in ihr eigentlich gibt?

Darauf haben die Definitionen der Informationstheorie keine Antwort.

Zweitens ist die Shannonsche Information selbst dort, wo sie gemessen werden kann, oftmals keine sinnvolle Größe. Ein Magnetband, das Informationen enthält, und ein Magnetband, das gelöscht wurde (man findet lauter Nullen oder lauter Einsen), haben nach der Definition von Shannon den gleichen Informationsinhalt.

Noch schlimmer wird es, wenn die Shannonsche Definition die Information mit der Entropie in Verbindung bringt. Oben erwähnte Bücher haben alle haargenau die gleiche Entropie, das kann man mit Hilfe zweier Thermometer nachmessen. Und ihre Entropie ist gleich der irgendeines Gegenstandes, eines Steines etwa, entsprechender Größe. Der Informationsgehalt eines Steines soll also gleich dem eines Buches sein? Das ist keine sinnvolle Aussage, darüber hinaus hängt die Entropie eines Magnetbandes oder eines Buches natürlich von der Temperatur ab. Die Information aber nicht.

Von manchen Informationstheoretikern habe ich gehört, die Entropie in der Shannonschen Definition sei nicht das gleiche, was in der Physik als Entropie bezeichnet wird, es gebe nur gewisse Parallelen. Aber zum einen ist es wissenschaftlich inakzeptabel zu sagen, »es gibt da gewisse Parallelen«. Des Weiteren hängen physikalische Entropie und Information tatsächlich eng zusammen, wie wir sehen werden.

In der Definition der Informationstheorie ist »Information« ein rein mathematisches Konstrukt, das sich in der realen Welt nicht findet. Sie ist im Allgemeinen nicht messbar, in naturwissenschaftlicher Hinsicht also nicht beobachtbar. »Information« ist also keine physikalische Variable. Weil es aber so etwas wie Information zu geben scheint, ist sie wohl der Metaphysik zuzuordnen. Und darauf baut dann das Informationszeitalter auf. Auf der Metaphysik.

Da kann einem die Metaphysik aber Leid tun. Lassen Sie uns deshalb sehen, ob wir die Metaphysik von dieser Last ein wenig befreien können. Denn Information gibt es, sie ist real, und hin und wieder lässt sie sich sogar messen. Sie nehmen gerade lesend zehn bis zwanzig Bits pro Sekunde davon in ihr Bewusstsein auf. Es stimmt nur etwas nicht mit Shannons Definition. Wir werden sie reparieren müssen. Wenn heute Information keine physikalische Variable ist, heißt das ja nicht, dass sie es nicht werden könnte. Auch Energie oder Gewicht waren ursprünglich keine physikalischen Variablen.

MAXWELLS DÄMON

Ein schönes Beispiel für den Zusammenhang zwischen der Information und dem Rest der physikalischen Welt ist der Maxwellsche Dämon.[28] Stellen Sie sich zuerst einen Automotor vor. Im Zylinder wird Benzin zur Explosion gebracht, dadurch entsteht auf dem Kolben ein Überdruck, eine Kraft wirkt auf den Kolben, der Kolben wird nach unten gedrückt, Arbeit wird geleistet.

Nun nehmen wir eine mit Gas gefüllte Kiste, fügen in der

---

[28] Für eine ausführlichere Diskussion des Maxwellschen Dämons siehe: »Maxwell's Demon, entropy, information, computing«, H. S. Leff und A. Rex, Princeton University Press, Princeton, New Jersey. Im gleichen Buch finden sich auch die wichtigsten Aufsätze von Szilard, Bennett, Landauer.

Mitte eine Trennwand ein mit einem kleinen Türchen darin. Neben das Türchen setzen wir ein kleines Wesen, das soll die heranfliegenden Atome sehen. Jedes Mal, wenn ein Atom von links heranfliegt, öffnet das Wesen kurz die Tür, sodass das Atom auf die rechte Seite der Kiste gelangt. Das kleine Wesen heißt »Maxwellscher Dämon«, benannt nach seinem Erfinder J. C. Maxwell, und stammt aus dem Jahre 1867.

Indem der Dämon die Tür öffnet, jedes Mal, wenn ein Atom von links auf die Tür zufliegt, ordnet er die Atome. Irgendwann werden alle Atome rechts von der Trennwand sein, die linke Seite bleibt leer zurück. Das Öffnen und Schließen von Türen in einem Gedankenexperiment kann ohne jegliche Arbeitsleistung geschehen, für den Vorgang des Türenöffnens und -schließens selbst verbraucht der Dämon also keine Energie. Rechts herrscht nun ein Überdruck, links ein Vakuum, ein Unterdruck. Wie in einem Motorzylinder, nachdem das Benzin gezündet wurde. Jetzt befestigen wir eine Stange an der Trennwand, sodass aus der Trennwand ein Kolben wird, der sich nach links bewegen kann. Nun lassen wir den Kolben sich bewegen. Er leistet Arbeit.

Das ist seltsam, denn vorher, als das Gas gleichmäßig verteilt war, da konnte es keine Arbeit leisten. Nun kann es Arbeit leisten, obwohl wir an keiner Stelle Energie zugeführt haben. Ein Perpetuum mobile also. Das verstößt gegen das zweite Gesetz. (Genauer gesagt, hat das Gesamtsystem der beiden Volumen eine geringere Entropie, wenn alle Gasatome sich in einem der Volumen befinden, und eine höhere Entropie, wenn sich die Atome auf beide Volumen verteilen. Das ist so ähnlich wie mit unserem Beispiel mit den beiden Eisen. Wenn alle Wärme in einem der beiden Eisen konzentriert ist, so hat das System aus den beiden Eisen eine geringere Entropie, als wenn sich die Wärme auf beide Eisen verteilt.)

Die einzig mögliche Rettung des Zweiten Gesetzes (das ja nur auf dem Zählen von Zahlen beruht, das also nur ausgehebelt werden kann von jemandem, der nachweist, dass man

Zahlen unter bestimmten Bedingungen nicht zählen kann) ist diese: Der Dämon muss Information aufnehmen über die heranfliegenden Gasatome. Das Zweite Gesetz lässt sich retten, wenn wir annehmen, der Dämon müsse selbst erst einmal Energie aufnehmen, um diese Information speichern zu können. Wenn wir also annehmen, man müsse von außen am Dämon Arbeit leisten, damit dieser Information aufnehmen kann. Wenn dann diese zu leistende Arbeit ebenso groß ist wie die Arbeit, die man aus dem Kolben gewinnen kann, so ist alles in Ordnung. Anders gesagt: Die Entropieabnahme des Gases muss kompensiert werden durch eine Entropiezunahme des Universums, die durch den Dämon bewirkt wird, wodurch dann die Gesamtentropie des Universums zumindest gleich bleibt, jedenfalls aber nicht abnimmt.

Wenn wir erst dem Dämon Energie zuführen, welche dieser dann wiederum an die Umwelt abgibt, so leistet er auf irgendeine Weise Arbeit. Das Speichern von Information muss folglich eine Arbeitsleistung darstellen. Wie kann man sich das vorstellen? Stimmt es, dass zum Speichern von Information Arbeit geleistet werden muss? Ja, das stimmt natürlich, Sie erinnern sich an unsere Diskussion der thermischen Bewegung? Jedes Teilchen hat immer $1/2$ k × T Bewegungsenergie.

EIN BIT

Im einfachsten Fall, der sich beliebig verallgemeinern lässt, nehmen wir ein Atom, schreiben eine »1« auf unseren Schreibtisch und woanders eine »0«. Dann legen wir das Atom entweder auf die 1 oder auf die 0, damit wäre ein Bit Information gespeichert. Wenn ein Kollege von Ihnen spätabends noch an Ihrem Schreibtisch vorbeikommt, wenn Sie schon gar nicht mehr da sind, bekäme er trotzdem die Information »1« oder »0« mitgeteilt, je nachdem.

Nur leider wird das Atom nicht mehr da sein, wenn ihr Kollege vorbeikommt, weil es ja $1/2$ k × T Bewegungsenergie hat. Bei »T = Raumtemperatur« entspricht die Bewegungsenergie $1/2$ k × T einer Geschwindigkeit von etwa tausend Stundenkilometern. Das ist die Geschwindigkeit, mit der die Atome der Luft durcheinander fliegen, und die Geschwindigkeit, mit der die Atome Ihres Schreibtisches um ihre Ruhelagen vibrieren.

Sie müssen also dort, wo die »1« und die »0« ist, jeweils ein Loch in Ihren Schreibtisch bohren und das Atom da hineinstekken. Damit es nicht gleich wieder aufgrund seiner hohen Geschwindigkeit aus dem Loch hinausfliegt, müssen Sie ihm mindestens die Energie $1/2$ k × T entziehen, und das Loch muss entsprechend tief sein.

Nun geht es, das Atom bleibt im Loch, Sie haben ein Bit Information gespeichert. Sobald Sie dem Atom wieder Energie zuführen, damit es aus dem Loch rauskommt, ist die Information wieder gelöscht. Wenn Sie dann aufs Neue Information speichern wollen, müssen Sie entsprechend wieder Energie entziehen.

Natürlich ist das nur ein sehr allgemeines Gedankenexperiment, das auf alle Arten von Schaltern oder Transistoren oder Systemen von Löchern anwendbar ist. Um ein Bit Energie zu speichern, brauchen Sie immer ein System, das zwei verschiedene Zustände annehmen kann, wobei in energetischer Hinsicht jeder dieser Zustände ein Energieminimum von mindestens der Tiefe $1/2$ k × T darstellt. In Wirklichkeit wäre aber Ihr Schreibtisch nicht sehr gut geeignet, um Atome zu speichern, weil Sie ziemlich tiefe Löcher bohren müssten. Betrachten wir deshalb kurz ein etwas realistischeres, aber weniger allgemeines Beispiel.

Einen Lichtschalter. Der ist ja auch nichts anderes als ein Speicher der Kapazität 1 Bit. Um das zu sehen, brauchen Sie nur auf die eine Seite des Schalters eine »1« zu malen und auf die andere eine »0«. Wollen Sie den Schaltzustand ändern, müssen Sie mit dem Finger auf den Schalter drücken, Sie müssen eine Kraft ausüben auf den Schalter. Sie leisten also beim Schalten Arbeit, führen Energie zu. Die Arbeit, die Sie am Schalter geleistet haben, wird dann über die mechanische Reibung innerhalb des Schalters in Wärme umgewandelt und abgestrahlt. Denn der Schalter ist ja keine Batterie, er kann die Energie, die Sie ihm zugeführt haben, nicht behalten, sondern er strahlt die zugeführte Energie als Wärmeenergie wieder ab: Der Schalter erwärmt sich beim Schalten ganz kurz, gleichzeitig ändert er seinen Schaltzustand, danach kühlt er in Sekundenbruchteilen wieder ab.

Gehen Sie ruhig zum Lichtschalter und probieren es aus. Zuerst schreiben Sie eine »1« und eine »0« links und rechts an den Schalter, somit ist der Schalter ein Speicher geworden. Nun drükken Sie sehr langsam und vorsichtig auf den Schalter. Der Schalter bewegt sich in so eine Art Mittelposition. Er bewegt sich also um eine kurze Strecke l, unter der Kraft Ihres Fingers, F, er nimmt also die Energie F·l auf. Jetzt ist der Schalter in der Mittelposition. Sie haben den Speicher also gelöscht.[29] Vorher stand er auf »1« oder »0«, aber nun steht er in der Mittelposition, weder »1« noch »0«, Speicher gelöscht. Um das zu bewerkstelligen, mussten Sie Energie zuführen. Wenn Sie nun den Schalter auch nur ein ganz klein wenig weiterbewegen, so schnappt er in seine neue Position. Bewegen Sie ihn ein ganz klein wenig zurück von der Mittelposition, so springt er zurück in die alte Position. Bei diesem Zurückschnappen, egal in welche Richtung, wird die Energie, die Sie mit dem Finger zugeführt haben, in Wärme verwandelt. Und abgestrahlt, dissipiert, sagt der Wissenschaftler.

Es ist also genau besehen das Löschen eines Speichers, das Arbeit erfordert. Wenn wir den Gesamtvorgang von Löschen und neu Beschreiben eines Bits in einem Speicher beschreiben wollen, so kann ich insgesamt sagen: Es muss mindestens $1/2 \, k \times T$

---

[29] Man kann ohne weiteres ein ganzes Buch über die Frage schreiben, ob der Speicher in der Mittelposition gelöscht ist, oder wenn er zum Beispiel auf »0« steht. Ich finde das mit der Mittelposition anschaulicher, aber es macht für die Schlussfolgerung keinen Unterschied, wie man genau vorgeht.

Arbeit geleistet, also Energie zugeführt werden, und diese Energie wird dann als Wärmeenergie wieder abgestrahlt (weil wir ja von Informationsspeichern reden, nicht von Energiespeichern).

Sie merken das nicht in allen Einzelheiten, weil die beteiligten Kräfte und Wärmeenergien so klein sind. Sie können aber nicht beliebig klein sein. Ein »unendlich leichtgängiger Schalter«, der ohne jeglichen Kraftaufwand von einem Zustand in den anderen wechseln könnte, würde eben dies ständig tun, wegen seiner Wärmebewegung. Auch wenn man das mit dem bloßen Auge nicht sieht, so zittert der Lichtschalter ständig um ein ganz Weniges, um $1/2 \, k \times T$. Bei einem unendlich gut geschmierten Lichtschalter würde das Licht flackern. Sie könnten nicht sagen, ob es an ist oder aus. Ob der Schalter auf 0 steht oder auf 1. (Eine technische Annäherung an einen sehr leichtgängigen Schalter ist der Wackelkontakt.)

Ein vielleicht noch anschaulicheres Beispiel ist eine Eisenbahnweiche. Früher hat man die mit der Hand gestellt; dazu musste ein kräftiger Mann sehr stark an einem Hebel ziehen. Eine Weiche muss so schwergängig sein, denn eine gut geschmierte Weiche, die auf Gleitlagern läuft, könnte zwar ganz leicht ihre Stellung wechseln, technisch wäre das kein Problem. Nur wollen das die Zugpassagiere ausdrücklich nicht.

Das Zuführen und Abstrahlen von Energie bedeutet eine Veränderung der Entropie, das hatten wir im Kapitel über Physik ausgeführt. Allerdings wird beim Löschen der alten und beim anschließenden Speichern der neuen Information der Energieinhalt, also die Entropie des Speichersystems, selbst nicht verändert. Es wird ja die gleiche Energie aufgenommen wie abgestrahlt. Nur die Entropie des Universums wird erhöht beim Aufnehmen neuer Information, nicht die Entropie des Speichersystems. Deswegen ist die Entropie einer gespeicherten Nachricht im Allgemeinen nicht in der Nachricht selbst zu finden.

Damit haben wir den ersten Fehler in Shannons Definition identifiziert. Es macht offensichtlich einen Unterschied, ob wir von einer in einem materiellen Speicher gespeicherten Nachricht sprechen oder von einer als Signal übermittelten Nachricht. Eine sich in einem materiellen Speichersystem befindende Nachricht können wir nicht über eine Entropie- oder Energiemessung nachweisen. Eine in einem Signal übermittelte Nachricht hingegen schon. Denn die elektrischen Signale im Telegrafendraht oder die Schallwelle, die das Ohr hört, transportieren nichts anderes als nur Energie. In dem Fall braucht es in der Tat den Transport von mindestens $1/2\,k \times T$ pro übermitteltem Bit, und nur in dem Fall kann man dem Informationsgehalt eine messbare Energie oder Entropie zuordnen.

INFORMATION IST ARBEIT

Und nun versteht man auch den Maxwellschen Dämon.[30] Nehmen wir ein Gas, das fünf Atome hat. Betrachten wir den Dämon zuerst auf die formalste, das heißt auch umständlichste Weise: Er besteht aus einem »Messgerät«, das kann ein Auge sein oder eine Videokamera, und einem »Speicher« mit mindestens fünf Bits, die sind zu Beginn des Versuches alle gelöscht. Nehmen wir an, »gelöscht« bedeute, sie stehen auf »0«. Das Messgerät ist so mit dem Speicher verbunden, dass jedes Mal, wenn sich ein Atom nähert, der jeweils nächste Schalter auf »1« geschaltet wird (wir könnten den Dämon auch so bauen, dass durch ein sich näherndes Atom der Schalter auf »0« springt, das ist egal, es muss nur konsistent sein). Der Speicher wiederum ist mit einem Mechanismus verbunden, der die Tür kurz öffnet. Jedes Mal, wenn der Dämon die Tür öffnet, muss er Arbeit leisten. Aber nicht zum Türöffnen. Wenn die Tür unendlich gut geschmiert ist (ist sie im Gedankenexperiment immer), so braucht

[30] L. Szillard, *Zeitschrift für Physik*, 1929, 53, S. 840–856. Szillard war in Berlin Dozent für Physik, 1925 bis 1932, dann Emigration. »Emigration« steht im Lexikon.

es keine Arbeit, um sie zu öffnen oder zu schließen. Das Schalten ist es, was die Arbeit macht.

Es wird Ihnen nicht gelingen, Ihren Lichtschalter genau auf seine Mittelstellung zu bringen und da zu belassen, ohne ihn zu berühren. Er ist extra so gebaut. Aber natürlich könnte man den Schalter so konstruieren, dass er in der Mittelstellung bleibt und sofort umspringt, wenn man ihn nur ganz leicht berührt. Wenn wir dem Dämon derartige Schalter zur Verfügung stellten, müsste er keine Arbeit mehr leisten, jedenfalls nur sehr wenig. Er müsste ja nur kurz antippen. Aber auch in diesem Fall muss tatsächlich Arbeit geleistet werden, nur schon vor dem Versuch, von uns, wenn wir die Schalter in ihre Mittelstellung drücken. Dadurch werden sie ja zu Energiespeichern.

Das ist eine reichlich formale Sehweise. Anstatt fünf Schalter können Sie genauso gut nur einen einzigen Druckknopf verwenden, der die Tür öffnet, und jedes Mal, wenn ein Atom kommt, wird auf den Knopf gedrückt. Aber das ändert nichts an unserem Argument. Ob Sie fünfmal verschiedene Schalter drücken oder fünfmal den gleichen, ist egal. Entweder Sie oder der Dämon, irgendwer muss fünfmal die Arbeit $1/2$ k × T leisten.

Statt Speicher kann man auch »Gehirn« sagen, und dann sind es Nervenzellen, welche ihren Zustand ändern. Jedes einzelne Schalten erfordert, dass wir mindestens die Energie $1/2$ k × T zuführen, die wird für den Schaltvorgang gebraucht, und danach wird sie als Wärmeenergie abgestrahlt. Man hat also dem Dämon am Ende 5 × $1/2$ k × T Energie zugeführt. Und das ist genau die Energie, welche er aus den fünf Atomen an Arbeitsleistung maximal herausholen kann, wenn er sie den Kolben zur Seite schieben lässt.[31]

---

[31] Wie schon erwähnt, ist es eigentlich der Vorgang des Löschens des Bits, welcher Energie dissipiert. In einem endlichen Speicher, der es erzwingt, immer wieder die gleichen materiellen Bits neu zu beschreiben, können wir der Einfachheit halber sagen: »Das Beschreiben eines Bits dissipiert $1/2$ k × T«, womit wir stillschweigend immer meinen: »löschen + beschreiben«.

Somit haben wir den Maxwellschen Dämon verstanden: Er verletzt den Zweiten Hauptsatz nicht, weil die Aufnahme von Information eine Arbeitsleistung ist.

Physikalische Definition der Information
Wir wollen sehen, ob sich die Shannonsche Definition reparieren lässt. Information als physikalische Variable zu definieren verlangt zuerst einmal, den Messprozess in der Definition zu berücksichtigen. Es braucht einen Beobachter, egal ob Mensch oder Computer, der die zu messende Nachricht in seinen Speicher aufnimmt, um dann ihren Informationsgehalt zu bestimmen. Wir definieren:

> Der Informationsgehalt einer Nachricht ist eine Zahl, welche gleich ist der minimalen Zahl von Bits, welche der Beobachter benötigt, um die Information zu speichern.

Das ist der Shannonschen Information sehr ähnlich, aber es gibt Unterschiede: Erstens kann Information nun immer gemessen werden, zumindest durch ein Gedankenexperiment. Zweitens berücksichtigt die Shannonsche Information den Beobachter nicht, sondern der Informationsgehalt der Shannonschen Information ist eine Eigenschaft dieser selbst. In unserer Definition hingegen hat es keinen Sinn, nach dem absoluten Informationsgehalt zu fragen. Information ist nun eine relative Variable, sie hängt von der Nachricht, aber auch vom Beobachter ab.

»Relativ« heißt aber keineswegs »subjektiv« oder gar »unwissenschaftlich«. Auch Energie oder Impuls hängen im Allgemeinen vom Beobachter ab, sind relative Größen. Des Weiteren ist unsere Definition gültig sowohl für die von einem Energiesignal transportierte als auch für die in einem materiellen System gespeicherte Information.

Es ist also offensichtlich möglich, Information als physikalische, messbare Variable zu definieren. Es mag bessere Definitionen geben als die, die ich vorgeschlagen habe. Es ist ja nur als erster Versuch gedacht, um zu zeigen, dass es geht, in der Zukunft mag man es dann verbessern. Aber jedenfalls geht es, das ist wichtig: Information ist eine Variable der Physik. Wenn wir wollen.

Aufnahme der Information

In unserer Definition hätte die Information einige interessante Eigenschaften. Wenn der Informationswert einer Nachricht vom Beobachter abhängt, stellt sich die Frage, von welcher Eigenschaft des Beobachters dieser Wert abhängt?

Die Geschwindigkeit eines Körpers hängt für einen bestimmten Beobachter davon ab, welche Geschwindigkeit der Beobachter selbst hat. Hängt die Information einer Nachricht davon ab, über welche Information der Beobachter bereits verfügt? Offensichtlich ist das so. Das sieht man, wenn man nur bedenkt, dass das Verarbeiten, ja schon das Übermitteln von Information, immer anderer Information bedarf. Das Verarbeiten der neu aufgenommenen Information bedarf einer bereits residenten Information. Zum Beispiel muss ein Faxgerät »wissen«, also Information darüber besitzen, wann es eine neue Zeile beginnen muss und wo sich diese auf dem Blatt befindet. Der Computer muss wissen, in welcher Weise die in zeitlicher Abfolge hereinkommenden Bits räumlich gespeichert werden sollen. Wenn ein Computer einhundert Bits speichern soll, muss er dazu erst einmal über einhundert Speicheraddressen verfügen.

Information kann expandiert oder kondensiert werden. Zum Beispiel lässt sich die Zahl π mit zehn Bits vollständig angeben, einfach indem man sagt »pi«. Das kann man allerdings nur zu einem Mathematiker sagen, der bereits über ein bestimmtes Fachwissen verfügt und weiß, was mit »pi«gemeint ist. Die gleiche Zahl kann man auch durch einen Algorithmus beschreiben, der einige hundert oder tausend Bits hat. Allerdings kann ein Computer nur dann etwas mit so einem Algorithmus anfangen, wenn er genug residente Information besitzt, um einen solchen

140

Algorithmus ausführen zu können. Hat man es mit einem Computer zu tun, der nicht einmal Algorithmen rechnen kann, so müsste man die Zahl π ausschreiben, dazu benötigt man aber unendlich viele Bits.

Verwirrung und Rittertum

Während der schon mehrfach erwähnten Bozener Konferenz gab es einen schönen Ausflug zu Burg Runkelstein. Sie enthält einige der besterhaltenen profanen Fresken des mittelalterlichen Europa. Stehen Sie vor der Burg, ist alles ganz einfach. Sie schauen kurz hin, sehen sofort, das ist eine Burg, es gibt keine Sekunde der Frage oder des Zweifels. Dann folgen Sie der Führerin, die mit einem dieser Laserzeigestäbe die Fresken erklärt. Bei den ersten Fresken ist auch wieder alles gleich klar. Dies ist eine Frau, das ein Mann, und dort ist ein Pferd. Die Funktion der Führerin ist, zu erklären, wer dieser Mann ist und was die Kleidung der Frau zu bedeuten hat und so weiter.

Dann kommen Sie zu einem Fresko, das eine ganze Wand ausfüllt. Und Sie sehen das Fresko an, aber Sie sehen erst einmal gar nichts. Um die Burg zu sehen oder das Pferd im Raum vorher, mussten Sie Ihre Augen nicht extra umherwandern lassen. Sie sahen die Burg, Sie sahen das Pferd mit einem Blick, wie man so sagt. Aber jetzt, bei diesem Fresko, ist es anders. Ihre Augen folgen den Linien, sie versuchen, das Bild Stück für Stück zusammenzusetzen, es braucht seine Zeit. Den gemalten Linien mit dem Auge folgend, sehen Sie die Teile des Bildes, dies ist ein Arm, dies ein Bein, es gibt, genau bedacht, einen eindeutigen Zusammenhang zwischen dem Bein und jener anderen Sache, bei der es sich offensichtlich um das Gesäß eines Ritters handelt; und der Arm gehört auch zum Ritter, und das, was um den Ritter herum gemalt ist, das sind andere Ritter und Pferde. Wenn dem aber so ist – Sie brauchen einige Zeit, sich dessen sicher zu sein –, so ergibt sich das Bild eines durch den Raum schwebenden Ritters. Der Ritter scheint mitten im Bild zu schweben, wie ein Astronaut in der Raumkapsel, seine Beine sind ganz seltsam nach hinten abgewinkelt, sein Rücken zeigt nach unten, auch seine Arme befinden sich in einer seltsam gewichtslosen Stellung, genau so, wie man es von Astronauten kennt, die sich durch die Schwerelosigkeit treiben lassen. Aber die kannten doch keine Schwerelosigkeit damals, und so eine Rüstung wiegt ziemlich viel, und was soll das überhaupt alles?

Die Führerin erklärt es Ihnen. Es ist ganz einfach. Es handelt sich um ein Turnier, bei dem die Ritter versuchen, sich gegenseitig mit langen Stangen vom Pferd zu stoßen. Dazu muss man wissen, dass der Helm eines Ritters jener Zeit nur einen schmalen Sehspalt hatte, durch den der Ritter auch atmete. Fiel er vom Pferd, so musste er sehr darauf achten, nicht auf den Sehspalt zu fallen, sonst wäre er möglicherweise erstickt, wegen der schweren Rüstung wäre er nicht schnell genug hochgekommen. Der Ritter darf beim Fall auch nicht unter das Pferd zu liegen kommen, das eventuell ja auch fällt, es würde ihn verletzen. Der Ritter sieht das Pferd aber nicht, er sieht sehr wenig von seiner Umgebung, weil der Sehspalt so schmal ist. Deshalb gab es eine von allen Rittern angewandte Falltechnik, die verhindert hat, dass man unter das Pferd oder auf den Sehschlitz zu liegen kommt. Man hat sich so fallen lassen, wie es das Bild zeigt. Es zeigt einfach einen vom Pferd fallenden Ritter.

Wenn Sie das Bild zum ersten Mal sehen, brauchen Sie einige Zeit, bis sie allmählich erkennen, was es zeigt, weil Sie nicht die Information hatten, um das Gesehene zu verarbeiten. Nachdem Sie es einmal verarbeitet haben, werden Sie in Zukunft solche Bilder mit einem Blick sehen können. Sie werden gar nicht spüren, dass Sie das Bild betrachten, sie werden es einfach sehen.

Ein anderes Beispiel sind die Figuren der Mayas. Für einen Fachmann ist sofort alles klar: Dies ist die Federkrone des Königs, das ist die Donnerschlange, die den Geier frisst, daneben ein Jaguar mit einem Fruchtbarkeitssymbol und so weiter. Wenn

Sie aber nicht schon des öfteren Mayafiguren betrachtet haben, sehen Sie erst einmal nichts als ein menschliches Gesicht (die dazu nötige residente Information hatten Sie bereits), mit vielen sehr verwirrenden Linien und Formen außen herum.

Und ebenso sehen Sie die große Rolle der residenten Information, der Informationsverdichtung und -expandierung, wenn Sie die aufgenommene Information wieder abrufen. Messungen haben ja ergeben, dass Sie nur zehn bis zwanzig Bits Information pro Sekunde in Ihr Bewusstsein aufnehmen können. Das Auge hingegen nimmt schätzungsweise pro Sekunde mindestens 10^7 Bits Information auf. Das kann man abschätzen, wenn man die Anzahl der Bildpunkte eines Fernsehgeräts zählt. Diese mindestens 10^7 Bits hereinkommender Information werden mit Hilfe der residenten Information kondensiert auf zehn bis zwanzig Bits pro Sekunde.

Betrachten Sie ein Bild, irgendeine Landschaft, etwas, das Ihnen vertraut ist. Sie haben mehrere Sekunden lang Zeit. In Ihr Bewusstsein sind dann etwa einhundert Bits Information aufgenommen, innerhalb weniger Sekunden wurden mindestens 10^9 Bits Information verdichtet auf einhundert Bits. Das entspricht dem Informationsgehalt eines kurzen Satzes. Dann erzählen Sie, was Sie sahen: »Da waren Hügel mit Bäumen[32], es handelt sich um Eichen, die haben so und so geformte Blätter und einen Stamm aus Holz mit Rinde, welche diese und jene Eigenschaften hat, und unter den Eichen sah man einen Graswuchs, es handelt sich um Wildgräser, mit Blumen darunter, und dann sitzt da ein Hase mit einer gut sichtbaren Nase …« Mit einer Geschwindigkeit von vermutlich zehn bis zwanzig Bits pro Sekunde können Sie immer weiter erzählen, Sie können ein ganzes Buch voll schreiben mit Ihrer Erzählung über jenes Bild, das Sie doch nur wenige Sekunden lang gesehen haben. Sie kön-

---

[32] Das sind bereits einhundert Bits Information bis hierher: »Da waren Hügel mit Bäumen«. Jeder Buchstabe hat etwa fünf Bits Information.

nen so lange weiter erzählen, bis Sie Ihre der Situation entsprechende residente Information erschöpft haben.

Senden der Information: Informationsquelle
Wir wollen lieber nicht vom Sender der Information sprechen, denn das klingt ein wenig so, als brauchte es eine Person oder wenigstens eine Maschine, um Information zu senden[33]. Ein Baum oder ein Bild oder ein fallender Stein, die von Licht beschienen werden, genügen aber zum »Senden« von Information, sagen wir also lieber Informationsquelle.

Wir haben nun gesehen: Es ist sinnlos, von Information zu sprechen, ohne auf den Empfänger der Information Bezug zu nehmen. Nach unserer Definition ist Information relativ. Was ist die Information der Bücher aus oben genanntem Beispiel? Die Frage ist völlig sinnlos. So sinnlos, wie zu fragen: »Was ist die Geschwindigkeit eines Schiffes?« Es kommt drauf an: Vom Wasser aus gesehen hat das Schiff eine bestimmte Geschwindigkeit, vom Ufer aus gesehen hat es vielleicht eine andere.

Ebenso verhält es sich mit der Information: Es hängt vom Leser ab, wie viel Information das Buch enthält. Wenn Sie das Buch gelesen haben und nichts vergessen, muss man abzählen, wie viele Bits das Buch in Ihrem Hirn einnimmt. Das geht natürlich nur im Gedankenexperiment. Macht nichts, das ist schon ein enormer Fortschritt.

Was aber für den Empfänger der Information gilt, muss vermutlich auch für die Quelle gelten. Wenn wir bisher von Information sprachen, haben wir einfach stillschweigend den Bezug zu einer Quelle vorausgesetzt, denn sonst wird der Begriff »Information« auch wieder ganz sinnlos. Was bedeutet eine Folge wie »1,0,1,1,0,1, …«? Es kann zum Beispiel bedeuten »Geleitzug auf Position 12.45, 45.23, Kurs 185, Geschwindigkeit 12 Knoten,

---

[33] Selbstverständlich muss auch der Empfänger nicht eine Person sein. Eine Videokamera tut's auch.

15 Schiffe, U120«. Um das zu verstehen, brauchen Sie aber erst einmal Information über die Quelle. (Wenn Sie nicht über die Information verfügen, um die Nachricht dechiffrieren zu können, lässt sich diese Information gewinnen, wenn Sie genug »vergleichbare« Information haben und diese mit Hilfe eines Computers verdichten. So haben das die Alliierten im Zweiten Weltkrieg gemacht.)

Wenn das stimmt, wenn die Information nicht einmal definiert ist ohne Bezug zum Empfänger und ohne Bezug zur Quelle, so ist es vermutlich nicht möglich, aus dem Nichts Information zu erzeugen. Es sollte eigentlich nicht möglich sein, in einem geschlossenen System neue Information zu erzeugen. Weder innerhalb des Gehirns, solange es nach außen abgeschlossen ist, noch im Universum.

Information und Entropie

Information gelangt in einen Speicher, indem dieser über ein Messinstrument mit der Außenwelt verbunden wird und sich mit dieser korreliert. Beispiel Maxwellscher Dämon: Er hat ein Auge oder eine Kamera, das ist das Messinstrument. Sobald sich in diesem Auge ein heranfliegendes Atom abbildet, wird ein Bit im Speicher, im Gehirn des Dämons, auf »1« geschaltet. Dadurch wird sein Speicher mit der Außenwelt korreliert: Jedem heranfliegenden Atom wird eine »1« zugeordnet. Wenn mit dem Speicher ein Hebelmechanismus verbunden ist, der unverzüglich die Tür aufmacht, sobald ein Bit auf »1« schaltet, so genügt diese einfache Information.

Das ist, was man unter Informationsaufnahme versteht: ein Vorgang, bei dem pro Bit gespeicherter neuer Information mindestens die Arbeit $1/2\ k \times T$ geleistet werden muss, eine Energie, die dann als Wärmeenergie abgestrahlt wird. Sie können allerdings ein Bit schalten auch ohne Energiedissipation, wenn dabei keine Information aufgenommen oder gelöscht wird.

Kehren wir kurz zu unserem Sandeimer zurück, um das zu

erklären. Sie stehen oben auf dem Gerüst, über Ihrem Kopf ist die Umlenkrolle für das Seil, mit dem Sie den Eimer voll Sand zu sich heraufziehen. Das macht Arbeit, verbraucht Ihre Energie, so hatten wir gesagt. Muss es aber nicht. Wenn Sie einen zweiten Eimer mit Sand an Ihrem Ende vom Seil befestigen, so lässt sich der erste Eimer ganz leicht hochziehen, es macht keine Arbeit, vorausgesetzt nur, die Umlenkrolle ist gut geschmiert.

Das gleiche kann man auch mit dem Atom in seinem Loch tun, zum Beispiel. Sie können ein Seil am Atom befestigen, mit einem Gegengewicht am anderen Ende, dann ziehen Sie das Atom hoch, lassen es im anderen Loch wieder herunter und haben somit ein Bit geschaltet, ohne Energieaufwand.

Das geht im Prinzip. Nur haben Sie weder Information gelöscht noch neu aufgenommen. Um das Gegengewicht an das Atom zu binden, müssen Sie wissen, wo das Atom ist. Dann bringen Sie es in das neue Loch, Sie wissen also, wo das Atom hin soll. Wenn Sie nun das Gegengewicht gelöst haben, so wissen Sie nach wie vor, wo das Atom vorher war und wo es jetzt ist. Es wurde Information weder geschaffen noch vernichtet. Und deswegen war es auch nicht zwingend nötig, Energie zu dissipieren.

Landauer und Bennett haben diese Dinge aufgeklärt. Zwar ist es möglich, ein Bit einfach nur zu schalten, ohne Energie abzustrahlen; um aber ein Bit Information aufzunehmen, muss mindestens $1/2$ k × T Energie dissipiert werden.[34] Wobei

---

[34] »Irreversibility and heat generation in the computing process«, R. Landauer, *IBM J. Res. Dev.*, S. 183–191 (1961), Copyright 1961, International Business Machine Corporation.

»Logical reversibility of computation«, C. H. Bennett, *IBM J. Res. Dev.* 17, 525–32 (1973), Copyright 1973, International Business Machine Corporation.

»The thermodynamics of computation – a review«, C. H. Bennett, *Int. J. Theor. Phys.* 21, S. 905–40 (1982).

»Notes on the history of reversible computing«, C. H. Bennett, *IBM J. Res. Dev.* 32, S. 16–23 (1988), Copyright 1988, International Business Machine Corporation.

der Prozess der Informationsaufnahme darin besteht, einen Speicher über ein »Messgerät« mit der Außenwelt zu korrelieren.

Besteht keine Verbindung des Speichers mit der Außenwelt, kann keine Information aufgenommen werden. Vermeidet man es auch, Information innerhalb des Speichers zu löschen, so kann man innerhalb des Speichers ganz nach Belieben Bits schalten. Bennett hat dies »reversible computing« genannt, denn ein Computer, der beim Rechnen keine Energie abstrahlt, kann ebenso gut vorwärts wie rückwärts rechnen. Und im Prinzip kann jeder Computer als reversible Maschine arbeiten, jede beliebige Rechnung ließe sich eigentlich auch ohne Energiedissipation durchführen.

Soweit ich es sehen kann, laufen die Erkenntnisse Landauers und Bennetts wieder auf das hinaus, was wir vorhin gesagt haben: Wenn nämlich – siehe Maxwellscher Dämon – jegliche Informationsaufnahme mit Energieabstrahlung verbunden sein muss und wenn wir in einem nach außen geschlossenen Speichersystem Bits schalten können ohne Energiedissipation, so folgt daraus, dass sich dabei keine neue Information ergibt. Es kann also in einem geschlossenen System keine Information geschaffen werden.

Es gibt demnach einen physikalisch messbaren Unterschied zwischen dem Aufnehmen von Information und dem »Nur-Umherschalten« von Bits. Informationsaufnahme liegt nur dann vor, wenn ein Speicher durch Messinstrumente zur Außenwelt in Korrelation gebracht wird, nur dafür muss in einem Speicher endlicher Größe Energie dissipiert werden.

Information und Ordnung

In der Physik lässt sich der Begriff der Ordnung veranschaulichend verwenden, wenn man sich darauf einigt, dass ein System, welches sich in einem Makrozustand mit wenigen Mikrozuständen befindet (kaltes Eisen), mehr geordnet ist, als wenn es sich in einem Makrozustand mit vielen Mikrozuständen (heißes Eisen) befindet.

Sobald wir allerdings nicht einfach nur von den Mikrozuständen eines materiellen Körpers reden, ist Vorsicht geboten. Beispiel: Was ist die Ordnung eines Zimmers? Das Zimmer ist dann geordnet, wenn alle Dinge an ihrem Platz sind. Aber was ist ihr Platz? Der eine will die Zeitungen im Bücherregal, der andere will sie auf dem Tisch liegen sehen. Wiederum liegt die Lösung des Problems in der Relativität der Information. Der Begriff »Ordnung« hat, so wie der Begriff »Information«, nur Sinn, wenn er auf etwas bezogen wird.

Wenn ich ein Ensemble von Bits mit einer bestimmten Nachricht beschreibe, sind alle Bits geordnet in Bezug auf diese Nachricht, sie befinden sich in genau der Position, welche dieser Nachricht entspricht. Ordnung braucht im Allgemeinen eine Referenz, sonst ist sie gar nicht definiert.

Wir hatten gesehen, dass die Entropie eines Speichers kein Maß sein kann für seinen Informationsinhalt. Ebenso wenig kann man von der Ordnung eines Speichers sprechen. Ein Speicher wird beim Aufnehmen einer Nachricht geordnet in Bezug auf die Außenwelt, eine Ordnung in sich selbst besitzt er nicht.

Information und Informationsdichte

In Diskussionen über die Informationstheorie wird oft die Frage nach der »Bedeutung« der Information gestellt. Weil auf den ersten Blick »Bedeutung« aber keine Größe der Naturwissenschaft ist und, wenn man bei der Shannonschen Definition bleibt, auch nicht auf den zweiten, so bleiben viele an sich interessante Überlegungen regelmäßig an diesem Punkt hängen und sterben dann qualvoll. »π« und »der Algorithmus, mit dem ich π berechnen kann« haben in der Shannonschen Definition nun einmal einen ganz verschiedenen, aber jeweils eindeutigen Informationsgehalt, einmal sind es zehn Bits in etwa, das andere Mal mehrere hundert oder tausend Bits. Aber beide Mal hat die

Nachricht die gleiche Bedeutung. Verständlicherweise stört das manchen, und wenn viele Leute die klassische Definition der Information verbessern wollen, so haben sie das im Sinn: Sie wollen Information so definieren, dass nicht nur die Zahl der Bits gezählt wird, sondern auch Rücksicht genommen wird auf die Bedeutung der Nachricht.

Unsere Definition könnte auch hier einen Ausweg aus dem Dilemma weisen: Wenn Information verdichtet oder expandiert werden kann, so scheint es sinnvoll, zwei neue Variable zu definieren, die »effektive Information« und die »Informationsdichte«. Wir formulieren: »Die effektive Information einer Nachricht ist die Information der Nachricht (Zahl ihrer Bits), multipliziert mit ihrer Informationsdichte.«

In diesem Zusammenhang könnte man auch den Begriff der »effektiven Ordnung« einführen: Für jemanden, der den Inhalt eines Speichers lesen kann, ist dieser Speicher umso mehr »effektiv geordnet«, je höher die effektive Information des Speichers ist.

Eine Zwischenbemerkung sei mir gestattet:
Eine physikalische Informationstheorie täte gut daran, von einer Definition der Information auszugehen, die möglichst nahe an der klassischen Definition von Shannon liegt. Zum Beispiel die vorher erwähnte Definition:

Der Informationsgehalt einer Nachricht ist eine Zahl, welche gleich ist der minimalen Zahl von Bits, die der Beobachter benötigt, um die Information zu speichern.

Damit wäre die Information zu einer physikalischen Größe geworden, und das hätte sehr weit reichende Folgen. Denn dann unterliegt sie den Gesetzen der Physik, etwa denen der Thermodynamik. Für den Anfang also wäre bereits eine solch einfache Definition sicher sinnvoll. Letztlich aber will man ja auf das hinaus, was ich als »effektive Information« bezeichnet habe. Das wäre dann recht eigentlich die »Thermodynamik der Information«.

Nehmen wir an, wir hätten einen Speicher begrenzten Umfangs und irgendeinen Mechanismus allgemeinster Natur, welcher dahin wirkt, diesen Speicher zu ordnen. Solange der Speicher nicht voll ist, würde so ein Mechanismus sein Ziel verfolgen können, indem er ziemlich wahllos Informationen aus der Außenwelt in diesen Speicher schaufelt. Was aber, wenn der Speicher voll ist? Würde dann besagter Mechanismus damit beginnen, die Information zu verdichten, um weiterhin zusätzliche Information im Speicher unterbringen zu können? Würde er also nach dem vollständigen Ordnen aller Bits damit beginnen, die effektive Ordnung zu erhöhen?

Ich habe auf den letzten zwei Seiten versucht, ein paar Skizzen zu entwerfen, ein paar Fragen zu stellen, nicht mehr als das. Wie die Thermodynamik der Information tatsächlich aussehen wird, das kann heute noch niemand sagen. Man kann aber sagen, dass wir eine solche Thermodynamik der Information dringend brauchen, denn das Informationszeitalter nur in der Metaphysik gründen zu lassen ist gefährlich. Wie gefährlich, das werden wir im Kapitel über die Computerpäpste noch sehen.

WAS IST LEBEN?

Wir haben von dem ganz erstaunlichen Wissen der Biologen und Chemiker gesprochen, die nicht nur die vielen komplizierten Prozesse des Lebens in allen Einzelheiten kennen, sondern sogar rekonstruieren können, wie das Leben einst aus dem Unbelebten entstand. Es hat alles seine Richtigkeit, geht mit natürlichen Dingen zu, man kann es alles an die Tafel schreiben, oft auf viele Stellen hinter dem Komma genau.[35] Dies zu wissen ist viel. Aber wissen Biologie und Chemie deshalb, was Leben ist? Das ist weniger klar – wie wir im Kapitel über die Biowissenschaften schon gesehen haben. Wie wenig, das zeigen die immer neuen Versuche, es doch noch zu formulieren. »Leben ist ein komplexes System«, sagen manche, und irgendwie haben sie Recht. Andere fügen hinzu, es sei ein »Zustand fern vom Gleichgewicht« oder nennen es einen »Seltsamen Attraktor«, welcher »emergiert«, indem er zu einer neuen »Stufe« übergehe, und das mag schon sein. Die Liste ließe sich verlängern und zeigt gerade wegen ihrer Reichhaltigkeit doch recht deutlich, dass dies zwar alles gut und schön, aber noch nicht hinreichend ist.

Vielleicht müsste man das Wissen der Physik hinzufügen? Vielleicht ist das Wissen der Biologie zwar eine notwendige Voraussetzung für das Verständnis des Lebens, aber keine hinreichende?

Mancher wird diese Vorstellung seltsam finden, denn die Physik ist doch für die Kondensatoren zuständig, für Volt und

---

[35] In diesem Kapitel bedeutet »Leben« immer »organisches Leben«.

Ampere und für die Atome, aber doch nicht für das Leben? Im Lexikon steht, Physik sei »die Wissenschaft von der unbelebten Materie«. Wenn die Vorstellung, die Physik solle sich mit dem Leben beschäftigen, seltsam anmutet, so sagt das aber weniger über die Physik aus, sondern eher etwas über den Zustand unserer Zeit, denn über die Jahrtausende hinweg stand die Frage nach dem Leben im Zentrum der Physik.

Wir müssen nicht schon wieder bis zu den Hebräern und Griechen zurückgehen. Bleiben wir beim Volt, einer Erfindung des Alessandro Giuseppe Antonio Anastasio Graf Volta, 1745 bis 1827, einem Kind der Aufklärung also, der Froschbeine mittels elektrischer Stöße zum Zucken brachte und sich wunderte: Wird also der Körper des Frosches, dann vielleicht sogar der Körper des Menschen, durch Spannungssignale gesteuert?

Wir sprachen von Energie, der »Erfinder« der Energie, Julius Robert von Mayer, 1814 bis 1878, war Arzt. Er hatte auf einer Reise in die Tropen die Funktion des menschlichen Körpers studiert. Von daher kommt der Energiebegriff eigentlich. Wenn der Mensch sich in den Tropen aufhält, gibt es weniger Unterschiede zwischen seinem venösen und arteriellen Blut, fand Mayer heraus. Hängt das mit der erhöhten Lufttemperatur zusammen? In Europa muss der Körper ja ständig Verbrennungsarbeit leisten, um eine Körpertemperatur von 37 Grad zu halten, aber in den Tropen herrschen sowieso immer 37 Grad, verändert das den »Energiehaushalt« des Menschen? Aber was ist das genau: »Energie«? Mayer hat die Frage zu Ende gedacht und damit den Begriff der Energie als physikalische Größe begründet, so wie Newton den des Impulses.

Der Begriff der Energie stammt also von einem Mediziner, nicht von einem Physiker. Bis zu Robert Mayers Entdeckung gab es den Begriff der Energie nicht in der Physik. Bereits zu Zeiten Mayers scheint so viel Interdisziplinarität nicht mehr zeitgemäß gewesen zu sein, Mayer landete im Irrenhaus. Und die letzten Spuren jener jahrtausendealten Zusammenarbeit verlieren sich im Jahre 1943, als der große Physiker Schrödinger, Erfinder gleichnamiger Gleichung, das Buch schrieb »Was ist Leben?«. In Irland schrieb er das, wohin er 1938 verzogen war, meine Bücher sagen nicht warum, vielleicht wegen der besseren Luft.

Der Einzelne soll nicht zu heftig anschwimmen gegen den Strom der Zeit. Allerdings sollen wir aus der Geschichte lernen, das sagen doch alle, das ist erlaubt. Und wenn man mit Geschichte nicht die letzten dreißig Jahre meint, sondern die letzten dreitausend, so schwimmt man ja gar nicht gegen den Strom, sondern eher mit ihm, wenn man versucht, das Wissen der Physik auf die Frage nach dem Leben anzuwenden.

Man beginnt mit einer Sichtung der existierenden Modelle vom Leben und stellt eine Gemeinsamkeit fest: Sie befassen sich allesamt mit dem Lebewesen selbst, mit seiner Komplexität – was auch immer das sein mag –, seinem Stoffwechsel, seiner Reproduktionsfähigkeit. Sie beschreiben die Eigenschaften des Lebewesens, nicht die der Welt. Sie stellen das Lebewesen der Welt gegenüber.

In der Mathematik geht so etwas schief, das haben wir gesehen. In der Physik auch: Selbst Begriffe wie »Ordnung« oder »Unordnung« bekommen überhaupt erst Sinn in Bezug auf etwas anderes. Wie wäre es deshalb, wenn man versuchte, das Leben nicht allein mit den Eigenschaften des Lebewesens zu erklären, sondern seinen Bezug zur, seine Wirkung auf die Umwelt zu berücksichtigen. Etwa so:

Leben ist ein autonomer Kreisprozess.

Ein Vorgang heißt Kreisprozess, wenn zwar etwas geschieht, möglicherweise etwas sehr Kompliziertes, wenn aber am Ende trotzdem wieder alles so ist wie am Anfang. Sodass der gleiche Vorgang genau so wieder aufs Neue geschieht. Ein Motor beispielsweise stellt auch einen Kreisprozess dar. Er saugt Benzin an, zündet es, sein Kolben wird mit Gewalt hinuntergedrückt und leistet Arbeit, dann werden die Abgase der Verbrennung in den Auspuff geleitet. Nun ist der Motor genau wie vorher. Er saugt aufs Neue Benzin an und so weiter. Hat das einmal funktioniert, so funktioniert es immer wieder. Ein Motor läuft deshalb immerzu weiter, weil er die Entropie des Universums erhöht. Wo auch immer die Natur die Möglichkeit zur Entropieerhöhung hat, macht sie davon Gebrauch. Ein Motor hat keine Wahl, er kann nicht nicht laufen, er läuft zwangsläufig, er ist ein spontaner Prozess. Er läuft ganz von allein.

Der Motor ist aber nur spontan, solange er nicht kaputt geht oder ihm das Benzin ausgeht. Dann bleibt er stehen und springt ohne unsere Hilfe nie mehr an. Er hat keinerlei Autonomie. Das unterscheidet ihm vom Leben. Aber auch die Autonomie des Lebens ist nicht unbeschränkt, das Leben hängt von der Strahlung der Sonne ab. Schaltet man die Sonne aus, so wird der Lebenskreisprozess auf der Erde unterbrochen.

Aber nur dann, sonst nicht. Das Leben ist weder durch Atombomben noch durch Umweltverschmutzung anzuhalten, durch derartige Katastrophen wird nur die Artenvielfalt reduziert. Das Leben selbst ist, solange die Sonnenstrahlung anhält, unzerstörbar. Es ist ewig, in dem Sinne jedenfalls, dass es ewig wäre, wenn die Sonne ewig schiene. Das Leben kennt den Tod nicht. Der individuelle Tod ist ein sehr trickreicher Kunstgriff der Evolution, welcher hilft, die Entwicklung höherer Lebewesen zu beschleunigen; sehr einfache Lebewesen kennen den individuellen altersbedingten Tod nicht.

Die unbrechbare Kraft, die das Leben vorantreibt, ist also eigentlich gar keine Kraft, sie ist das gleiche, was einen Automotor am Laufen hält oder sonst einen Kreisprozess: Es ist die durch den Kreisprozess ständig bewirkte Erhöhung der Entropie des Universums. Eine große Zahl ist größer als eine kleine, das ist alles.

DER KREISPROZESS ORDNET DIE WELT

Und diese Sicht vom Leben als autonomem Kreisprozess berücksichtigt nun auch das Verhältnis des Lebewesens zu seiner Umwelt. Denn das Entscheidende am Kreisprozess ist nicht, wie er genau abläuft – Benzinmotor, Elektromotor, Ameise, Bakterium sind ganz verschieden –, sondern wie er auf seine Umgebung wirkt, wie er mit ihr wechselwirkt. Er ordnet seine Umgebung, führt Zustände hoher Entropie über in solche niedriger Entropie; dabei strahlt er Wärme ab und erhöht die Entropie des Universums.

Ein Lebewesen ordnet die Moleküle (und gegebenenfalls die Photonen) seiner Umgebung. Nahrungsmoleküle werden mit Sauerstoff verbunden, also oxidiert. Dabei wird Energie frei, welche teilweise direkt, teilweise über Umwege als Wärmeenergie abgestrahlt wird. Zurück bleiben Stoffverbindungen niedriger Energie, niedriger Entropie: Wenn ein Atom oder ein Molekül, das eine thermische Energie von $\frac{1}{2}$ k × T besitzt, sich mit einem anderen Atom oder Molekül verbindet, welches auch eine thermische Energie von $\frac{1}{2}$ k × T hat, so wird das aus dieser Verbindung resultierende Molekül auch wieder eine thermische Energie von genau $\frac{1}{2}$ k × T besitzen. Denn jedes Atom, jedes Molekül, hat immer eine Wärmeenergie von $\frac{1}{2}$ k × T, egal wie groß oder klein es ist. Der Unterschied zwischen zweimal der Energie $\frac{1}{2}$ k × T für die beiden getrennten Teilchen und einmal $\frac{1}{2}$ k × T für das Endresultat der Reaktion muss abgestrahlt werden[36], die Entropie der vorher freien, nun aber gebundenen Teilchen erniedrigt sich.

Dieses Absenken der lokalen Entropie ist keineswegs ver-

---

[36] Es kann auch mehr Energie abgestrahlt werden als $\frac{1}{2}$ k × T, wenn sich zwei Atome oder Moleküle verbinden. Aber weniger als $\frac{1}{2}$ k × T dürfen zwei sich vereinigende Atome nicht abgeben, sonst zerbräche ihre Verbindung sofort wieder. Aufgrund ihrer eigenen Wärmebewegung.

wunderlich. Ein geschlossenes System kann seine Entropie überhaupt nur erhöhen, wenn es sie in einem offenen Teilsystem absenkt. Rechnerisch ist es gar nicht anders möglich: Ein kalter Stein kann sich nur deshalb erwärmen, weil ein bei ihm liegender heißer Stein sich abkühlt.

Indem das Leben die Moleküle seiner Umgebung ordnet, erhöht es durch die abgestrahlte Wärme die Entropie des Universums um mehr, als es die Entropie seiner Umgebung erniedrigt. Wenn es uns also gelegentlich so vorkommt, als lebten wir nicht, um zu essen, sondern äßen, um zu leben, so ist dies – aus rein thermodynamischer Sicht – ein Irrtum. Aus thermodynamischer Sicht leben wir, um zu essen, denn damit erhöhen wir die Entropie des Universums. Darum leben wir, ganz spontan. Und diese unbefangene Spontaneität kommt daher, dass große Zahlen größer sind als kleine.

Aus diesem Blickwinkel erscheint die Kompliziertheit des Lebens als Mittel zum Zweck. Das Leben lebt nicht deshalb, weil es so kompliziert ist, sondern es ist so kompliziert, weil es lebt. Genauer, weil es autonom ist. Ein Kreisprozess wird umso komplizierter, je höher seine Autonomie sein soll.

Lassen Sie uns ein Gedankenexperiment durchführen: Wir versuchen, einem Automotor so viel Autonomie zu geben wie nur irgend möglich. Wie tun wir das? Zuerst einmal muss das Auto allein für sich fahren können. Dazu bauen wir eine Videokamera ein, die verbinden wir mit einem Computer und installieren die entsprechende Software. Ein wenig so, wie jene Fahrzeuge, welche zur Erkundung der Marsoberfläche benutzt wurden. Nur sehr viel besser. Damit kann das Auto nun die Straße »erkennen« und losfahren. Darüber hinaus braucht es aber noch einen Arm, mit dem es selbst tanken kann: Tankdeckel aufmachen, Benzin einfüllen und so weiter. Das muss alles eingebaut werden. Es braucht eine eingebaute Kasse, aus der es das Benzin bezahlt, und es muss sich selbst reparieren können, Roststellen ausbessern, neue Scheiben einsetzen, gegebenenfalls. Alles, theoretisch gesehen, technisch machbar. Aber Sie sehen: Je mehr Autonomie das Auto hat, umso komplizierter wird es.

Und das ist der Grund, warum die lebenden Organismen so kompliziert sind, es ist eine Folge ihrer Autonomie. Aber die Kompliziertheit allein erklärt das Leben nicht; man könnte ja ein beliebig kompliziertes System zusammenschrauben, das aber nicht im Geringsten lebt.

Das Zweite Gesetz ist es, was den Kreisprozess vorantreibt, ihn spontan und natürlich macht. Denn große Zahlen sind größer als kleine.

Die Ordnung, welche das Leben in seiner Umgebung schafft, ist das Kennzeichen des Lebens.

WAS IST DENKEN?

Die im Zweiten thermodynamischen Gesetz auftretende Größe »Entropie« wird durch die Boltzmann-Formel vollständig definiert: Die Entropie eines Systems ist gegeben durch die Zahl seiner möglichen Zustände. Über die Natur dieser Zustände wird keinerlei Aussage gemacht.

Ob man die Zahl der Freiheitsgrade eines Systems reduziert, indem man zwei Atome zu einem Molekül zusammenfügt und dabei mindestens die Energie $1/2$ k × T abstrahlt, dissipiert. Oder ob man unter $1/2$ k × T Energiedissipation ein Bit ordnet: Das ist für die Boltzmann-Formel ununterscheidbar. So oder so wird ein Freiheitsgrad »eingefroren«, die Zahl der möglichen Zustände reduziert, dazu muss $1/2$ k × T Energie abgestrahlt werden. Das ist alles, worauf die Boltzmann-Formel und das Zweite thermodynamische Gesetz Wert legen.

Das organische Leben ordnet die Moleküle und Atome seiner Umgebung.[37] Denn indem es seine Umgebung ordnet, erhöht es die Unordnung des Universums, weil es Wärme in das Universum abstrahlt. Und deswegen, so hatten wir ausgeführt, ist das organische Leben ein spontaner Prozess. Kann er ablaufen, so tut er das auch.

Sobald ein Lebewesen ein Gehirn ausgebildet hat, das nicht von Geburt an vollständig »vorprogrammiert« ist, sondern das

---

[37] Bei Pflanzen muss man auch noch die Photonen berücksichtigen, die Teilchen, aus denen das Licht besteht, von dem die Pflanzen ihre Energie beziehen.

über eine gewisse Anzahl frei schaltbarer Bits[38] verfügt, die sich ordnen lassen, beginnt das Zweite Gesetz, diese zu ordnen. Weil die Boltzmann-Formel keinen Unterschied kennt zwischen dem Ordnen von Atomen und dem Ordnen von Bits.

So wie ein Lebewesen die Atome seiner Umgebung ordnet und dabei Wärme abstrahlt, so ordnet das Gehirn seine Bits und strahlt dabei Wärme ab. Beide Vorgänge werden von genau der gleichen »Kraft« getrieben, die allerdings gar keine wirkliche Kraft ist, sondern eine Folge des Zählens.

Ordnung, so hatten wir gesagt, braucht eine Referenz. Bei den Atomen liegt diese Referenz in ihnen selbst. Der Chemiker sagt: »Diese Atome sind auf genau diese Weise zu einem Molekül angeordnet.« Die Art ihrer Elektronenhüllen bestimmt, auf welche Weise sie sich ordnen, wann sie geordnet sind. Man kann deshalb ihr Geordnetsein feststellen, ohne Bezug nehmen zu müssen auf irgendetwas außerhalb. Wenn sich etwa Kohlenstoff- und Sauerstoffatome miteinander verbinden, so kann man ihre Energie, also ihre Entropie, vor der Reaktion messen und nach der Reaktion. Es handelt sich um eindeutig messbare physikalische Größen. Man kann ihre Ordnung vergleichen vor der Reaktion und nach der Reaktion. Das geht auf eindeutige Weise.

Bei einem Bit hingegen lässt sich nicht aus irgendeiner Eigenschaft des Bits selbst, und noch nicht einmal aus den Eigenschaften des Speichers schließen, das Bit sei geordnet. Die Entropie eines Speichers vor der Aufnahme von Information ist die gleiche wie danach. Der Zustand eines Speichers kann nur geordnet sein in Hinblick, in Referenz auf die Außenwelt.

Das spontane Sich-Ordnen des Gehirns besteht also in einer

---

[38] Das Gehirn arbeitet nicht ausschließlich digital. Man nimmt aber heute an, dass sich alle Vorgänge auch in digitaler Form repräsentieren lassen, es lassen sich also auch die analog ablaufenden Vorgänge im Gehirn durch ein digitales Modell repräsentieren.

Aufnahme von Information aus der Außenwelt, und darin, diese Information zu verarbeiten. Denn wir hatten ausgeführt, dass jegliche Informationsaufnahme auch einen Prozess der Informationsverarbeitung darstellt. Das spontane Aufnehmen von Information aus der Außenwelt und das Verarbeiten dieser Information ist aber wohl das, was man »Denken« nennt. (Falls jemand glaubt, das Denken habe auch eine übernatürliche Komponente, so wäre das Aufnehmen und Verarbeiten von Information aus der Außenwelt jedenfalls der natürliche Teil des Denkens.)

So wie das organische Leben Ordnung schafft, so tut dies auch das Denken. So wie das organische Leben die Atome seiner Umgebung ordnet, ordnet das Denken seinen Zustand, also den Schaltzustand seiner Bits. Und zwar ordnet es diese in Bezug auf die Umgebung, die Außenwelt. Nur dieses In-Bezug-Setzen zur Außenwelt ist ein notwendig dissipativer Prozess, der spontan und natürlich abläuft.

ZUR EVOLUTIONSBIOLOGIE DES DENKENS

Verglichen etwa mit einem Computer, sind die Schaltzeiten des Gehirns sehr langsam. Wir können lediglich etwa zehn oder zwanzig Bits pro Sekunde in unser Bewusstsein aufnehmen. Auch die Speicherkapazität des Gehirns ist begrenzt. Diese Beschränkungen könnten für die Herausbildung unseres Geistes aber durchaus ein Vorteil gewesen sein.

Die 10^7 Bits an Information, die das Auge schätzungsweise pro Sekunde aufnimmt, müssen also mit Hilfe der residenten Information auf zehn bis zwanzig Bits pro Sekunde kondensiert werden. Offensichtlich sind hier extrem leistungsfähige Informations-Kondensationsmechanismen am Werk, welche das Nervensystem eben gerade wegen seiner begrenzten Schaltgeschwindigkeit hat ausbilden müssen.

Und diese Verdichtung bezieht sich keineswegs nur auf die gerade hereinkommende Information, sondern auch auf die auf dieser beruhenden residenten Information. Ein Steinzeitjäger hätte sich jedes Mal, wenn er zufällig auf Beute stieß, die Situation möglichst fotografisch genau merken können. Um dann, wenn er hungrig wird, umherzuziehen auf der Suche nach einer Situation, die einer der gemerkten Episoden ähnelt. Also Beute verspricht. Dazu hätte er sich aber sehr viel Information merken müssen. Und außerdem hätte so ein Jäger keine wirkliche Lernfähigkeit. Sicherlich war es vorteilhafter für das Überleben, die Information zu reduzieren auf das Wesentliche. Das ist gleichbedeutend damit, die Gemeinsamkeiten der Episoden, also die Gemeinsamkeiten in den abgespeicherten Bitmustern, zu finden. Also eine den verschiedenen Bitmustern zugrunde liegende, hinter diesen stehende Ordnung aufzufinden. Etwa so: Beute findet sich am besten, wo Wasser ist, wo es Gras gibt, wenn man gegen den Wind anschleicht, möglichst morgens oder abends. Dieses kondensierte Wissen kann das Gehirn nur erlangen, wenn es in der Lage ist, Vergleiche zwischen den Einzelinformationen anzustellen, also gemeinsame Ordnungsmuster zu finden.

Die thermodynamische Erklärung des Denkens steht also nicht in Widerspruch zu evolutionsbiologischen Denkweisen. Womit ich allerdings nicht sagen will, das Denken sei einfach nur als Resultat der Evolution zu sehen. Denn das hieße, Ursache und Wirkung zu verwechseln: Die Thermodynamik ist nicht eine Manifestation der Evolution, sondern die Evolution eine Manifestation der Thermodynamik.

GEISTIGES LEBEN

Unter rein thermodynamischen Gesichtspunkten ist das Denken eine eigene Lebensform. So wie das organische Leben die Atome seiner Umgebung ordnet, so ordnet das geistige Leben seinen Zustand in Referenz zur Außenwelt, zur Wirklichkeit. Und beide Mal ist der Grund für das Entstehen dieser Ordnung der gleiche: Das Ausbilden einer lokalen Ordnung geht einher mit einer Entropieerhöhung des Universums. Deshalb handelt es sich um spontane und natürliche Prozesse.

An dieser Stelle sieht man auch sehr schön, worin die Bedeutung der Thermodynamik für das Verständnis des Denkens besteht: Die Informationstheorie kennt keine Dynamik. Egal, ob wir die Schaltkreise eines Computers auf ein Blatt Papier zeichnen oder die genaue Struktur aller Verschaltungen im Gehirn, da ist keine Dynamik, nirgends. Die Dynamik des Denkens entsteht an der Berührungsstelle zwischen Physik und Informationstheorie: Weil Informationsaufnahme ein dissipativer Prozess ist, läuft sie spontan ab, und deshalb ist das geistige Leben eine eigene Lebensform.

Das ist keine Neuigkeit, die Sprache hat das schon längst gewusst, sie kennt seit jeher den Begriff »Geistesleben«. Aber es ist gut zu sehen, warum es so ist, dass es sich hier nicht um eine Metapher handelt, sondern dass es wortwörtlich so zu verstehen ist. Es ist wissenschaftlich korrekt und unvermeidlich, das Denken als eigene Lebensform anzusehen. Wobei natürlich die Lebensform des geistigen Lebens einen »Wirt-Kreisprozess« benötigt, das organische Leben. Das geistige Leben ist Teil des im organischen Leben realisierten autonomen Kreisprozesses. Denn ob das ATP[39] eine Energieportion an eine Muskelzelle abgibt oder an eine Nervenzelle, kann die Boltzmann-Formel nicht unterscheiden.

[39] Der Molekülkomplex, welcher im Körper die Energie zu den einzelnen Zellen transportiert.

SPEZIES UND INDIVIDUUM

Vordergründig bezieht sich, was auf den letzten Seiten über das geistige Leben gesagt wurde, auf das Gehirn als Spezies betrachtet. Denn ganz offensichtlich sind zum Beispiel diese geradezu unvorstellbar starken Informationsverdichtungsmechanismen des Gehirns das Produkt einer Jahrmillionen währenden Entwicklung und könnten sich nicht im kurzen Leben eines genetisch sehr stark vorprogrammierten Individuums spontan ausbilden. Aber anstatt zu sagen, »im Verlaufe von Jahrmillionen«, könnten wir ebenso gut formulieren: »im Kommen und Gehen tausender Menschengenerationen«. Jeder, wenn auch noch so winzige Schritt, den sich das Gehirn spontan weiter entwickelt hat, fand ja in einer dieser Generationen statt, in bestimmten Individuen. Die »Kraft«, die das Gehirn – als Spezies gesehen – geordnet hat, wirkt also ebenfalls in jedem Individuum.

Das sieht man besonders stark in Hinsicht auf die kulturelle Evolution des Menschen. Während die Bauweise von Gehirn und Nervensystem sich in den letzten fünfzigtausend Jahren kaum geändert hat, ist das Gehirn heute in der Lage, vieles zu denken, was es vor fünfzigtausend Jahren nicht denken konnte. Und ausnahmslos jeder dieser irgendwann undenkbar gewesenen Gedanken wurde irgendwann zum ersten Mal von einem Individuum gedacht oder auch von mehreren zur etwa gleichen Zeit, jedenfalls aber von Individuen ins Werk gesetzt. Insofern ist also das, was das Gehirn als Spezies immer höher entwickelt, vermutlich identisch mit dem, was das Individuum zum Denken befähigt.

COMPUTER DENKEN?

Wir hatten gesagt: »Wenn das Zweite Gesetz im Gehirn auf Schaltzustände trifft, die es ordnen kann, so tut es das ganz zwangsläufig.« Lieber würde man sagen: »Wir haben eindeutig nachgewiesen, dass es tatsächlich im Gehirn Schaltzustände gibt, so und so sehen sie aus, welche das Zweite Gesetz ordnen kann.« Für eine solche Aussage aber reicht unser Wissen über das Gehirn vermutlich nicht aus. Darauf wollen wir später zurückkommen. Über die dynamischen Strukturen des Gehirns scheint sehr wenig bekannt zu sein. Die logische Struktur unserer Aussage ist also die: »Unter einer einfachen Annahme, dass es Schaltzustände gibt, die sich ordnen können, ergibt sich das Denken als spontaner und natürlicher Prozess«, und weil wir ja offensichtlich denken, so ist dies bereits eine ziemlich signifikante Aussage.[40]

Beim Computer ist unser Wissen unvergleichlich größer. Die Funktion des Computers ist vollständig bekannt. Sie können mit einem Computer Milliarden von Zahlen rechnen, Milliarden von Bits hin und her schieben, dabei jedes dieser Bits auf seinem Weg durch den Computer Millimeter für Millimeter verfolgen. Und am Schluss der Rechnung kommt immer das Gleiche heraus. Keine der im Computer vorkommenden Funktionen erlaubt ein spontanes Ordnen seiner Bits. Computer können mittels Zufallsgeneratoren oder irgendwelcher chaotischer Prozesse ihre Bits »selbstständig« schalten, aber nicht ordnen. Das wissen wir mit völliger Sicherheit.

Dabei ist es übrigens genau dieser Unterschied zwischen »schalten« und »ordnen«, der sich ohne die Mittel der Physik nicht formulieren lässt und welcher in der klassischen Informationstheorie Shannons gar nicht vorgesehen ist.

Ein Bit wird lediglich geschaltet, wenn es entweder zufällig

---

[40] Und eigentlich ist diese einfache Annahme sogar eine nahezu zwingende Annahme. Denn weil das Zweite Gesetz auf dem Zählen von Zahlen beruht, dieses aber durch die so genannten Axiome von Peano eindeutig festgelegt ist, so gibt es zum Zweiten Gesetz keine Alternativen. Es dürfte also zu einer auf dem Zweiten Gesetz beruhenden Erklärung des Denkens, welches ja zweifelsfrei existiert, kaum Erklärungsalternativen geben.

geschaltet wird oder ohne Korrelation zur Außenwelt; das ist ein Prozess, der im Prinzip ohne jegliche Energiedissipation vonstatten gehen kann. Geordnet wird ein Bit, wenn über eine Messanordnung eine Korrelation mit der Außenwelt hergestellt wird, dies ist ein Prozess, der prinzipiell nicht möglich ist ohne die Dissipation von zumindest $1/2$ k × T Energie.

Ein Prozess, der die Bits eines Computer spontan ordnet, existiert im Computer nicht. Es gibt im Computer nirgends etwas, das diesem erlaubt, auch nur ein einziges seiner Bits spontan zu ordnen. Selbst die größten Rechner haben deshalb noch nie auch nur ein einziges ihrer Bits spontan geordnet. Deshalb denken Computer nicht, und sie können es nicht einmal versuchen. Das ist keine Frage der Kompliziertheit. Auch wenn man tausende Computer miteinander verschaltet, ergibt sich immer noch kein Denken. Weil sich auch dann noch kein Prozess findet, welcher den Speicher des Computers spontan zu ordnen beginnen könnte.

Diese Begrenzung des Computers kann man auch nicht durch noch so raffinierte Programme beheben. Denn hier liegt eindeutig ein Problem in der Hardware vor, würde der Computerexperte formulieren, nicht eines der Software. Schärfer formuliert: Die Frage ist keineswegs: »Wie kann ich das Denken programmieren?«, sondern ganz im Gegenteil, die entscheidende Frage lautet: »Wie kann ich es nicht-programmieren?« Es muss spontan geschehen, natürlich: Erst korreliert sich ein Bit mit der Welt, dann zwei, dann vier, dann tausend, dann der Speicher. Die Ordnung wächst an, immer mehr. Ganz von allein. Das führt dann zum Denken.

Beispiele
Und dieses »sich ordnen, ganz von allein« ist, was der Computer nicht kann. Zur Veranschaulichung kann man darauf verweisen, dass sich jede Funktion eines Computers im Prinzip durch ein mechanisches Modell beschreiben lässt. In der Tat war der erste

Entwurf eines Computers ein mechanisches Modell, das aus Zahnrädern und Hebeln bestand. Noch bis vor etwa dreißig Jahren gab es ja auch jene mechanischen Rechenmaschinen aus Metall, sie wogen so um die zwanzig Kilo, mit denen man Zahlen addieren und multiplizieren konnte. Man musste eine Zahl einstellen durch Drehen von Zahnrädern, so ähnlich wie bei einem Zahlenschloss fürs Fahrrad, und dann wurde an einer recht schwergängigen Kurbel so und so oft gedreht. Man könnte im Prinzip jeden existierenden Computer als mechanisches Modell ausführen, nur würde das viel zu groß und zu teuer werden, ein solcher Computer brauchte zu viel Platz, würde zu seinem Betrieb Unmengen Energie verbrauchen, ständig wär irgendwo irgendwas kaputt. Es käme deshalb kein Mensch mehr auf die Idee, einen solchen mechanischen Computer wirklich zu bauen. Aber simulieren könnte man einen solchen Computer mit all seinen Zahnrädern und Hebeln schon. Und der echte Computer hätte keine Eigenschaften, welche der simulierte nicht hat. Und es sollte anschaulich klar sein, dass eine solche Ansammlung von Zahnrädern, wie groß sie auch sein mag, nicht denkt.

Möglicherweise wird man irgendwann die Verschaltung des Gehirns kennen. Dann wird man mit Sicherheit dieses Schema im Computer simulieren können. Und ebenso sicher wird man diese Simulation ihrerseits durch eine Anordnung von Zahnrädern vollständig simulieren können. Deswegen denkt der Computer, der diese Simulation ausführt, immer noch nicht.

Dieser Mangel kann auch durch noch so raffinierte Programme nicht wettgemacht werden. Auch nicht durch das Simulieren neuronaler Netze, denn eine solche Simulation ist ja selbst ein Programm. Sondern ganz im Gegenteil: Das Besondere am Denken ist gerade, dass es kein Quellprogramm für es gab. Es entstand aus dem Nichts.

Wer einen denkenden Computer bauen will, steht keineswegs vor dem Problem, wie er ihn programmieren soll, sondern vor dem Problem, wie er es vermeiden kann, ihn programmieren zu müssen.

VOLLSTÄNDIGER TURING-TEST

Nun versteht man auch, was am Turing-Test falsch ist, er ist unvollständig. Ein vollständiger Turing-Test geht so: Wenn Sie als Testperson den Eindruck bekommen haben, am anderen Ende der Datenleitung säße ein Mensch, so erheben Sie sich vom Computerterminal und gehen weg. Von diesem Zeitpunkt an ist kein äußerer Eingriff mehr erlaubt. Sie dürfen sich natürlich mit Ihresgleichen unterhalten und austauschen. Und Ihr Gesprächspartner darf sich ebenfalls mit seinesgleichen austauschen, wer immer das sein mag. Aber im recht eigentlichen Sinn sind äußere Eingriffe nun nicht mehr erlaubt, nur mit der einzigen Ausnahme, dass auch weiterhin die warme Sonne auf Sie scheint und Sie scheinen hinaus ins kalte Universum. Nach hunderttausend Jahren kehren Sie an das Terminal zurück (dass Sie im Besitz eines anderen Reisepasses sein werden, ist für unser Experiment irrelevant) und nehmen die Unterhaltung wieder auf. Wenn Ihr Gesprächspartner die gleiche Art von Unterhaltung führen will wie vor hundertausend Jahren, so ist es ein Computer. Er denkt nicht, er hat nur so getan. Und die Simulation des Denkens ist eben nicht das Gleiche wie das Denken.

Wenn Sie nicht so lange warten wollen, schicken Sie den Computer stattdessen ein paar hunderttausend Jahre zurück in die Vergangenheit, mittels einer Zeitmaschine. In die Zeit, in der sich das, was später zum menschlichen Gehirn wurde, aus dem Nichts formte. Damit gleiche Ausgangsbedingungen herrschen, wird der Speicher des Computers natürlich gelöscht. Und nun warten Sie, bis er bei Ihnen in der Gegenwart ankommt. Wird er denken?

Falls Sie gerade keine Zeitmaschine zur Hand haben, können Sie Ihren Computer auch so verwenden, wie er ist. Denn die Erde und somit das menschliche Gehirn hätten sich ja genauso gut ein paar hunderttausend Jahre früher oder später bilden können. Löschen Sie also Ihren Computer. Und warten ab, dass er das Denken beginnt. Er kann nicht, kann es nicht einmal versuchen.

Wir sind aus dem Nichts gekommen – oder, wenn das Ihren religiösen Vorstellungen mehr entspricht, »gekommen worden« –, in Milliarden von kleinen Schritten, von denen jeder irgendwann von einem einzelnen Menschen oder von einigen Menschen ausgeführt wurde. Und jedes Mal hat unser Geist ein winziges bisschen mehr aufgenommen von dem, was außer uns ist. Niemals hat ein Computer auch nur einen einzigen solchen Schritt bewerkstelligt. Er kann nicht. Er kann über raffinierte Programme und riesige Speicher eine Momentaufnahme des von uns Erreichten wiedergeben, so wie eine Fotografie. Aber das ist kein geistiges Leben, sondern nur eine Fotografie davon, ein totes Abbild.

Ähnlich wie die denkenden Zahnräder ist auch der erweiterte Turing-Test wiederum nur ein Plausibilitätsargument, kein Beweis. Der Beweis, dass Computer nicht denken können, steckt im Computer selbst. Es gibt im Computer absolut nichts, was diesem erlauben würde, auch nur ein einziges seiner Bits spontan zu ordnen.

Wer glauben will, Computer könnten denken, kann ebenso gut davon überzeugt sein, es gebe Frauen, die nachts auf Besen durch die Luft reiten und in der Lage sind, Menschen in Frösche zu verwandeln. Und jahrhundertelang haben viele Menschen so etwas ja geglaubt. Auch hohe Würdenträger und Gelehrte, die jahrelang Theologie, Philosophie und römisches Recht studiert haben, haben es ganz sicher geglaubt. So sicher, dass man diese Hexen allen Ernstes verbrannt hat.

Auch der abscheuliche Aberglaube, Computer könnten denken, kann unmöglich folgenlos bleiben.

COMPUTERPÄPSTE

Das Denken geschieht ganz von allein, es ist ein spontaner, natürlicher Prozess, eine ganz besonders kostbare Form des Lebens, dessen Tätigkeit darin besteht, sich zu ordnen.

Computer können nicht denken, denn sie können sich nicht ordnen. Selbst die weitreichendsten Pläne für die nächste und übernächste Computergeneration beinhalten nichts, was diesen Sachverhalt ändern könnte. Der Computer denkt nicht und wird nie denken. Der Computer ist tot.

Es gibt Experten, die sehen das anders. Wenn einer durchaus nicht weiß, was das sei, »Leben« – es vielleicht gar nicht so genau wissen will –, so wird er auch das Denken nicht verstehen können. Er hat dann die Freiheit, über Leben und Denken zu irgendeiner beliebigen Ansicht zu gelangen, vielleicht gar zu einer, die seinen Zwecken nützt. Er mag etwa zu der Meinung kommen, Menschen seien eine Art große Würmer: »Für mich ist jeder Wurm wie eine kleine Person, wir sind auch nichts anderes als eine Ansammlung von Geweben«[41], und das, was der Mensch im Kopf habe, sei ein Computer.

---

[41] C. Kenyon, *Der Spiegel* 17/2000, S. 178. Kenyon gehört laut *Spiegel* zu den führenden Fachleuten auf dem Gebiet der Gentechnologie. Sie verspricht das ewige, zumindest aber das sehr stark verlängerte Leben.

NÜCHTERNE VORANKÜNDIGUNGEN

Dr. H. Moravec, Direktor des Mobile Robot Laboratory der Carnegie Mellon University, der »führende Vertreter der Robotik«[42], schreibt in seinem Buch »Computer übernehmen die Macht«: »… prognostiziere ich vier Generationen von Universalrobotern. Die erste verfügt über einen eidechsenartigen Raumsinn, die zweite gewinnt mäuseartige Anpassungsfähigkeiten hinzu, die dritte das Vorstellungsvermögen von Affen, die vierte die Denkfähigkeit von Menschen … Roboter der vierten Generation werden dem Menschen in ihrer Denkleistung überlegen sein. Ein Bruchteil ihrer Fähigkeit … wird sicherlich davon in Anspruch genommen sein, die Grenzen des menschlichen Verstandes zu erkunden, um sich in Sprache – und vielleicht auch Denken – auf diese Grenzen einzustellen, das heißt, um sich so zu verhalten, dass wir sie verstehen können … Wie beim Menschen bleibt das Bewusstsein auch beim Roboter nicht ohne Konsequenzen … Die Generation-IV-Roboter und ihre Nachfolger werden menschenähnliche Wahrnehmungs- und Bewegungsfähigkeiten besitzen und übermenschliche Denkfähigkeiten. Sie können uns bei jeder wichtigen Aufgabe ersetzen und menschliche Gesellschaften im Prinzip auch ohne uns am Leben erhalten.[43] Sie würden Unternehmen leiten, sich um die Forschung kümmern und die Produktion erledigen … Untereinander würden die Roboterindustrien einen gnadenlosen Wettbewerb um Rohstoffe, Energie und Räume austragen, mit dem Erfolg, dass diese Ressourcen bald viel zu teuer für den Menschen wären. In dem Augenblick, wo sich die biologischen Menschen die lebensnotwendigen Dinge nicht mehr leisten können, wäre ihnen jede Existenzgrundlage entzogen …«

---

[42] *Frankfurter Allgemeine Zeitung*, 26. Juli 2000, S. 53.
[43] H. Moravec, »Computer übernehmen die Macht«, Hamburg 1999, S. 194.

Diese Entwicklung führt laut Moravec zu den Exes, das sind robotische Wesen, die Nachfolger des Menschen: »Die Exes werden unendlich viel mehr geistige Arbeit für ihre Handlungen aufwenden, als wir intellektuell beschränkten Eingeborenen der Erde aufbieten können. Doch aus der Entfernung betrachtet, wird die Expansion der Exes in den Kosmos eine höchst materielle Angelegenheit sein, eine Wellenfront, die unbelebte Materie in Maschinen verwandelt … Die alten Körper individueller Exes, umgestaltet zu Matrizen des Cyberspace, werden sich zusammenschließen, und der Geist der Exes wird als reine Software in ihnen umherschweifen … Die Wellenfront der Exes mit ihren groben physischen Verwandlungsprozessen wird von einer rascheren Welle unmerklicher Cyberspace-Transformationen verdrängt, bis schließlich das Ganze zu einer Geistblase wird, die fast mit Lichtgeschwindigkeit expandiert … Auch die langweilige alte Erde wird plötzlich vom Cyberspace verschluckt werden. Danach wird ihre verwandelte Substanz unendlich viel mehr bedeutungsvolle Aktivität beherbergen als zuvor. Vielleicht wird das alte Leben fortdauern – in Simulationen, die nur einen winzigen Bruchteil der neuen Kapazität beanspruchen. Simulierte zahme Roboter werden simulierte biologische Menschen auf einer simulierten Erde verteidigen.«

Der Herr Direktor Moravec scheint von der Zukunft zu sprechen, aber in Wahrheit geht es ihm wohl eher um die Gegenwart, wenn er dann schlussfolgert: »Bei allen Dingen, die wir erleben – diesen Augenblick zum Beispiel oder Ihr ganzes Leben –, ist die Wahrscheinlichkeit weit größer, dass sie die Träumereien eines Geistes sind als die realen Prozesse, die sie zu sein scheinen.« Sie haben richtig verstanden, lieber Leser, Sie sind höchstwahrscheinlich die Träumerei eines Geistes. Laut Dr. Moravec, Carnegie Mellon University.

Ein weiterer Experte, Ray Kurzweil, Absolvent des Massachusetts Institute of Technology, behauptet: »In den nächsten Jahrzehnten werden Maschinen mit jeder beliebigen menschlichen

Fähigkeit gleichziehen und sie schließlich auch übertreffen, sogar unsere großartige Fähigkeit, in einer breiten Vielfalt von Zusammenhängen Ideen hervorzubringen … Wir haben uns daran gewöhnt, die Evolution als eine über Jahrmilliarden verlaufende Entwicklung anzusehen, die zwangsläufig in der Entstehung ihrer größten Errungenschaft gipfelte: in der menschlichen Intelligenz … Die Evolution ist eine hervorragende Programmiererin.«[44]

Wenn diese völlig unsinnige Annahme, die Evolution sei eine Programmiererin, zuträfe, so könnte auch der menschliche Programmierer eine Evolution der Computer hervorbringen, also selbst Evolution spielen. Er könnte das, was die natürliche Evolution hervorgebracht hat, ebenfalls leisten, nur besser. Das scheint mir jedenfalls die »Denkweise« hinter den wirren Vorstellungen Kurzweils zu sein. Er schließt also: »Maschinen werden uns davon überzeugen, dass sie über ein Bewusstsein und einen eigenen Willen verfügen, die unseren Respekt verdienen. Wir werden zur Überzeugung gelangen, dass sie im gleichen Maße bewusst denken, wie wir dies von Menschen glauben. … Sie werden menschliche Eigenschaften besitzen und für sich in Anspruch nehmen, dass sie menschlich sind. Und wir werden es ihnen glauben.«

Schon unsere Enkel werden auf ihre alten Tage bei weitem in der Minderheit sein, bereits für 2099 sagt Kurzweil voraus: »Intelligente Maschinen, die ausschließlich auf diesen erweiterten Modellen der menschlichen Existenz basieren, nehmen für sich in Anspruch, Menschen zu sein, ungeachtet der Tatsache, dass ihre Denkfunktionen nicht auf kohlewasserstoffbasierten Zellprozessen, sondern vielmehr auf deren elektronischen und photonischen ›Äquivalenten‹ beruhen … Die Zahl dieser ausschließlich softwareresidenten Menschen übertrifft bei weitem die derjenigen, die nach wie vor die traditionelle Neuronen/Zellen-basierte Verarbeitungsmethode benutzen.«

[44] R. Kurzweil: »Homo s@piens«, Köln 1999.

Was heißt »übertrifft bei weitem«? In Zahlen: 2099 werden laut Kurweil nicht einmal genug Menschen (er nennt sie »vorwiegend Originalsubstrat-Menschen«) übrig sein, um einen Konzertsaal zu füllen.[45] Wo sind die anderen geblieben? Im Cyperspace – früher hätte man vielleicht gesagt »Paradies« oder »Hölle«, je nachdem.

Bill Gates findet:»Ray Kurzweil legt eine faszinierende Analyse der menschlichen und künstlichen Intelligenz vor.« Und Hawking orakelt mal wieder:»Wenn die biologischen Systeme ihre Vorherrschaft über die elektronischen Systeme bewahren sollen, muss der Mensch auch seine eigene Komplexität steigern.«

Die *Frankfurter Allgemeine Zeitung* zitiert diese Experten natürlich nur, selbstverständlich, allerdings immer als glaubwürdige Quelle:»Am Ende dieses Jahrhunderts wird der Mensch seine Stellung als das intelligenteste und leistungsfähigste Wesen auf Erden verloren haben.« Und sie fährt fort in Bezug auf oben zitierten Moravec (den mit der Geistesblase):»Bereits in etwa dreißig Jahren würden die Fähigkeiten des Computers die des menschlichen Gehirns auf allen Gebieten übersteigen, die Vernetzung verschiedener Rechner werde die Simulation der intuitiven und kreativen Denkleistung von Tausenden menschlichen Gehirnen ermöglichen.«[46] Und bei anderer Gelegenheit, sich selbst bestätigend:»Von Hans Moravec stammen die wohl utopischsten und gleichzeitig einflussreichsten Forschungen zur Robotik. Diese ›Vorankündigung‹ einer Zukunftstechnologie ist ebenso phantastisch wie nüchtern.«[47]

Uuups, da ist es passiert. Kein Zitat! Sondern richtig eigene Meinung, eindeutiges Parteiergreifen:»... Diese Vorankündigung ist nüchtern.« Und Lüge: Von »einflussreichsten Forschun-

[45] »Homo s@piens«, S. 365.
[46] *F.A.Z.*, 6. Juni 2000.
[47] *F.A.Z.*, 26. Juli 2000.

gen zur Robotik« ist die Rede. Dabei behauptet nicht einmal Direktor Moravec selbst, seinen oben diskutierten Prognosen lägen irgendwelche Forschungen zugrunde. Ich vermute, er könnte solche Forschungen auch gar nicht durchführen, selbst wenn er das wollte.

Und damit wir auch ganz sicher sein können, dass alles seine Ordnung hat und wirklich wissenschaftlich ist, lässt das *Spektrum der Wissenschaft* noch einmal ausdrücklich nachlegen. In einem Interview mit vermutlich führenden Experten über das Problem der denkenden Computer kommt man zu einvernehmlichen Schlussfolgerungen: Professor G. Vollmer, Universität Braunschweig: »Wir werden so viel über den Menschen herausfinden, dass wir wieder einmal von uns selbst enttäuscht sind. Die letzten Kränkungen des Menschen – wenn ich Sigmund Freuds Ausdruck an dieser Stelle bemühen darf – stehen ins Haus.« Und Professor G. Roth, Rektor des Hanse-Wissenschaftskollegs, bestätigt: »Die Entthronung des Menschen als freies denkendes Wesen, das ist der Endpunkt, den wir erreichen. Nach Kopernikus, Darwin und Freud erleben wir hier den letzten großen Angriff auf unser traditionelles Bild vom Menschen.«[48]

KEINE PHYSIK

Wenn, wie ich behauptet hatte, die Physik schon immer Hüterin der Menschlichkeit gewesen ist, so sollte man erwarten, dass diese Leute, die Mensch und Maschine gleichsetzen möchten, irgendwann auch gegen die Physik vorgehen müssen. Das tun sie auch: »Im Augenblick werden die [physikalischen] Theorien nach Maßstäben der mathematischen Ästhetik beurteilt, eine Eigenschaft, die genauso willkürlich wechselhaft ist wie die Ge-

---

[48] *Spektrum der Wissenschaft*, Oktober 2000.

setze der Mode. Nacheinander waren Eich-, Supersymmetrie-, Superstring- und – seit neuestem – Membrantheorien in Mode, und alle haben sie exotische schwere Teilchen vorhergesagt … Zukünftige Roboter werden diesen Bereich erkunden und sich zunutze machen und damit spektakuläre Wirkungen erzielen.«[49]

Hier werden, wohl absichtsvoll, die Erscheinungen der Überorganisation, die ich im Kapitel »Naturwissenschaft und Menschlichkeit« kritisiert habe, mit der Physik selbst verwechselt. Nachdem man die Physik zur Modeerscheinung erklärt und damit erledigt hat, baut man sich geschwind eine neue, es erinnert ein wenig an die Römer, die auch erst Archimedes erschlugen, um ihm dann ein römisches Denkmal hinzustellen. Die Bücher dieser Experten wimmeln nur so von bizarren selbst gebrauten Gesetzen wie dem folgendem:

»Daraus lässt sich das Gesetz von Zeit und Chaos formulieren: Der Zeitraum zwischen den herausragenden Ereignissen eines Prozesses wird mit dem Maß der Unordnung länger oder kürzer«, liest man zum Beispiel, oder: »Teilchen entscheiden sich offenbar erst dann, wohin sie streben oder von wo sie kommen, wenn ein bewusst wahrnehmender Beobachter sie dazu zwingt. Man könnte sagen, sie existieren erst rückwirkend von dem Augenblick an, in dem wir sie bemerken … Wie ich meine, geht auch die Quantentheorie von einem ähnlichen Effizienzprinzip in der physikalischen Welt aus. Die Teilchen treffen erst dann eine Entscheidung darüber, wo sie gewesen sind, wenn ein Beobachter sie dazu zwingt. Die Bereiche der uns umgebenden Welt werden folglich erst dann tatsächlich ›wiedergegeben‹, wenn der Beobachter ihnen seine Aufmerksamkeit zuwendet. Schließlich hat auch der göttliche Rechner, der unser Universum aufbaut, keine Rechenkapazität zu verschwenden.«[50]

[49] H. Moravec, »Computer übernehmen die Macht«.
[50] R. Kurzweil, »Homo s@piens«.

Am Ende von Kurzweils Buch »Homo s@piens« findet sich eine lange Auflistung aller für die Computerwissenschaft wichtigen Ereignisse. Die Physik fehlt vollständig. Maxwell, Boltzmann, Szillard, Landauer, Bennett: Kurzweil macht sie ungeschehen, als hätte es sie nie gegeben.

Das ist die vollständige Rücknahme der europäischen Aufklärung. Hier wird brutalste, menschenverachtendste Esoterik unter dem Label »Physik« angepriesen, und keiner scheint es zu merken. Globalisierung? Man weiß, dass überall auf der Welt die Wüsten vordringen. Der Urwald vielleicht auch, in gewisser Weise? Fängt der Dschungel heute schon direkt hinter dem nächsten Institut für Robotik an?

ABSCHWELLENDE GEGENREDEN

Hinter der Frage nach den denkenden Computern steht natürlich die Frage nach dem Menschen, insofern ist dieser Diskurs der entscheidende unserer Zeit. Die *Frankfurter Allgemeine* hat natürlich Recht, wenn sie auf die Bedeutung des Themas hinweist. Auch *Spiegel* und *Zeit* folgen dem Thema mit großer Aufmerksamkeit, allerdings ohne irgendwen zum Forscher honoris causa zu erklären oder von nüchternen Vorankündigungen zu sprechen.

Der *Spiegel* lässt die Experten einfach reden. Lässt sie sich um Kopf und Kragen reden, wenn sie das gerne wollen. So wie die schon oben zitierte Wurmforscherin, lässt er ausführlich auch den Professor K. Warwick zu Wort kommen. Warwick ist Leiter des Kybernetischen Labors der britischen Universität Reading. Warwick ist jemand, der sich zum Beispiel eine kleine Chipkarte unter die Haut transplantieren ließ, die für ihn ferngesteuert die Eingangstür zur Universität öffnet (er hätte die Karte aber genauso gut in seine Jackentasche stecken können). Er will mit seinen Experimenten zeigen, »dass der Mensch nur Materie ist, dass Schmerz, Lust, Angst und Freude nur Daten sind, die beliebig gespeichert, kopiert, verändert und übertragen werden können«, und er träumt von einem Menschen, »der Herr über seine Gefühle ist und Teil einer Maschine«.[51] Und weiter: »Wenn ein kleiner Roboter im Labor herumfährt, betrachte ich ihn als denkendes Wesen.«[52]

Eigentlich sollte man erwarten, dass jemand, der sich dermaßen lächerlich macht, in Zukunft keinerlei Forschungsgelder mehr bekommen wird und dass das Thema überhaupt in jeder Hinsicht erledigt ist. Dem ist aber offensichtlich nicht so. »Wissenschaft«, »Keine-Wissenschaft«, das scheint gar keine Rolle zu spielen.

Keiner der zitierten Damen und Herren kann seine Meinung wissenschaftlich begründen, auch wenn sie alles tun, um unterschwellig den Eindruck zu erwecken, sie sei wissenschaftlich. Wenn es aber keine Wissenschaftler sind, wie soll man sie dann nennen? Sie würden vielleicht gerne als technisch-ökonomische Intelligenz bezeichnet werden, das wäre ein hübscher Ausdruck »TÖKIs«. Aber dann wäre sicherzustellen, dass er als ironisch klar ersichtlich ist, denn Technik, egal ob gut oder schlecht, basiert immer auf der Naturwissenschaft. Das tun die Ideen von den Exes nicht. Sie entsprechen auch nicht der Ökonomie von Verstand und Moral, und besonders intelligent kommen mir die Äußerungen dieser Herrschaften auch nicht vor: TÖKIs also, aber es ist ironisch gemeint: I-TÖKIs.

Während der *Spiegel* lediglich berichtet, schießt die *Zeit* Breitseiten gegen den Terror der I-TÖKIs. Stellvertretend für eine ganze Lawine von Artikeln sei der von Botho Strauß genannt.[53] Titel: »*Wollt ihr das totale Engineering?*« Untertitel: »*Ein Essay über den Terror der technisch-ökonomischen Intelligenz, über den*

[51] *Spiegel Reporter* 5/2000.
[52] *Der Spiegel* 19/2000.
[53] *Die Zeit* 52/2000.

Verlust von Kultur und Gedächtnis, über unsere Entfernung von Gott«. – »Wollt ihr das totale Engineering?«, das finde ich übertrieben, die I-TÖKIs mit den Nazis zu vergleichen. Denn die Nazis haben ja behauptet, die Menschen ließen sich aufteilen in Herrenmenschen und Untermenschen, welch Letztere Ungeziefer seien, zur Vernichtung bestimmt. Während doch die I-TÖKIs, und auch nur die ganz harten unter ihnen, nur behaupten, alle Menschen seien Tiere oder Maschinen, Turing-Maschinen, die in der Zukunft durch bessere Maschinen ersetzt würden. Ansonsten aber steht in dem Artikel von Botho Strauß viel Vernünftiges und Richtiges. Aber seltsam, dennoch wird man auch bei diesem Artikel das Gefühl nicht los, er sei zur Wirkungslosigkeit verdammt.

Einmal, weil ein Großteil der Leser den Artikel nicht verstehen wird, denn um den Artikel verstehen zu können, ist extra ein Glossar beigefügt, in dem die *Zeit* erklärt, was Divination sei, Empuse, Entelechie, Epiphanie, Fulgurist und so weiter. Aber dieses Glossar steht am Ende des Artikels statt am Anfang. Man müsste den Artikel also von hinten lesen, um ihn verstehen zu können.

Außerdem werden die Experten auf die Beschwörungen des Herrn Strauß, »aber das könnt und könnt ihr doch den Menschen nicht antun«, ganz freundlich antworten: »Wir tun doch gar nichts. Es handelt sich um eine in wissenschaftlicher Hinsicht ganz unvermeidbare Entwicklung, wir beschreiben ja nur«, und sich grinsend die nächste Zigarette anzünden.

Zwei der drei Seiten seines Artikels hätte der Herr Strauß sich sparen können, einschließlich Glossar, und womöglich trotzdem mehr Wirkung erzielt, hätte er nur den Mut gehabt zu fragen: »Wo ist eigentlich die Wissenschaft hinter euren angeblich wissenschaftlichen Voraussagen?« Und das gleiche könnte man auch von all den anderen Lawinenartikeln behaupten. Sie trauen sich nicht darauf hinzuweisen, dass es einen Unterschied gibt zwischen der Wissenschaft und dem Missbrauch der Wissenschaft. Sie trauen sich nicht, weil ein Laie ja angeblich die Naturwissenschaft nicht mehr verstehen kann, er muss glauben, was die Experten sagen. Und deswegen warnen die Intellektuellen nur noch: »Tut das Unvermeidliche doch bitte nicht, weil es ja schlimme Folgen hat«, anstatt ganz einfach zu sagen: »Herr Kaiser, mit Verlaub, Ihr seid nackt.«

Dabei kann der Laie – und hoffentlich auch der Intellektuelle – das, worauf es in der Naturwissenschaft ankommt, durchaus verstehen, wenn er will. Die Wissenschaft ist nur an ihren Grenzen schwierig, sonst ist sie außerordentlich einfach. Die Grundlagen der Quantentheorie, der Relativitätstheorie, der Thermodynamik kann bereits ein Jugendlicher verstehen. Das ist eine Tatsache. Und die Physik des Lebens und des Denkens wurzelt in der klassischen Thermodynamik, die ist vollständig verstanden und vollständig einfach. Jeder kann sie verstehen.

Auch der Herr Strauß kann sie verstehen. Das behaupte ich nicht nur, sondern das beweist er ja selbst, in seinem Artikel. Ich erfahre in Diskussionen mit den so genannten Laien immer wieder, mit wie hoher Treffsicherheit diese angeblich hilflosen Laien genau die entscheidenden Fragen stellen – das ist wohl kein Zufall. Auch Strauß tut das, hat also im Grunde verstanden, worum es geht, was falsch ist an der Argumentation der Experten:

»Wir sprechen von den komplexen Abläufen im Hirn, im Gemüt, im endokrinologischen Bereich … haben wir einzig diese vage Sammelvokabel: Komplexität. Nichtssagender geht es kaum.« Hier hat sich Strauß bis an das klopfende Herz des Drachens vorgearbeitet. Er müsste nur noch zustoßen. Statt »nichtssagend« hätte er nur zu schreiben brauchen »unwissenschaftlich«. Doch das traut er sich nicht. Denn sonst würde er ja zugeben, viel mehr von Physik zu verstehen, als ihm die Experten zubilligen. Wenn man das »I« vergisst, vor den I-TOKIs, so spielt man schon ihr Spiel.

WIR HABEN ES DOCH NUR GUT GEMEINT!

Von Bill Joy war noch nicht die Rede, dem Berater des amerikanischen Präsidenten. Einem der Stars in der *Frankfurter Allgemeinen* und anderswo. Der gibt sich erst gar nicht mehr die Mühe, irgendwas zu behaupten, sondern geht einfach davon aus, es sei wahr, was die anderen I-TÖKIs behaupten. Und dann überlegt er, wie man die Folgen dieser vorgeblichen Tatsachen doch noch verhindert. Weil er es ja gut meint mit den Menschen. Er will sie unbedingt vor der großen, schrecklichen Gefahr schützen. Die er und Konsorten sich doch selbst ausgedacht haben.

Wenn zum Beispiel Kurzweil die Vorstellung, es werde 2099 aufgrund der von ihm genannten Entwicklung nicht mehr genug unserer Art geben, um einen Konzertsaal zu füllen, als sachlich richtig hinstellt – diese Behauptung aber eindeutig sachlich unrichtig ist –, so handelt es sich ja nicht um eine sachlich richtige, sondern lediglich um eine für ihn richtige Vorstellung. Was sind das für Leute, denen die Vorstellung, die Menschheit, wie wir sie kennen, sei bis zum Jahre 2099 auf eine Hundertschaft zu reduzieren, richtig erscheint?

Die geistige Wirkung dieser Leute wäre ganz unverständlich, nähme man nicht einen frappanten Rückzug der Naturwissenschaft, insbesondere der Physik, aus unserer Gesellschaft an – und wie will der Herr Joy die von ihm erfundenen Gefahren bannen? Ganz einfach, er will die Wissenschaft für die Zukunft unter Kuratel stellen: »Wir müssen … unserer Suche nach bestimmten Formen des Wissens Grenzen setzen.«[54] Welches Wissen soll da wohl begrenzt werden? Wer bestimmt das? Der Laie, der Intellektuelle oder doch eher der Experte?

[54] *F.A.Z.*, 6. Juni 2000.

DIE STELLVERTRETER

Wenn die I-TÖKIs keine Wissenschaftler sind, so sind sie Organisatoren. Lassen Sie uns die Dinge also versuchsweise unter dem Aspekt des Organisatorischen sehen: Nehmen wir an, die Computerpäpste hätten Recht, nehmen wir an, Computer könnten denken, jedenfalls im Prinzip, jedenfalls bald. Dann wären die Computer in der Tat wie Menschen. Der Mensch wäre somit eine Maschine, denn Computer sind Turing-Maschinen. Allerdings wird der Mensch bald eine sehr altmodische Maschine sein, verglichen mit dem immer weiter vorstürmenden Computer. Der Computer steht also noch über dem Menschen.

Und auch die Computerpäpste, die vermittelnd zwischen Mensch und Computer stehen, kommen somit über die anderen Menschen zu stehen. Sie sind Stellvertreter, und Stellvertreter sind mächtig. Dabei spielt es überhaupt keine Rolle, ob der Computer wirklich dem Menschen überlegen ist oder ob das manche Leute nur glauben. Und es spielt auch keine Rolle, dass die Computer heute noch nicht denken, sondern dies erst in der Zukunft tun werden. Ganz im Gegenteil, die Macht der Stellvertreter kommt gerade eben aus diesem Verweis auf die Zukunft, gäbe es heute schon denkende Computer, so brauchte es ja keine Stellvertreter.

Nichts gegen Stellvertreter, verstehen Sie mich bitte nicht falsch. Nur muss halt geklärt werden, ob die Stellvertretung legitim ist.

Im Falle der Computerpäpste ist sie das sicher nicht, denn Computer denken nicht und werden nie denken. Es geht wohl um Macht. Und das gleiche Bild ergibt sich bei den Genforschern, die behaupten, an der Unsterblichkeit des Menschen zu arbeiten. Wer hat mehr Macht als der, der das ewige Leben verspricht? Die I-TÖKIs sind machtversessene Gurus, ihre Ideologie ist nichts als billigster Religionsersatz.

Aber müssten sie dann nicht etwas Besseres in Aussicht stellen als die Ausrottung der Menschheit? Sollten sie nicht, um Anhänger zu finden, tollen Sex mit jungen Frauen versprechen oder freies Haschisch für alle? Nicht unbedingt. Es gibt zum Beispiel auch Gurus, die ihre Jünger erfolgreich zum organisierten Massenselbstmord aufrufen, weil da draußen angeblich ein Ufo wartet, um sie nach Alpha Centauri zu holen. Oder die Giftgas in die U-Bahn leiten.

Wo Vernunft und Verstand erst einmal vertrieben sind, wird alles möglich, und man kann nicht mehr unterscheiden zwischen Richtig und Falsch und Gut und Böse. Je weniger ein Mensch nachdenkt über die Welt, umso sinnloser erscheint sie. Nur wer nachsinnt über die Welt, kann ihren Sinn finden. Hütet die Menschlichkeit.

ZU EINER EUROPÄISCHEN PHYSIK

Der erwachsene Mensch, und dann gar erst der moderne, erinnert sich nicht gern daran, wie unfertig er war zu Beginn seines Lebens, wie viel er lernen musste in den ersten Lebensjahren. Wie sehr sein »Ich« von außen kam. Dabei ist das damals Verinnerlichte doch die Grundlage für jegliche Teilhabe an der menschlichen Kultur. Und während die menschliche Kultur an sich abstrakt und übernational ist, so ist das in jungen Jahren Erlernte entschieden lokal gefärbt. Denn hauptsächlich durch Nachahmung werden die Sprache, das Lebens- und Selbstgefühl der unmittelbaren Umgebung erlernt. Das Kind wird Teil seiner lokalen Kultur, die es weder hinterfragt noch hinterfragen kann, noch zu hinterfragen braucht. Über diese lokale Kultur aber, sie dient ihm als »Schlüssel«, kann es später einmal an der allgemein menschlichen Kultur teilnehmen.

Das einmal Erlernte ist nicht nur unerlässlich, es lässt sich später auch nicht mehr ohne Weiteres austauschen. Natürlich kann jemand, der im deutschen Sprachraum aufgewachsen ist, später Englisch lernen. Er wird es aber, von ganz seltenen Ausnahmen abgesehen, nie so gut beherrschen wie das Deutsche. Ist jemand der deutschen Sprache tatsächlich mächtig, so wird er selbst in den einfachsten Wörtern dieser Sprache einen Informationsgehalt und in deren Kombinationen einen Assoziationsreichtum vorfinden, zu dem er über die gleichen Wörter einer fremden Sprache nie Zugang haben wird. Einmal, weil uns die Natur im Kleinkindalter eine Zeit höchster Sprachbegabung zu geben scheint. Vor allem aber deshalb, weil ja auch die Art des

Gelernten vom Lebensalter und den Umständen abhängt. So, wie ja auch der, der nur im biologischen Sinne eine Kindheit hatte, die Worte »Mutter«, »abends«, »klein war« anders verstehen wird als der, welcher im recht eigentlichen Sinne Kind sein durfte.

Insofern muss sich eine europäische Kultur auf die nationalen Kulturen gründen. Für den Deutschen ist zunächst das Deutsche der Schlüssel zur Welt, für den Engländer das Englische. Erst mit diesem lokalen Schlüssel kann die allgemeine menschliche Kultur erschlossen werden, die natürlich viel reichhaltiger ist als die lokale Kultur, so wie ja auch die Kultur eines Landes reichhaltiger ist als die eines seiner Dörfer.

So trägt zum Beispiel der französische Schriftsteller Houellebecq viele Gedanken zur Debatte um den modernen Menschen bei, die sich in der aktuellen deutschen Literatur nicht finden. Houellebecq spricht Wichtiges aus, was man selbst auszusprechen vielleicht nicht in der Lage gewesen wäre, und außerdem hätte man gar keine Zeit dafür gefunden. Man möchte deswegen Houellebecqs Analysen und Geschichten nicht missen, wenngleich es tieftraurig ist, was er über den Zustand der Menschlichkeit zu sagen hat, und obwohl ich seinen Schlussfolgerungen nicht zustimme.

Viele so genannte Popliteraten schreiben ja auch über die Banalität des modernen Lebens, in diesem Fall ihres eigenen, aber weder fragen sie, woher die kommt noch wohin dies alles führt. Es genügt ihnen, sich reden zu hören und die neuesten Moden zu kennen, so zu sein wie die anderen. Herdentrieb in Zeiten geistiger Not. Ich will das gar nicht kritisieren, aber Houellebecq ist in diesem Zusammenhang eine deutliche Bereicherung.

Gut, mag da einer einwenden, für die Literatur ist das sicher wahr. Der Mensch, der am Reichtum der internationalen Literatur teilhaben will, muss dies über seine lokale Kultur tun, einen anderen Zugang hat er nicht. So wie ja auch der, der keine wirkliche Kindheit hatte, Houellebecqs Buch »Elementarteilchen« nicht wird lesen können. Denn es nimmt seinen Ausgangspunkt bei »Mutter«, »abends«, »klein war«, erzählt, was mit Menschen geschieht, denen die Kindheit gestohlen wurde: Einer wird verrückt, ein anderer verkriecht sich im Labor und entwickelt die Formeln zur Ausrottung der Menschheit. Und das Buch erzählt, was geschieht, wenn die Kindheit der Menschheit insgesamt abhanden kommt: Dann wendet sie die Formel zu ihrer eigenen Ausrottung an.

Für den Zugang zur allgemein menschlichen Kultur bedarf es also immer eines lokalen Schlüssels. Doch ist dies auch für die Physik wahr, braucht man auch für sie einen lokalen Schlüssel? In der Physik steht doch die Sprache der Mathematik zur Verfügung, die einzig wirklich internationale Sprache? Und »$p + \frac{1}{2}\varrho v^2 = const$«, das kann man auch noch im fortgeschrittenen Alter erlernen und auch ohne Hinsicht auf den Rest der Kultur?

Ja, das kann man, aber das ist noch keine Physik. Es reicht nicht, die Formeln zu kennen. Die Formeln sind ja das, was man schon weiß. Recht eigentlich aber spielt sich die Physik dort ab, wo man es noch nicht weiß. Physik ist nicht kreativ und ist sinnlos ohne Einbindung in die allgemeine Kultur. So wie die Naturwissenschaft früher einmal zur Orientierung der Gesellschaft beigetragen hat, so braucht die Physik die Gesellschaft, die Kultur, den Menschen für ihre Orientierung. Sonst kommt es zu so wunderlichen Erscheinungen, dass hundert, wenn nicht tausend Physiker ein Leben lang nachzählen, wie viele Gluonen denn nun drin sind im Proton. 200 oder 201?

Aber bleiben wir lieber bei Houellebecq, das ist weniger gefährlich, um den Zusammenhang zu demonstrieren, zwischen der Physik und dem Rest der Gesellschaft. Nicht nur handelt »Elementarteilchen« von den Fragen, die auch wir hier verhandeln. Sondern Houllebecq kommt auch zu einer Gegenwartsbeschreibung, die jedenfalls meiner Sicht weithin entspricht.

Mit seinen Wertungen, seiner Zukunftsprognose, stimme ich hingegen nicht überein.[55]

Houellebecq bewegt sehr viele Menschen, das sieht man an den Auflagen seiner Bücher, wir wollen diese Dinge wissen, darüber reden und sie klären. Denn wir leben ja nur einmal und fürchten uns insgeheim vor einem vergeudeten Leben. Da brauchte die Naturwissenschaft nur Stellung zu nehmen zu Houellebecqs Büchern, und schon wären wir mitten drin im gesellschaftlichen Diskurs. Und schon wäre die Naturwissenschaft wieder eingebunden im Gesamtzusammenhang unserer Kultur. Es wäre der Beginn der »Physik des Lebens« und der »Thermodynamik der Information«. Von alleine kommen die Physiker, wie man sieht, auf dergleichen aber nicht, dazu brauchen wir Euch. So war es schon immer.

Houellebecq wie auch die Computerpäpste sind jedenfalls eine starke Aufforderung zum Dialog, eine Aufforderung seitens der Gesellschaft, der Kultur, an die Physik, zum Dialog. Wo ist die Antwort?

Ich habe Houellebecq als Beispiel gewählt, weil er aktuell ist. Falls Ihnen moderne Literatur nicht so zusagt, kann ich genauso gut auf Thomas Mann verweisen, dessen »Zauberberg« eines der besten Bücher über Physik ist.

Und wir müssen unsere Beispiele keineswegs auf die schöne Literatur beschränken. Beispiele dafür, was eigentlich möglich wäre zwischen Wissenschaft und Gesellschaft, wie wichtig ihr Dialog für die Wissenschaft sei könnte, finden sich überall.

So gibt es seit einiger Zeit die Wiederaufnahme und Weiterentwicklung eines Diskurses, der schon vor vielen Jahren einmal

---

[55] Bei Houellebecq nehmen Unverstand und Leid der Menschen ein solch unerträgliches Ausmaß an, dass sie sich mit Hilfe der Gentechnik die Emotionen wegzüchten, sich mit Hilfe der Wissenschaft erlösen vom Leid, sodass eine Art emotional gereinigter Menschennachfolger entsteht, der, wenn ich es recht verstanden habe, unsterblich sein soll. Der Mensch selbst stirbt schmerzfrei aus. Das ist, was auch Moravec voraussagt, nur ein wenig moralisierender.

aufgeflackert war (eines der Bücher damals hieß »Die geheimen Verführer«) und nach der Moral der Werbung fragt. In ihren altmodischen Formen ist Werbung ja durchaus vernünftig. Die Marktfrau präsentiert ihr Gemüse auf möglichst ansprechende, appetitliche Weise, das ist Werbung. Es ist eine Kommunikation mit dem Verbraucher, sinnvoll und sittlich.

Etwas ganz anderes ist die moderne Werbung. Die versucht nicht zu kommunizieren, sondern spricht systematisch die Schwächen des Menschen an, versucht ihn zu manipulieren. Sie möchte den Menschen etwa weismachen, sie seien Cowboys, die durch die Prärie reiten, und das sei irgendwie gut, allerdings müsse man zuerst diese oder jene Zigarette rauchen. Was nachweislich nicht zur Folge hat, dass diese Menschen sich wirklich in Cowboys verwandeln, sondern dass sie zu hunderttausenden einer Krankheit zum Opfer fallen, der sie sonst nicht zum Opfer gefallen wären. Die Werbung ist sogar in der Lage, den Menschen weiszumachen, es sei irgendwie sexy, erfolgreich, sympathisch und jung, eine rot eingedoste braune Flüssigkeit zu sich zu nehmen, welche leicht sprudelt und relativ teuer ist – verglichen mit Wasser, das den Durst besser löscht.

Zum Nachdenken über diese Dinge kann man sich erst seit neuestem wieder bekennen, denn man ist mit solchem Nachdenken nicht mehr allein. Gerade eben ist ein Buch erschienen, von einem Freund Houellebecqs übrigens, in dem ein Werbeexperte über seine Erfahrung aus der Werbeindustrie berichtet, was prompt zu einer Gerichtsverhandlung führte. Und erst kürzlich fand ich einen Artikel über eine Initiative von ehemaligen Werbeexperten, die aus Gründen der Ästhetik oder der Moral gegen die Werbung mit Antiwerbung vorgehen: die Adbusters Media Foundation (www.adbusters.org).

Was all das mit der Physik zu tun hat? Man hat vor einiger Zeit damit begonnen, Werbeagenturen dafür zu bezahlen, dass die Menschen sich endlich für Physik interessieren.

Die Physik braucht ganz dringend mehr Kontakt zur Wirklichkeit, zum Rest der Kultur. Keine Werbung. Sie muss Teil des geistigen Lebens sein, wie in der europäischen Aufklärung. Und weil eine europäische Physik in der Kultur wurzeln muss und weil der Mensch am besten über seine lokale Kultur Zugang bekommt zur allgemeinen Kultur, so muss die europäische Physik am besten wurzeln in der lokalen, also der nationalen Physik. Und dafür tragen wir Verantwortung. Wir können nicht Barbaren sein zu Hause und Genies in der Welt.

EUROPAS ZUSAMMENBRUCH

Wir sahen, dass die Physik im Leben der Gesellschaften eher die Ausnahme ist. Selbst wo sie zu höchster Blüte entwickelt war, verschwand sie irgendwann wieder. In ihrer dreitausendjährigen Geschichte scheint die Physik nie länger als vierhundert Jahre in einer bestimmten Gesellschaft verblieben zu sein.

Damit ist nichts bewiesen, aber immerhin das Verschwinden der Physik auch aus unserer Gesellschaft als ernst zu nehmende Denkmöglichkeit etabliert. Und geschähe dies Mögliche, so würden wir es vermutlich nicht einmal merken. Denn auch in der Vergangenheit wurde dieser Vorgang nie wahrgenommen.

1543 begann die europäische Physik, auf dem Totenbett des Kopernikus. Könnte knapp vierhundert Jahre später beim ungeheuerlichen moralischen, wirtschaftlichen und politischen Zusammenbruch des alten Europa auch die Physik kollabiert sein? Wenn ja, müssen wir traurig sein? Es geheim halten, unter den Teppich kehren, nicht davon reden, der Steuerzahler könnte es hören, psst, und am Ende bleiben die Studenten aus?

Oder sollten wir uns lieber freuen? Und stolz sein? Und es an die große Glocke hängen? Dass es die Physik unter Adolf Hitler nicht aushielt, dass die Nazis nicht einfach weiterhin Nobelpreis auf Nobelpreis nach Deutschland holen konnten?[56] So, als sei nichts geschehen. So, als hätte die Physik mit dem Zustand der Gesellschaft nichts zu tun?

Hätte die Physik unter den Nazis weiter geblüht, so gäbe es, die damaligen Gepflogenheiten berücksichtigt, heute vermutlich die Adolf-Hitler-Gleichungen der vereinheitlichten Felder, entwickelt an der Reichsschule SS für Teilchenphysik, oder dergleichen. Wer das vermisst, mag ein guter Volksgenosse sein, ein guter Physiker ist er nicht. Wir, allen voran die Physiker, sollten uns zum Zusammenbruch der Physik damals offen bekennen.[57]

Wenn, was Albert Schweitzer damals gesagt hat, wahr ist, so ist der Niedergang der Physik unter den Nazis nicht auf eine Willkürlaune und nicht auf eine Absicht der deutschen Führung zurückführbar, sondern hat Gründe, die weiter und tiefer zurückreichen und die sich nicht auf Deutschland beschränken, Albert Schweitzer sprach von Problemen der damaligen europäischen Kultur.

Dann stellt sich allerdings die Frage, wie es nun weitergehen soll. Denn die Physik ist in ihrer dreitausendjährigen Geschichte noch nie in eine Gesellschaft, die sie verlassen hatte, zurückgekehrt. Sie ging stattdessen immer in eine neue, ganz andere Gesellschaft über. Gibt es also Hoffnung für uns?

Ja, ich denke, es gibt Hoffnung. Sind wir Europäer nicht gerade dabei, ein neues Europa aufzubauen? Eine neue Gesell-

---

[56] Was sie ja auch gar nicht wollten, interessanterweise. Ich habe irgendwo gelesen, erinnere mich aber nicht der Quelle, dass die Nazis ihren Forschern geradezu verboten hatten, einen Nobelpreis anzunehmen. Ich habe selbst in meiner Jugend, in den siebziger Jahren, noch Ähnliches gehört von deutschen Forschungsfunktionären: Der Nobelpreis sei doch gar nicht so wichtig, darauf komme es nicht an, man solle nicht den Nobelpreis zum Maß machen für alles.

[57] Nach dem Krieg hatten die Engländer die Spitze der deutschen Kernforschung interniert, die Besten der Besten, allen voran Heisenberg, und deren Gespräche aufgezeichnet. Als die Nachricht von der Explosion der ersten Atombombe durchsickerte, hat einer von ihnen, Hahn, gesagt: »Wenn das stimmt, dann seid ihr alle mittelmäßig.« Es hat gestimmt.

schaft also? Ein lediglich vereinigtes Europa ist sicher nicht, was wir wollen, das hatten wir schon unter Napoleon und unter Hitler. Wir wollen ein neues Europa, anders, ganz anders, schöner und frei und lebenswert. Demokratisch. Ein ganz neues Europa, anders, als es war. Eine neue Gesellschaft also.

Und diese neue Gesellschaft kann, wenn sie denn will, ihre neue Physik haben. Eine neue europäische Physik aufzubauen, das scheint einfach. Sie kann aus dem Zusammenspiel der nationalen Physiken entstehen, und die haben wir ja? Doch so einfach ist es nicht. Denn einiges muss geändert werden. Unsere Physik ist nicht demokratisch. Sie muss demokratisch werden. Wie groß die Missstände heute noch sind und wie schwer sie zu beheben sein werden, das ist einem Außenstehenden mit abstrakter Argumentation wohl kaum noch zu vermitteln. Nehmen wir ein Beispiel.

SCHWEIGENDE WISSENSCHAFT

Ich habe schon darauf hingewiesen, dass die Darstellung der Wissenschaft durch die Forschungsorganisationen und ihre Pressebüros und deren Vorgehens- und Denkweise uns nicht zufrieden stellen dürfen. Deshalb bin ich noch lange kein Motzer und Quertreiber. Es gibt eine Reihe vernünftiger Leute, auch Feuilletonisten großer Zeitungen, die das so ähnlich sehen. Auch deshalb habe ich vor einigen Jahren damit begonnen, selbst Bücher zu schreiben.

Früher habe ich ziemlich viele Vorträge über meine wissenschaftliche Arbeit gehalten, vor allem auch in Deutschland. Seit ich mein erstes Buch veröffentlicht habe, bin ich in Deutschland nie mehr zu einer Physikkonferenz oder auch nur einem Seminar eingeladen worden. An der Qualität meines Buches kann das nicht gelegen haben, die Presse (*Frankfurter Allgemeine, Neue Zürcher Zeitung, Stuttgarter Zeitung*) und auch der Rundfunk fanden das Buch gut. Den Lesern hat es auch gefallen, das belegt die Zahl der verkauften Exemplare.

Aber ein Physiker tut so etwas nicht, er schreibt keine Bücher. Nur Physikfunktionäre dürfen das[58], und natürlich nur das übliche nordkoreanische Gerede bittesehr, wie wichtig die Wissenschaft sei und dass man ihr vertrauen müsse, trotz allem, sie werde es schon richten. Dass es anders werden muss, um besser zu werden, zum Beispiel, das dürfen Sie nicht schreiben, denn das ist Kritik. Wobei »anders« ja nicht zwangsläufig »Revolution« und »Rübe ab« bedeutet, sondern es kann ja auch meinen »so wie früher einmal«.

Seitdem ich Bücher schreibe, werde ich jedenfalls nur noch im Ausland zu Konferenzen eingeladen oder zu solchen, bei denen nicht nur Physiker im Organisationskomitee sitzen. Wenn Sie aber an einem Physikinstitut arbeiten, interessiert es keinen Menschen, ob Sie auf irgendeiner interdisziplinären Konferenz vortragen. Im Gegenteil, es macht Sie eher zum Außenseiter, besonders in der deutschen Forschung. Und weil Sie, wenn Sie an einem deutschen Institut arbeiten, vom Ausland in erster Linie als deutscher Physiker wahrgenommen werden, in dem Fall also als erledigter Physiker, so werden Sie dann auch nicht mehr auf ausländische Konferenzen eingeladen und sind dann auch international erledigt.

Wissen die Forschungsfunktionäre von diesen Dingen? Selbstverständlich wissen sie es. Aber ja doch, und wie: Vor einigen Jahren erhielt ich einen Brief vom Präsidenten einer deutschsprachigen nationalen physikalischen Gesellschaft. Diese Gesellschaft würde eine Konferenz veranstalten, demnächst, und es wäre schön, wenn ich auch kommen könnte, was ich aber noch nicht als Einladung verstehen dürfe. Er, der Präsident, müsse die Idee zu so einer Einladung selbstverständlich erst einmal den zuständigen Gremien vorlegen, und da sei leider mit

[58] Beispiel »Wissenschaft gegen Zukunftsangst«, München/Wien 1998.

Widerstand zu rechnen, und er, der Präsident, wolle sich nicht mit den Gremien anlegen, ohne zu wissen, ob ich überhaupt kommen würde. Und das wolle er also hiermit erkunden. Klar, habe ich gesagt, ich komme gern.

Bis hierher, liebe Leserin, lieber Leser, habe ich mich als Versuchskaninchen zur Demonstration eines wissenschaftlichen Problems zur Verfügung gestellt. Hoffentlich macht man mir daraus keinen Vorwurf. Aber wie sonst hätte ich Ihnen erklären können, was ich meine? Ich will mich aber keineswegs vordrängen. Machen wir also mit Ihnen weiter, natürlich nur, wenn Sie gestatten. Versuchen Sie, die Geschichte selbst zu Ende zu erzählen. Wie ist es wohl ausgegangen, mit den Gremien der Forschungsfunktionäre? Bin ich zu der Konferenz eingeladen worden?

Es gibt so vieles, was jeder weiß. Jeder weiß, dass es mehr deutsche Wissenschaftler gibt, die nach Amerika gehen und für ihre Arbeit dort Nobelpreise bekommen[59], als amerikanische Wissenschaftler, die zum Nobelpreisgewinnen nach Deutschland aufbrechen. Und höchstwahrscheinlich gibt es für jeden deutschen Forscher, der in die äußere Emigration gegangen ist, viele gleich gute, welche resigniert den Weg in die innere Emigration gewählt haben.

Es muss an deutschen Instituten viele junge Leute geben, die durchaus an der Demokratisierung der Wissenschaft mitarbeiten könnten und wollten, wenn man sie nur frei reden und schreiben ließe und sie ein wenig ermutigte.[60] Warum tut man das nicht, anstatt Werbeagenturen anzuheuern?

---

[59] Horst Störmer, Physik-Nobelpreis 1998; Günther Blobel, Medizin-Nobelpreis 1999; Herbert Kroemer, Physik-Nobelpreis 2000.

[60] Es soll in letzter Zeit einige interessante Aktivitäten gegeben haben auf dem Gebiet der Mathematik, sogar von einem Mathematikmuseum habe ich gehört. Interessanterweise ist die Mathematik tatsächlich das Gebiet der Wissenschaft, das wohl am wenigsten unter der Überorganisation leidet, von mathematischen Theorieschulen ideologischer Prägung, von mathematischen Großforschungsinstituten hat man

WISSENSCHAFT DEMOKRATISIEREN

Wissenschaft demokratisieren heißt zweierlei. Zum einen muss der Diskurs um die Wissenschaft Teil des öffentlichen demokratischen Diskurses werden. Zum anderen müssen die Verhältnisse in der Wissenschaft selbst demokratisch werden. Denn nur demokratische Wissenschaft ist kreativ.

Dazu dürfte man den Wissenschaftlern nicht mehr von oben vorgeben, was sie zu tun und zu denken haben. Sie sollen frei ihrer Forschung nachgehen, insbesondere ihrer Grundlagenforschung. Ist diese Freiheit groß genug, ist es möglich, sogar praktischen Forschungen nachzugehen, etwa über Verbesserungen im Bereich der Windenergie nachzudenken, ohne anzuecken, ohne die Karriere zu ruinieren, so werden die Forscher von diesen Möglichkeiten ganz von allein Gebrauch machen.

Damit ein demokratisches System funktioniert, braucht es Wettbewerb und Leistungsprinzip, auch in der Forschung. Zur Zeit gibt es bei Bewerbungen um offene Stellen jeweils dutzendweise Bewerber, die fast alles zu tun bereit sind, um die Stelle zu bekommen: Aktentaschen nachtragen, Türen aufhalten, Arbeiten jeglicher Art abnehmen, wirklich alles, nur um endlich eine feste Stellung zu bekommen. Das ist ein Hinweis darauf, dass die Anforderungen nicht hoch genug sind, man vergleiche das mit der Situation bei der Besetzung von Spitzenpositionen in der freien Wirtschaft: wo sich oft genug nur ein oder zwei Bewerber zutrauen, den hohen Anforderungen gewachsen zu sein, wo man oft genug einen »Headhunter« heranziehen muss, um überhaupt jemanden zu finden. Wo im Zweifelsfall auch eine dringende Vakanz nicht gefüllt wird, ehe man sie mit einem Mediokren besetzt.

Der große amerikanische Physiker Philip W. Anderson be-

noch nie gehört. Vielleicht, weil es in der Mathematik um so wenig Geld geht. Das zieht keine Funktionäre an.

hauptet sogar, dass nicht nur das Leistungsprinzip in der Physik abhanden gekommen ist, sondern dass gerade die besten jungen Forscher aus der Forschung gedrängt werden, es bleiben die eher gemütlichen Leute zurück: »Those who leave are in many cases the cream of the crop. I hear this again and again from many different mentors. I find many of those hired for permanent jobs in physics among the least creative.« Sagt Anderson[61]. Nachdem er in Pension gegangen ist. Ich habe Kopien des Artikels an vielen Instituten am schwarzen Brett gesehen. Irgendjemand hat sich getraut, ihn dort hinzuhängen; niemand scheint sich getraut zu haben, ihn wieder abzumachen; dass er diskutiert worden wäre, ist mir allerdings nicht bekannt.

DAS EUROPA DER COMPUTERPÄPSTE

Wir können ja auch alles beim Alten lassen. Ein zukünftiges Europa kann sich durchaus darauf beschränken, die nationalen Bürokratien zu zentralisieren und zu perfektionieren. Entstehen würde ein Verwaltungseuropa, das die Effizienz der Produktion erhöhte, den Kapitalfluss erleichterte und die Menschen als Nummern behandelte, so wie Maschinen. Nicht aus Bosheit, sondern weil es kurzfristig viel billiger kommt. In der Sprache der Bürokraten ist schon jetzt die Rede von »human resources«, »mobility« ist ein Förderungsziel.

Eine große Organisation ähnelt ein wenig einem Computer, hauptsächlich soll sie reibungslos und gut funktionieren. Menschen, die sich in eine solche Organisation einfügen, sind immer in Gefahr, zur Computerkomponente zu werden, also selbst zum Computer zu werden. Ihr Verhalten wird dem eines Computers ähnlich. Das habe ich an Beispielen im Kapitel über den technischen Fortschritt beschrieben.

[61] *Physics Today*, September 1999.

Über dieses Hintertürchen könnten die Computerpäpste doch noch zu ihrem Recht kommen. Allerdings nicht, indem Computer menschliche Eigenschaften annehmen, sondern indem Menschen zu Computern werden. Ein Europa der Computerpäpste also.

Die haarsträubenden Missstände in unserer Wissenschaft haben Folgen gehabt und werden weiterhin Folgen haben. Anstatt diese zu beheben, sie auch nur zu diskutieren, holt man nun Wissenschaftler aus dem Ausland. Dagegen ist an sich nichts einzuwenden, weder ist gegen Wissenschaftler etwas einzuwenden noch gegen das Ausland, und wenn unsere Wirtschaft sagt, es geht nicht anders, so tut die Regierung nur ihre Pflicht, wenn sie ausländische Wissenschaftler und Experten einlädt. Viele Leute aber, denen der Zustand unserer Wissenschaft offensichtlich eher egal zu sein scheint, werden plötzlich hellhörig, wenn sie hören »Ausländer«. Und weil wir ja in einer Demokratie leben (von der Wissenschaft einmal abgesehen), so muss man auf die Hellhörigen natürlich auch Rücksicht nehmen, und deshalb sollen die ausländischen Experten und Wissenschaftler nur fünf Jahre bleiben, höchstens, und ein Visum brauchen sie auch, damit klar ist, wie man es meint. Wenn aber jemand für höchstens fünf Jahre nach Deutschland kommt, wird er wohl kaum am Diskurs Wissenschaft–Gesellschaft teilnehmen, sondern tun, wozu man ihn geholt hat: ein Robot-Wissenschaftler. Da würden die Computerpäpste auch wieder recht bekommen. Ein Europa der Computerpäpste also.

Personal für die Wissenschaft der Computerpäpste zu finden ist kein Problem. Als Beispiel der Lebenslauf eines sehr hochrangigen Physikers, eines Forschungsdirektors, so, wie er im Jahresbericht seines Großforschungsinstituts vorgestellt wird. Ich habe einige Namen mit X und Y ersetzt, Sie werden das verstehen: »X was appointed chairman of the Y board of directors in July 1999. After completing studies in physics, he pursued his scientific career at the University of Heidelberg, where he was professor from 1984 to 1991, at CERN in Geneva (1986–91) and at the Lawrence Berkeley Laboratory in the U.S. In the period from 1974–1986, he worked on experiments at the DESY storage rings DORIS and PETRA. In 1991, he took up a post as professor at the University of Hamburg and became research director at Y. On the international stage, X acts as scientific consultant to a range of political and scientific bodies.«

Während besagtes Großforschungslabor im gleichen Jahresbericht seine eigene wissenschaftliche Arbeit über den grünen Klee lobt, fällt ihm zu seinem Forschungsdirektor nichts weiter ein, als dass er ein Funktionsträger sei, ohne identifizierbare wissenschaftliche Leistung, eine Ansammlung irrelevanter Jahreszahlen, beliebig austauschbar. In dem Weltbild, das sich hier offenbart, kommt der Mensch als Individuum nicht mehr vor. Dabei bin ich ziemlich sicher, irgendetwas wird dieser Forschungsdirektor in all den Jahren ja wohl geleistet haben. Und ebenso offensichtlich ist, dass man davon explizit nichts wissen will. Die Organisation als solche soll Physik machen, aber nicht der Einzelne. Und das ist dann das Ende der Physik. Jedenfalls im öffentlichen Raum.

Denn weil die Wirtschaft bis zu einem gewissen Grad Physik gut brauchen kann, wird sich das, was von der Physik übrig und gewinnbringend ist, aus den Universitäten in die Labors der Großkonzerne verlagern. Das ist eine Entwicklung, die schon erschreckend weit vorangeschritten ist. Meiner Meinung nach haben Bennett und Landauer mit die wichtigsten Entdeckungen der Physik in den letzten Jahrzehnten gemacht. Seltsamerweise habe ich von ihren Arbeiten an der Universität nie gehört. Und sie arbeiten oder arbeiteten auch nicht an der Universität, sondern in den Forschungslabors von IBM. Ein anderer fundamentaler Durchbruch ist die Mikroskopie und die Manipulation einzelner Atome, wie sie von Binning und Rohrer möglich gemacht wurde. Es handelt sich um das Eingangstor zur Nanotechnologie. Auch das ist an einem Labor der IBM geschehen. Die Forschung in jenen Labors ist aber ziemlich von der Öffentlichkeit abgeschottet, daraus darf man keinen Vorwurf machen, das ist ja ganz natürlich. Aber sehr begrüßenswert ist diese Entwicklung nicht.

In einem Europa der Computerpäpste würde eine europäische Physik vermutlich in Förderprogrammen bestehen für bestimmte, von Brüssel vorgegebene Aufgaben. Wer daran teilnimmt, zusammen mit einer großen Gruppe von Kollegen, bekommt Geld dafür. Wer nicht, nicht. Es würden sich große europäische Forschungsorganisationen bilden. Einem solchen Europa käme die Physik in ihrem gegenwärtigen Zustand gerade recht.

Kleinlaut ist die Physik der Computerpäpste, verunsichert, von den Werbeagenturen muss sie sich verkaufen lassen. Für die angewandte Forschung ist sie zuständig, sowie fürs Erbsenzählen.

Und das ist die Vorraussetzung für die Macht der Computerpäpste. Die schon jetzt ganz offen sagen, der Mensch sei nichts als ein Tier, ein Wurm, und weniger noch, eine Maschine. Ein Auslaufmodell von Maschine. Und das sei wissenschaftlich. Die Richtung, in die die Computerpäpste weisen, führt in ein neues europäisches Mittelalter.

Die letzte Kränkung des Menschen stünde ins Haus, die Entthronung des Menschen als freies, denkendes Wesen.[62] Das Europa der Computerpäpste wäre kein lebenswertes Europa. Es ist die Pflicht der Naturwissenschaften, sich gegen diese Entwicklung zu stemmen, anstatt nur leicht errötend wegzusehen. Es liegt in ihrem Wesen, sich so zu verhalten wie zur Zeit der europäischen Aufklärung, in den griechischen Kleinstaaten, beim Aufbruch aus Ur. Denn wir können der gegenwärtigen Entwicklung Einhalt gebieten, wenn wir es nur wollen, es ist ganz einfach.

[62] Professor G. Vollmer, Professor G. Roth.

EIN NEUES EUROPA

Europa soll eine Kulturgesellschaft sein, eine reiche Kulturgesellschaft, ein Europa der Menschlichkeit, nicht der Organisation. Menschen sollen in ihm leben, nicht Nummern und human resources. Ein solches Europa wird aber nicht von selbst entstehen. Denn es verstößt gegen die Eigeninteressen der Bürokratie und der Überorganisation. Es muss verteidigt werden gegen den Zugriff der Computerpäpste, die hartnäckig sind.

Die Herausforderung, die sich an eine neue Physik stellt, ist gigantisch, zu groß, um alles beim Alten zu belassen; die Strukturen ein bisschen zu stärken und ein bisschen mehr Geld, das reicht nicht. Geld darf keine Rolle spielen.

Denn wieder stellt sich die Aufgabe, den Menschen zu verteidigen, die Menschlichkeit zu hüten. Diesmal nicht gegen verweltlichte und übermächtig gewordene Prälaten, sondern gegen die zweifellos vorhandenen Gefahren der wirtschaftlichen Internationalisierung, der so genannten Globalisierung und gegen die Ideologie der Menschmaschine, des Menschen als Konsumenten und Produzenten und nichts sonst, als Teil einer effizienten Organisation und nichts sonst.

Unsere traditionellen Forschungsstrukturen sind solchen Herausforderungen nicht gewachsen. Ebenso wenig wie unsere alten Industriestrukturen anfangs den modernen Informationstechnologien und der Biotechnologie gewachsen waren. Weil fast alle Forscher und Institute in das System der Forschungsorganisationen eingebunden sind und nur wenig Freiheit haben, gibt es in Deutschland tausende Physiker, die untersuchen, wie viele Gluonen im Proton herumschwirren, zum Beispiel. Es gibt aber nicht ein einziges Institut, das über die Physik des Denkens nachdenkt, darüber, warum wir denken, und darüber, ob Computer denken. Die überorganisierte deutsche Forschung ist ganz offensichtlich zu langsam, um auf neue Herausforderungen reagieren zu können. Es ist niemand zuständig. Das muss sich ändern.

Wir brauchen mehr kleine, unabhängige Institute, die einfach nur tun, was interessant ist, die frei arbeiten können, ohne Einbindung in eine große Organisationsstruktur. Institute, die schnell und problemlos mit der Arbeit anfangen können, unbürokratisch an Geld kommen. Und die ebenso schnell und problemlos wieder geschlossen werden, wenn sie nichts auf die Reihe bringen. Wir brauchen Wettbewerb, Leistungsprinzip. Ebenso wie all die kleinen Biotechnologie- und Computerfirmen würden solche Institute sehr effektiv in den Kontakt mit der Außenwelt treten. Denn sie müssten ja erklären, was sie eigentlich tun, um zu überleben.

Wir brauchen die Möglichkeit, kleine Institute schnell gründen und wieder zusperren zu können. Aber dabei muss es keineswegs so brutal zugehen wie in der freien Wirtschaft: bei Misserfolg Rübe ab. Man könnte zum Beispiel einem Hochschullehrer die Möglichkeit einräumen, seine Lehrtätigkeit für fünf Jahre zu unterbrechen. Wenn er eine gute Idee hat, der er nachgehen will, bekäme er für diese freien Jahre ein kleines Institut finanziert. Erweist sich die Sache als Fehlschlag, geht er eben wieder zurück und widmet sich der Lehre. Wenn hingegen ein paar junge Wissenschaftler nach der Promotion an einer guten und viel versprechenden Idee arbeiten wollen, warum nicht? Falls sie Erfolg haben und ihr Min-Institut Leistungen vorweisen kann, kriegen sie nach den fünf Jahren eine feste Stelle. Wenn nicht, nicht. Das ist doch ganz einfach. Die Effizienz der Forschung würde sich enorm steigern, dadurch würde die Forschung effektiv billiger.

Natürlich brauchte man für ein solches System Bewertungsprozeduren, darin liegt die Hauptschwierigkeit. Dabei käme es anfangs sicher auch zu Fehlleistungen. Aber ebenso sicher würde die Situation besser, als sie jetzt ist.

In einer solchen modernen Struktur wäre es endlich möglich, die Arbeit unserer Urgroßväter wieder aufzunehmen, da, wo zu Beginn des 20. Jahrhunderts die große Katastrophe alles zerstörte. Eine Physik des Lebens lässt sich bis ins Jahr 1943 verfolgen, im Exil schrieb Schrödinger sein Buch »Was ist Leben?« Was ist Leben? Ich habe versucht zusammenzutragen, was wir heute wissen, für unsere Zwecke hat es genügt, so scheint mir, aber sehr viel ist es eigentlich nicht. Man wüsste es gerne genauer. Das geht nicht ohne Physik. Wir müssen die Physik des Lebens wiederbeleben.

Die Thermodynamik der Maschinen blieb bei der Dampfmaschine stehen beziehungsweise dem Verbrennungsmotor, das ist das gleiche. Es gibt für die Dampfmaschine eine grundlegende theoretische, thermodynamische Beschreibung, den so genannten Carnotschen Prozess. Ohne den wäre die moderne Motorenentwicklung gar nicht denkbar. Eine vergleichbare grundlegende thermodynamische Beschreibung sollte es auch für das Windrad geben. Denn auch ein Windrad tut nichts anderes als eine Dampfmaschine, es erniedrigt die Entropie seiner Umgebung und erhöht so die Entropie des Weltalls.

Die Bestrebung, das Arbeitsprinzip des Windrades besser zu verstehen, ist in der Tat noch in den zwanziger Jahren des letzten Jahrhunderts nachzuweisen. Noch heute ist eines der besten Bücher, das immer wieder aufgelegt wird, das von Betz aus dem Jahre 1926. Diese Bestrebungen wurden dann aber nicht mehr weiter verfolgt. Sodass wir bis heute mit dem Design des Mittelalters zufrieden sind.

Man muss Szillards Physik der Information wieder aufnehmen. Die Arbeiten Shannons, Bennetts, Landauers wurden außerhalb der Physikinstitute geleistet und haben bis heute nicht ihren Weg in die Physik gefunden: Ich habe von Bennett aus der Zeitung erfahren, nicht im Physikstudium. Und Information ist bis heute keine physikalische Größe. Wie kann es da ein tiefer gehendes naturwissenschaftliches Verständnis der Informationsverarbeitung geben?

Und was ist es, das denkt? Eine besondere Form des Lebens, das immerhin ist klar. Und es ist grundsätzlich vom Computer verschieden, auch daran gibt es keinen Zweifel. Das ist aber auch schon alles, was wir mit Sicherheit sagen können. Wie es genau funktioniert, wissen wir nicht, nicht einmal, wie viel Energie der dem Schalten eines Bits im Gehirn entsprechende Vorgang beansprucht. Nicht einmal das! Wir brauchen dringend eine Thermodynamik der Information und eine Physik des Lebens. Das ist die Physik der Zukunft. Und wenn wir die nicht betreiben wollen, so wird die Physik keine Zukunft haben in unserer Gesellschaft.

Und diese Physik der Zukunft ist auch die Physik der Vergangenheit. Es geht nicht darum, irgendwelche neuen Modetheorien in die Medienschlacht zu schicken. Sondern darum, das wieder aufzunehmen, was einige der größten Europäer zu ihren Lebzeiten betrieben haben: Parmenides, Maxwell, Boltzmann, Einstein, Szillard. Das ist unser Erbe. Das einzige, das wir haben.

Solche Forschungen dürfen nicht von Experten erledigt werden, die vom Rest der Welt abgeschlossen in ihrem Labor sitzen. Sie erfordern eine demokratische Physik, die Teil unserer Kultur ist und im geistigen Leben der Gesellschaft wurzelt – so wie Politik, Kunst, Sport. Genau so. Die Wissenschaft, auch die Physik, soll nicht nach Macht streben, sondern nach Respekt und Relevanz. Nicht etwa aus Nächstenliebe und Weltverbesserungsdrang, wir sind ja keine Romantiker, sondern aus Eigeninteresse.

Dann würde sich die Lücke zwischen Gesellschaft und Wissenschaft ganz automatisch schließen, und die Werbeagenturen wären überflüssig. Und die Schranken zwischen den verschiedenen Wissenschaften würden ganz von selbst fallen. Eine solche Wissenschaft würde dann über das Leben und das Denken nachdenken aus dem einzigen Grund, der legitim und sinnvoll ist: um besser zu verstehen, wer wir sind.

Niemand kann wissen, zu welchem Ergebnis unser Nachdenken kommen wird. Wenn ich im nächsten Kapitel versuchen will, zu zeigen, wie dieses Zusammengehen der verschiedenen Gebiete unseres geistigen Lebens aussehen könnte, so nicht im Sinne einer Vorhersage. Sondern nur, um zu zeigen, dass es interessant werden könnte, sehr interessant.

MAN MÜSSTE KLAVIER SPIELEN KÖNNEN

Das organische Leben ein autonomer Kreisprozess, dessen Wirkung auf die materielle Umwelt darin besteht, diese zu ordnen. Das Denken eine eigene Lebensform, die damit beschäftigt ist, ihren Zustand, veranschaulichend dürfen wir ruhig sagen »ihre Bits«, zu ordnen, in Hinsicht auf die Außenwelt: Es scheint dies eine Sehweise zu sein, die bei aller Vorläufigkeit und Unvollständigkeit unserer Ausführungen doch in mancherlei Weise das Wissen verschiedener Fachdisziplinen in sich vereint oder doch zumindest anklingen lässt. Das ist sicherlich im Sinne der europäischen Aufklärung. In deren Sinne es wohl auch wäre, als Nächstes zu fragen, wie dieses gemeinsame Wissen auf die verschiedenen Fachdisziplinen zurückwirken kann.

Das ist eine Frage nach der Zukunft, die ich aber nicht stelle, um spekulieren zu dürfen, sondern um zu prüfen, wie es eventuell aussehen könnte, ob es interessant sein könnte, ob es sich zu tun lohnt. Zu prüfen, ob die teils doch nur sehr vorsichtig und nur vorschlagsweise anklingenden Gemeinsamkeiten sich bei näherer Betrachtung zu verstärken scheinen oder sich eher verflüchtigen.

Das zu sondieren ist sinnvoll, denn das Gespräch über die Fachgrenzen hinweg ist schwierig und mühevoll. Ehe man diesen steilen Weg beschreitet, sollte man bedacht haben, ob er überhaupt zu einem lohnenden Ziel führen kann, ob man die Rede noch weiter hinaustragen kann in gemeinsamer Sprache.

PHILOSOPHIE

Wir besprachen die alte Frage, wie denn etwas entstehen könne, wie etwas sein könne, wo vorher nichts war. Ebenso alt ist die Frage nach der Möglichkeit des Erkennens der Welt.

a priori

Muss ich zum Beispiel, um etwas über Zeit zu erfahren, nicht zuallererst die »Veranlagung« hierfür haben, einen angeborenen »Sinn« für Zeit? Also bereits Wissen besessen haben über »Zeit«? Anders gesagt: Jemandem, der Zeit nicht kennt, keinen »Sinn« hat für Zeit, wie sollte ich dem je erklären können, was Zeit ist? Unser Denken kann doch nicht im Nichts anfangen, es muss auf etwas aufbauen, Gedanken ohne Inhalt sind leer. Ehe ich über Zeit nachdenken kann, ja ehe ich überhaupt Zeit empfinden kann, braucht es also ein »A-priori-Wissen« über die Zeit?

Das jedenfalls hat Kant, aber nicht nur er, aus solchen und ähnlichen Überlegungen gefolgert: Es müsse ein solches »A-priori-Wissen« geben. Am Beispiel der Zeit sieht man aber auch, wie fragwürdig Kants Schlussfolgerung war. Denn unsere Vorstellungen über die Zeit waren jahrtausendelang falsch, das wissen wir seit Einstein. Und es fragt sich, ob die Idee einer »falschen A-priori-Vorstellung« sinnvoll ist.

Zum Problem des »a priori« kommt es dann, wenn man stillschweigend davon ausgeht, der menschliche Geist stehe der Wirklichkeit eigenständig gegenüber, stehe ihr unbeteiligt gegenüber und versuche, aus einer Position der Objektivität heraus die Wirklichkeit zu erkennen. Dann in der Tat kommt es zur Frage, wie denn der Geist ein Wissen über die Wirklichkeit aufbauen soll, ehe er ein solches Wissen hat.

Recht hatten die älteren Philosophen insofern, als es zwar ein a priori braucht. Aber dieses liegt eben nicht nur im Geist selbst, sondern auch außerhalb. Es liegt in der Tatsache, dass ein Ensemble von Bits nur dann Entropie abstrahlt, wenn es mit der Außenwelt gekoppelt ist und sich mit dieser in Beziehung setzt. Der physikalisch messbare Unterschied zwischen echter Information und einer Tüte beliebiger Bits, das ist das »a priori« und bildet das Tor, durch welches unser Geist in die Wirklichkeit gelangen kann. Und es ist das Zweite Gesetz, das dieses statische a priori zu einem dynamischen macht.

Damit ist auch die Frage nach der Wirklichkeit selbst beantwortet. Gibt es die überhaupt, die Wirklichkeit? Oder machen wir sie selbst in unserem Kopf, so, wie wir auch beliebig viele »virtuelle Wirklichkeiten« erzeugen können im so genannten Cyberspace?

Eine Wirklichkeit allein im Kopf erzeugen können wir gar nicht, denn das wäre kein notwendig dissipativer Prozess. Es wäre gar nicht möglich, den Zustand des Gehirns zu ordnen in dem Fall, weil es keine Ordnung ohne Bezug geben kann. Es gibt die Wirklichkeit also wirklich. Wir sind ihr nicht immer sicher, weil wir große Schwierigkeiten haben, sie nachzuformen, und dabei erhebliche Fehler begehen. Aber es ist jedenfalls die Wirklichkeit selbst, die wir anschauen, es gibt nur die eine.

Weltdeutung

Ähnliches gilt für Wittgensteins Probleme mit der Deutung der Welt: Wie kann man denn angesichts der Unabgeschlossenheit der Sprache etwas aussagen über die Welt? Wo wir zur Festlegung der Sprache doch immer angewiesen sind auf die Welt, von dieser ausgehen müssen? Will ich sagen, was eine Katze sei, bleibt am Ende ja doch nichts anderes, als auf sie zu deuten, ich brauche diese selbst, um etwas auszusagen über sie. Ich habe also selbst eigentlich gar nichts sagen können über die Katze, über die Welt. So sieht das jedenfalls dann aus, wenn wir uns als autonome, von der Welt abgetrennte Beobachter betrachten. Dann wäre tatsächlich nicht zu verstehen, wie wir die Welt deuten, uns in ihr zurechtfinden können. Dann sollten wir das eigentlich ebenso wenig können wie ein

Computer, der ja auch die Bedeutung von dem, was er sagt, nicht kennt.

Die Lösung dieser alten und nie wirklich gelösten Frage könnte wiederum darin bestehen, dass der Geist der Welt eben nicht als etwas anderes gegenübersteht, sondern er ist die Welt. Die Probleme, welche wir mit der Weltdeutung zu haben scheinen, liegen an der noch sehr schwachen Korrelation zwischen Denken und Welt, aber nicht an einer fundamentalen Fremdheit zwischen uns und der Welt. Wir sind die Welt, in noch recht unvollkommener Ausformung.

Zur Verteidigung des Menschen
Philosophie ist wohl immer von Menschen ausgegangen, die ihr Unwissen über die Welt unerträglich fanden, die wissen mussten, ob diese so ist, wie sie uns scheint. Wie der Mensch zu ihr stehe, in ihr stehe, wer er sei. Philosophie ist also, wenn auch nicht in ihrem oft kargen Erscheinungsbild, so doch in ihrer Wurzel zutiefst human. Deshalb wohl kam sie in ein Spannungsverhältnis mit den Naturwissenschaften, als diese begannen, den Menschen aus ihrer Methodologie auszuklammern: Weder in den Formeln des Archimedes noch in denen Galileis oder Newtons kommt der Mensch vor. Dieses Spannungsverhältnis – oder sollten wir einfach nur sagen »Distanz«? – nahm immer mehr zu, als die Naturwissenschaften scheinbar damit begannen, den Menschen immer mehr zu marginalisieren: Erst wurde er von der Mitte der Welt auf eine kleine im Raum schwebende Kugel verbannt, dann Nachkomme des Affen, dann auch noch zum Sklaven seines von ihm selbst nicht kontrollierbaren Unterbewusstseins. Und zu guter Letzt stellt sich heraus, der Mensch lebe überhaupt nur, um zu essen. Jedenfalls unter rein thermodynamischen Gesichtspunkten.

Diese Marginalisierung wird den Naturwissenschaften bis auf den heutigen Tag angelastet. Nun sieht man: Es ist dergleichen ja gar keine Marginalisierung! Weil es sich in jedem Fall nur auf den organischen Teil des Menschlichen bezieht – den der Mensch mit den Pflanzen gemein hat, der aber nicht das ist, was den Menschen ausmacht. Charakteristisch für den Menschen ist vielmehr, an einer Lebensform teilzunehmen, welche »Denken« heißt. Und was nun dieses geistige Leben betrifft, das eigentlich menschliche, so kann von einer Sklavenexistenz am Rande der Welt auch nicht im Entferntesten die Rede sein. Tatsächlich steht der Mensch im Zentrum der Welt.[63]

Der Geist des Menschen besteht darin, dass sich, was in der Wirklichkeit der Fall ist, in ihm nachformt, spontan, unter dem Zwang des Zweiten Gesetzes der Thermodynamik. Und indem sich die Ordnung der Welt spiegelt im Geist, entsteht Bewusstsein. Der Mensch ist nicht weniger als das Bewusstein der Wirklichkeit. Er ist das Bewusstsein der Welt, die ohne ihn keines hätte. Etwas poetischer formuliert, spiegelt sich die Wirklichkeit im Geiste des Menschen, im Sinne einer aktiven Spiegelung, eines Nachformens ganz von allein. Und weil die Wirklichkeit offensichtlich hoch geordnet ist, in menschlicher Sprache das Erblicken von Ordnung als Schönheit emotional registriert wird, so könnte man, noch ein wenig poetischer werdend, formulieren, dass sich die Wirklichkeit im Menschen spiegelt mit einem Lächeln, sich also Mensch und Wirklichkeit erkennen und sehen, dass es gut sei.

Und da, wo die Wirklichkeit sich selbst gegenübertritt, sich selbst bewusst werdend, da ist ja wohl das Zentrum der Welt, und das ist der Mensch. Und das, was da »ich« sagt, ist, wenn auch noch nicht die ganze, so doch die Wirklichkeit selbst.

---

[63] Oder jedenfalls eines ihrer Zentren, es mag da draußen noch weitere geben.

DAS EBENBILD

Ich bleibe dabei, weder Gott beweisen noch ihn widerlegen zu wollen. Weil das nicht meine Aufgabe sein kann und auch deshalb, weil es nirgends so viel Hass und Fanatismus gibt wie auf dem Gebiet der Religion. Dem will ich mich nicht aussetzen, warum sollte ich auch?

Allerdings soll die Wissenschaft der Gesellschaft ihr Wissen übermitteln, damit die Gesellschaft dann selbst entscheidet, was sie damit tun will. Das gilt auch für die Teile der Gesellschaft, die sich für Fragen der Religion interessieren. Dieser Neugier nachzukommen, indem ich auf eventuelle Möglichkeiten hinweise, ist das eine, das will ich tun. Ein schlussendliches Urteil zu fällen wäre etwas ganz anderes, das tu ich nicht.

Es könnte zum Beispiel interessant sein, die alte Vorstellung von der Zweiteilung der Welt in einen materiellen Teil und in einen immateriellen, den Sinnesorganen nicht zugänglichen Teil abgelöst zu haben durch die Frage nach der Information. Höchstens könnte man fragen, ob es einen Teil der Welt gibt, über den Information existiert oder prinzipiell existieren könnte, und einen zweiten Teil, über den es prinzipiell keine Information geben kann. Aber das wäre eine Scheinaufteilung, denn das, worüber keine Information existieren kann, ist ununterscheidbar vom Nichts.

Daraus könnte jemand schließen – ich tu das nicht! –, die immaterielle Welt sei damit ad acta gelegt und somit Gott, weil Gott ja die immaterielle Welt bewohnt. Ein anderer hingegen könnte schließen – ich tu das nicht! –, das sei doch ein alter, dummer Aberglaube, in die Welt gebracht von interessierten Kreisen, dass sich Gott in irgendeiner immateriellen Welt aufhalte. Ganz im Gegenteil sei Gott in der Wirklichkeit selbst, sei durchaus wirklich und völlig real, und wer die Wirklichkeit der Wirklichkeit bestätigt, bestätigt Gott. Woraus sich die Möglichkeit ergäbe, die alte Vorstellung vom Menschen als Ebenbild Gottes zu verbessern. Denn nach dem, was man in den letzten Jahrhunderten über den Menschen erfahren musste, war die Vorstellung, er sei das Ebenbild Gottes, ja geradezu peinlich geworden. Warum also die Vorstellung vom Ebenbild nicht ablösen durch die Idee des Spiegels? Der Mensch nicht Ebenbild, sondern Spiegel Gottes, der sich langsam aufklärende Spiegel Gottes?

Und wäre das in Verbindung zu bringen mit dem, was die ältere Theologie zu wissen glaubte, wenn sie zwar von der göttlichen Ordnung sprach, den Begriff der göttlichen Unordnung aber ebenso wenig zuließ wie den der ungöttlichen Ordnung?

OFFENE NATURWISSENSCHAFTLICHE FRAGEN

Das Zweite Gesetz ordnet Atome, wo immer es kann. Und ebenso ordnet es einen Speicher, wo immer es kann, denn das Zweite Gesetz kann zwischen Atomen und Bits nicht unterscheiden. Beide Ordnungsprozesse geschehen spontan, sind einfach eine Folge des Zählens mit Zahlen, niemand greift ein.

Und deshalb können Computer nicht denken. Denn sie kennen kein spontanes Ordnen ihres Zustandes, so etwas ist bei ihnen nicht möglich. Wir kennen alle Funktionen eines Computers vollständig. Nirgends findet sich ein Mechanismus, der ein spontanes Ordnen der Bits zulässt. Ein spontanes Manipulieren ja, aber nicht ein Ordnen. Wobei der Unterschied zwischen »manipulieren« und »ordnen« eines Bits mit Hilfe der Thermodynamik formuliert werden kann und mit Hilfe der Entdeckung Bennetts, dass nur das Ordnen eines Bits in Korrelation zur Außenwelt ein notwendig dissipativer Prozess ist, nicht das Schalten eines Bits, wenn es ohne Bezug zur Außenwelt geschieht.

Dies wenige scheint mir sicher und unumstößlich. Wenig ist es zum einen insofern, als es ja eigentlich nichts Neues ist oder doch nichts Neues sein sollte, dass ein Computer nicht denken kann. Und der Begriff »geistiges Leben« ist ja auch keine Neuheit. Das eigentlich Bekannte unter einem neuen Blickwinkel zu sehen ist aber interessant genug, insbesondere, falls dieser Blickwinkel hilft, das Altbekannte zu verteidigen gegen gewisse Zumutungen unserer Zeit.

Zum anderen ist unser Wissen auch wenig, wenn wir es vergleichen mit dem, was wir nicht wissen.

GEHIRNFORSCHUNG

Die Erforschung des Gehirns beschränkte sich in letzter Zeit darauf, seine Verschaltungen rekonstruieren zu wollen. Also seine Hardware und Software zu rekonstruieren. Das ist ganz offensichtlich sehr wichtig, und die technischen Leistungen, die dabei vollbracht werden, sind bewundernswert. Aber es kann nicht zu einem Verständnis des Denkens selbst führen. Sondern, im Gegenteil, man versteht auf die Weise genau das am Gehirn, was nicht denkt, das, was es mit dem Computer gemeinsam hat.

Wollen wir das menschliche Denken besser verstehen, ist zu fragen, woher das Gehirn in technischer Hinsicht seine Empfindlichkeit nimmt für die Welt. Vielleicht ist es dem Gehirn gelungen, an der thermischen Grenze zu arbeiten?

Man braucht zum Schalten eines Bits mindestens die Energie $\frac{1}{2} k \times T$, wenn das Bit in Korrelation zur Außenwelt geschaltet wird. Rein theoretisch gesehen, ginge der Schaltvorgang auch ohne jegliche Energiedissipation, dann, wenn das Bit nicht in Korrelation gebracht wird zur Außenwelt. Darauf beruht der Unterschied zwischen ordnen und schalten von Bits, darauf beruht unser Denken.

Alle bekannten technischen Geräte, Computer einge-schlossen, verbrauchen aus Gründen der technischen Ineffi-zienz sehr viel mehr Energie als $^{1}/_{2}$ k × T für das Schalten eines jeden Bits. Wenn man sich das materielle Bit in einem Com-puter als kleinen Schalter vorstellt, so ist es ein sehr schwer-gängiger Schalter. Man muss, bildlich gesprochen, mit dem Vorschlaghammer draufhauen, damit er von einer Position in die andere springt. Und verglichen mit den zum Schalten be-nötigten gewaltigen Energiemengen ist $^{1}/_{2}$ k × T verschwin-dend wenig, ist also der Unterschied zwischen »Korrelieren mit der Außenwelt« und »Manipulieren« vernachlässigbar ge-ring.

Die Fähigkeit des Gehirns, sich in Bezug zur Außenwelt zu ordnen, könnte in technischer Hinsicht eventuell seinen Grund darin haben, dass es ein Bit mit nur sehr wenig Energie-aufwand schalten kann und dass es deshalb einen Unterschied macht, ob ein Bit mit oder ohne Korrelation zur Außenwelt ge-schaltet wird.

Wie viel Energie braucht das Gehirn, um eines seiner Bits zu schalten beziehungsweise eine Operation auszuführen, die dem Schalten eines Bits äquivalent ist (denn das Gehirn arbei-tet ja auch analog)? Ich habe mich sehr bemüht, das herauszu-finden, aber keiner scheint es zu wissen. Es ist aber eventuell die zentrale Frage für das Verständnis unseres Denkens. (Wie schon gesagt, dieser Mangel an Wissen bietet den Computer-päpsten trotzdem keinerlei Möglichkeit, durch das Hintertür-chen wieder hereinzuschlüpfen mit ihrem Computerdenken. Wie ein Computer funktioniert, das wissen wir ja nach wie vor.)

Ist das eine realistische Vorstellung, das Gehirn an der ther-mischen Grenze arbeiten zu lassen? Dann wäre ja das Gehirn selbst den Leistungen der besten Computerkonstrukteure um viele Größenordnungen überlegen?

Ich halte es für möglich. Unsere Ohren etwa arbeiten tatsächlich an der thermischen Grenze. Besser hören als ein Mensch ist fast nicht möglich. Sie wissen von den geradezu unglaublichen Fähigkeiten des Gehörs der Fledermaus? Die Fledermaus ist uns im Hören aber nur insofern überlegen, als sie auch noch sehr hohe Frequenzen wahrnehmen kann, die für uns schlicht keine Rolle spielen. Aber bei den für uns interessanten Schallfrequenzen ist das Fledermausohr auch nicht empfindlicher als das unsere: Die Luft besteht aus Atomen, die durchschnittlich ein jedes die Energie $1/2$ k × T haben, deswegen fliegen sie mit sehr großer Geschwindigkeit durcheinander. Wäre unser Ohr empfindlicher, als es ist, so würde es das ständige Prasseln der Luftatome gegen das Trommelfell hören. Wir würden verrückt. Darum ist es nicht empfindlicher.

Das ist, was man in diesem Fall thermische Grenze nennt: Die thermische Bewegung der Atome trägt keinerlei Information, ihrem thermischen Rauschen zuzuhören ist Zeitverschwendung. Deshalb arbeitet das Ohr gerade eben ein wenig oberhalb der thermischen Grenze. Spricht also nur an, wenn mehrere Atome im gleichen Takt gegen das Trommelfell schlagen, so wie das in einer Schallwelle das Fall ist.

Ebenso das Auge: Man hat nachgewiesen, dass selbst einzelne Photonen (Lichtteilchen) wahrgenommen werden. Die werden einem nicht bewusst, weil der Augenhintergrund raffinierte Verschaltungen der Sehzellen aufweist; nur wenn mehrere Sehzellen »im Takt« etwas sehen, nimmt man das wahr. Aber jedenfalls ist auch das Auge an der Grenze der physikalisch möglichen Empfindlichkeit. (Das Auge ist, genauer gesagt, an der thermischen Grenze in Bezug auf die Temperatur der Sonne, nicht der Körpertemperatur, denn die Teilchen des Lichts haben ja die Temperatur der Sonnenoberfläche, von der sie stammen. Ein einzelnes Lichtteilchen, das keine Information trägt, wird nicht wahrgenommen. In den für das Auge interessanten Situationen treten immer viele Lichtteilchen zusammen auf, im Takt sozusagen.)

Die Energie, welche unser Körper zum Leben braucht, wird durch den so genannten ATP-Komplex zu den einzelnen Körperzellen transportiert. Dieser ATP-Komplex funktioniert so ähnlich wie eine Batterie, er speichert Energie und gibt sie dort, wo sie gebraucht wird, wieder ab. Auch in diesem Fall arbeitet der Körper nahe an der thermischen Grenze. Die kleinste Energieportion, welche das ATP abgeben kann, ist wenig mehr als $1/2$ k × T. Kleinere Energieportionen können ja auch prinzipiell nicht transportiert werden. Sie würden unterwegs durch das ständige Aneinanderstoßen der Moleküle, durch deren thermische Bewegung, frei werden und verloren gehen.

Es ist deshalb denkbar, dass auch das Gehirn an der thermischen Grenze arbeitet.

Vielleicht würde das auch erklären, warum das Verarbeiten von hereinkommender Information, das genaue Beobachten, das Denken, das Lernen, so viel anstrengender ist als mit offenen oder geschlossenen Augen vor sich hin zu träumen.

EVOLUTION

Insofern ist die Evolutionstheorie Darwins gesichert und verlässlich: Der Mensch hat sich tatsächlich aus einfacheren Vorfahren entwickelt und diese wiederum aus wieder einfacheren, und wenn man immer weiter zurückgeht, sieht man, wie das Leben überhaupt, einschließlich des später menschlich werdenden, irgendwann aus dem Meer kroch.

Früher hat man formuliert, dass die Evolution immer höher entwickelte Lebewesen hervorbringt, und höher entwickelt ist ein Lebewesen dann, wenn es überlebensfähiger ist, »survival of the fittest«. Diese Sehweise scheint allerdings nicht mehr so ohne weiteres akzeptiert zu werden. Denn es ist schwer zu sagen, was das genau bedeuten soll, »höher entwickelt«. Beim Menschen geht es vielleicht noch, man sieht das ein, dass wir höher entwickelt sind als die Affen. Aber zu quantifizieren ist es nicht. Und wenn man etwa einen Dinosaurier vergleicht mit einem Bären oder einem Walfisch, so wird es vollends unklar, was das bedeuten soll, »höher entwickelt«.

Wenn ich es recht verstanden habe, so spricht man heute eher davon, dass sich die Tierarten abgewechselt haben, wobei dieser Wechsel von einer Tierart zur anderen etwa durch veränderte Umweltbedingungen ausgelöst werden kann. Durch einen Kometen beispielsweise, der die Atmosphäre für viele Jahre verdunkelt.

Damit gibt man aber im Grunde genommen die Vorstellung von einer Evolution auf.[64] Denn ein Sich-Abwechseln von Tierarten ist keine Entwicklung. Das Wort »Entwicklung« ist nur zu haben mit einer Entwicklungsrichtung, einem Ziel. Eine Entwicklung ist immer eine Entwicklung »hin zu irgendetwas«. Wenn dieses »hin zu irgendetwas« fehlt, so ist es ganz unsinnig, überhaupt von Entwicklung zu sprechen.

Leicht vereinfacht gesagt, ist die Wirkung des irdischen Lebens unter thermodynamischen Gesichtspunkten ja diese: Gäbe es kein Leben auf der Erde, so würden sich die Wüsten, die in dem Fall die Erdoberfläche bedeckten, während des Tages stark erhitzen und deshalb Photonen[65] hoher Energie, also hoher Temperatur ins Weltall abstrahlen. Während der Nacht würde die sofort stark abgekühlte Wüste wenig strahlen. Gibt es Leben, so heizt sich die Oberfläche des Planeten während des Tages weniger auf. (Und weil die abgestrahlte Energie annähernd gleich sein muss der insgesamt von der Sonne eingestrahlten, so wird ein mit Leben besiedelter Planet während der Nacht weniger abkühlen.) Denn die einfallende Sonnen-

---

64 S. I. Gould, »Illusion Fortschritt«.

65 Photonen sind die Teilchen des Lichts, aber auch Wärmestrahlung besteht aus Photonen, so wie sichtbares Licht, nur dass Wärmestrahlung eine Frequenz besitzt, für die unsere Augen nicht empfindlich sind.

strahlung wird in den Pflanzen chemisch gebunden, die Temperatur der Erdoberfläche erhöht sich weniger. Das Leben unterteilt dann jedes der eingefallenen Photonen in immer kleinere Teile, und schließlich wird diese Energie irgendwann wieder als Wärmestrahlung ins All gestrahlt. Nun in viele kleine Portionen (Photonen) verteilt; eine Wüste strahlt im Vergleich dazu wenige, aber energiereichere Photonen.

Die Zahl der Photonen im Weltall ist bei Anwesenheit eines belebten Planeten deshalb größer, als wenn es das Leben nicht gäbe. Es ist also auch die Entropie des Weltalls größer, als sie es ohne Leben auf der Erde wäre. Vielleicht besteht die Evolution darin, auf immer effektivere Weise die Photonen der Sonne in kleinere Einheiten zu unterteilen? Es gäbe zwei Möglichkeiten, das zu erreichen. Einmal durch eine Erhöhung der Biomasse insgesamt. Zum anderen durch Veränderung der Eigenschaften dieser Biomasse: Strahlt ein Säugetier im Mittel mehr Photonen ab, bei gleicher Energieaufnahme, als ein Dinosaurier?

PHYSIK, VON PARMENIDES ZU PENROSE

Es ist eigentlich anschaulich klar und entspricht der selbstverständlich gewordenen Beobachtung: Alle Lebewesen gehen mit ihren Ressourcen so sparsam wie möglich um. Wenn das Gehirn also ein Bit ohne Energieverbrauch schalten kann, so tut es das auch. Es verbraucht nicht einfach so, aus Jux, Schaltenergie. Das hatten wir bei unseren Argumenten stillschweigend vorausgesetzt.

Ließe sich das wiederum auf ein physikalisches Prinzip zurückführen? Vielleicht auf das Prinzip der kleinsten Wirkung? Es besagt, dass jeder Vorgang mit der kleinstmöglichen Wirkung abläuft. Wirkung ist Energie mal Zeit. Wenn wir der Einfachheit halber annehmen, das Schalten eines Bits brauche immer eine ganz bestimmte Zeit, so scheint mir das Prinzip der kleinsten

Wirkung zu besagen, dass ein Bit, das ohne Energiedissipation geschaltet werden kann, ohne Energiedissipation geschaltet wird. Das Prinzip der kleinsten Wirkung könnte also die zweite Säule sein – neben dem Zählen mit Zahlen –, auf der das Denken aufbaut.

Womit wir wieder bei Parmenides wären. Der fand, es gäbe keine Bewegung, und man könne nur das Seiende denken. Wir hingegen würden formulieren, die Wirkung, mit der sich die Teilchen bewegen, bleibt immer gleich, alle Vorgänge zwischen den Teilchen laufen mit der geringstmöglichen Wirkungsänderung ab (gleich null). Und dieses gleiche Prinzip der kleinsten Wirkung würde, auf das Denken angewandt, zur Folge haben, dass wir nur das Seiende denken können.

Dabei war Parmenides nur einer der ersten, die versucht haben, das Denken mit den grundlegenden Eigenschaften der Welt in Verbindung zu setzen. Bis heute ist dieses Problem, die Klärung des Verhältnisses zwischen Welt und Menschengeist, eine wichtige und aktuelle Herausforderungen geblieben. So hat vor kurzem der berühmte Mathematiker Penrose in seinem Buch »Computerdenken« vorgeschlagen, das Denken zurückzuführen auf die Quantengravitation. Ich sehe diesen Vorschlag zwar mit einer gewissen Skepsis, denn die Quantengravitation ist bis heute eine reichlich hypothetische Angelegenheit, trotzdem hat Penrose insofern Recht, als es sich lohnt, über das Verhältnis von Denken und Welt nachzudenken. Es sollte darüber wesentlich couragierter nachgedacht werden, als das zur Zeit der Fall ist.

Lassen Sie uns zur Demonstration einfach nur ein wenig den Gedanken folgen, die wir schon ganz vorsichtig angedacht haben. Nicht um zu absoluten und schlussgültigen Wahrheiten und Resultaten zu gelangen, sondern eher um zur Diskussion zu laden.

Wir hatten gesagt, »alle Teilchen bewegen sich mit der Wirkung $h/2\pi$«. Diesen Gedanken kann man vertiefen, indem man anmerkt, dass die Welt aus so genannten Materieteilchen aufgebaut ist, auch »Fermionen« genannt – das Elektron und auch die Quarkteilchen zählen zu diesen[66] – sowie aus den »Boson«-Teilchen, welche die zwischen dieser Materie stattfindenden Wechselwirkungen vermitteln – zum Beispiel das Photon oder das W-Boson. Sowohl Fermionen als auch Bosonen besitzen einen Eigendrehimpuls, dieser hat die Dimension einer Wirkung. Der Eigendrehimpuls eines jeden Bosons ist von der Größe $h/2\pi$. Das ist genauso viel, wie diese Teilchen insgesamt an Wirkung besitzen. Wenn nun ein Photon von einem Elektron, zum Beispiel, absorbiert wird, überträgt sich die Wirkung des Photons auf das Elektron. Trotzdem nimmt aber die Wirkung des Elektrons nicht zu, sondern das Elektron ändert die Orientierung seines Eigendrehimpulses in der dem Photon-Eigendrehimpuls entsprechenden räumlichen Komponente: zum Beispiel von $1/2 \times (h/2\pi)$ auf $-1/2 \times (h/2\pi)$, also um insgesamt $h/2\pi$. Das Elektron ändert also die Größe seines Eigendrehimpulses nicht, nur die Richtung. Deswegen kann das Elektron die Wirkung des Photons aufnehmen, ohne den Betrag seiner eigenen Wirkung zu ändern.

Dieses Argument ist aber nur gültig, wenn die gesamte Wirkung der Teilchen in ihrem Eigendrehimpuls steckt. Was ja der Fall zu sein scheint, die Wirkung des Photons ist $h/2\pi$, genauso groß wie sein Eigendrehimpuls. Dann bleibt aber keine Wirkung, die man der linearen Bewegung des Teilchens im Raum zuordnen könnte, übrig. Anders gesagt, in unserem Argument spielt die relative Bewegung (also der Impuls p) von Photon oder Elektron überhaupt keine Rolle.

Wenn wir vorher formuliert hatten: »Alle Teilchen bewegen sich mit der Wirkung $h/2\pi$«, so ließe sich das auch schärfer formulieren, indem man sagt, die Teilchen hätten zwar Bewe-

---

[66] Die Quarks bauen die Protonen und Neutronen des Atomkerns auf, die Elektronen bilden zusammen mit dem Atomkern das Atom.

gung in Form ihres Eigendrehimpulses, aber davon abgesehen hätten sie sonst keine Bewegung. Sollte es dann nicht möglich sein, bei der Beschreibung und Erklärung der Welt auf das Konzept der »linearen Bewegung« ganz zu verzichten?

Das wäre von Vorteil. Denn Emmy Noether hat kurz nach Einsteins Relativitätstheorie herausgefunden, dass die nachweisbar gültige Erhaltung der Energie und des Impulses im Universum ableitbar ist aus der Gleichförmigkeit der Zeit und des Raumes: Kein Punkt in Raum und Zeit ist vor dem anderen ausgezeichnet. Unser Gehirn ignoriert schlicht diese sehr wichtige Tatsache, es sieht sich partout als materiellen Mittelpunkt der Welt. Das ist natürlich erlaubt, es ist erlaubt zu fragen, wie denn die Welt aus irgendeiner beliebigen Perspektive aussieht – aus der Perspektive eines bestimmten Beobachters, der charakterisiert ist durch eine bestimmte Menge von Raum-Zeit-Punkten. Das ist, wovon die klassische Physik handelt, und das ist, woher das Konzept der Bewegung wohl kommt. Aber eine Physik, die auf das Konzept des »Beobachters«, somit auf das Konzept der »relativen Bewegung« verzichten könnte, käme vielleicht der Wirklichkeit näher.

Vielleicht könnten wir das Konzept des Beobachters und der Relativbewegung umgehen, wenn wir die Teilchen als Eigenschaften der Raum-Zeit-Struktur auffassen? Dann würde es sich erübrigen, die Bewegung dieser Teilchen in Raum und Zeit angeben zu wollen. Das wäre ja so, als ob ein Kind auf die Frage, wie groß es sei, antwortete, indem es seine Hand auf seinen Scheitel legte: »So groß.«

Die Teilchen als Eigenschaften der Raum-Zeit anzugeben scheint in der Tat möglich: Weil ja die Energie eines Teilchens gegeben ist durch die Gleichung $E = h\nu$ und sein Impuls durch die Relation $p = h/\lambda$, lassen sich Energie und Impuls durch eine Zeitmessung, ν, und eine Längenmessung, λ, bestimmen. Die Bewegung eines Teilchens lässt sich also durch seine räumlichen und zeitlichen Eigenschaften vollständig bestimmen.

»Energie« und »Impuls« braucht es zur Beschreibung des Teilchens gar nicht. Weiterhin ist die Masse eines Teilchens durch das Verhältnis seiner Frequenz und seiner Wellenlänge gegeben, ein solches Verhältnis nennt man »Dispersionsrelation«. In der Festkörperphysik beschreiben die Dispersionsrelationen eines materiellen Körpers dessen Eigenschaften. Man könnte also die Teilchen vielleicht als Dispersionsrelationen der Raum-Zeit ansehen. Die Teilchen wären dann die Folge einer Feinstruktur der Raum-Zeit. Dann könnte man auch verstehen, warum sie alle die gleiche Wirkung $h/2\pi$ haben, es wäre einfach eine Eigenschaft des Raumes, so wie die immer gleiche Lichtgeschwindigkeit c eine Eigenschaft des Raumes ist.

An dem Punkt angelangt, könnte man auch die Gedanken von Penrose neu verhandeln. Denn die Rückführung der Teilchen darauf, nichts zu sein als Eigenschaften der Raum-Zeit, das könnte vielleicht tatsächlich zu einer Quantengravitation führen. Was meinen Sie?

INFORMATIONSTHEORIE

Wir hatten gesehen, dass es durchaus möglich ist, den Informationsgehalt einer Botschaft so zu definieren, dass man ihn immer messen kann, dass er also zu einer physikalischen Größe wird.

Der Informationsgehalt einer Nachricht ist eine Zahl, die gleich der minimalen Zahl von Bits ist, welche der Beobachter benötigt, um die Information zu speichern.

Die vorgeschlagene Definition muss aber keineswegs die bestmögliche sein. In unserer Definition muss ja Information immer von irgendwoher aufgenommen werden. Im Grunde genommen handelt es sich also immer um das Herstellen einer Kopie, die sowohl vervielfältigbar als auch zerstörbar ist. In unserer Definition ist Information also nicht erhalten. Gibt es ein Original der Kopien? Ist es zerstörbar? Ist jenes Original dann die Information im recht eigentlichen Sinne?

Landauer hat kurz vor seinem Tod darauf hingewiesen, dass die Energie, die es zur Übermittlung eines Bits braucht, im Prinzip zurückgewonnen werden kann. Liegt das daran, dass das, was vom Standpunkt des Gehirns aus gesehen eine Informationsaufnahme ist, ja nur einen Kopiervorgang darstellt, wenn man es aus der Perspektive des Universums sieht? Und woher kommt die Information des Universums eigentlich, und worin besteht sie? Ich weiß es nicht, vielleicht weiß es niemand. Ich weiß nur: Dies ist die Physik der Zukunft, die Thermodynamik der Information.

Zwar haben wir auf den letzten Seiten nur Fragen aufgeworfen und keine beantwortet, aber eines lernt man doch: Die Wiederaufnahme des Dialogs zwischen den verschiedenen Naturwissenschaften und auch der Austausch mit den Geisteswissenschaften muss kein frommer Wunsch bleiben, sondern ergäbe sich aus der Verfolgung bestimmter Probleme ganz natürlich. Vielleicht ist das gar nicht so verwunderlich. Denn wenn man nur Spezialfragen stellt, so ist eine Kommunikation zwischen den verschiedenen Gebieten ja gar nicht nötig, und dort, wo sie stattfindet, bleibt sie gekünstelt. Es braucht wohl die grundlegenden Fragen, welche von der Einzelwissenschaft eben nicht beantwortet werden können, um ins Gespräch miteinander zu kommen.

Lassen Sie uns als Nächstes sehen, ob man ebenso eine Brücke zu den Gesellschaftswissenschaften schlagen kann.

Das Gesetz schützt eigentlich nur den organischen Teil des Menschen. Mord liegt dann vor, wenn durch äußeren Eingriff das organischen Leben eines Menschen zum Stillstand gebracht wird. Das prinzipiell gleichartige organische Leben der Pflanzen, zum Beispiel, darf hingegen ganz nach Belieben angehalten werden.

Diese Willkür ist äußerst problematisch. Man braucht diese willkürliche Grenze ja nur wiederum willkürlich um ein Winzigstes zu verschieben, um so ganz unerheblich wenig wie den Unterschied zwischen einem weißen und einem schwarzen Menschen, einem Europäer und einem Indianer, einem Christen und einem Juden, einem Proletarier und einem Kulaken. Das ist nicht viel, ist es überhaupt etwas? Eigentlich doch nicht, und doch, die Wirkungen solcher infinitesimalen Verschiebungen sind vergleichbar der Explosion vieler Wasserstoffbomben.

Das geistige Leben hingegen, das doch den Menschen tatsächlich ausmacht, ist nicht geschützt. Jeder darf ganz nach Belieben die Intelligenz eines anderen erdrosseln, verkaufen, verschwenden, um Geld daran zu verdienen oder um sich mächtiger zu fühlen. Selbst die Kultur einer ganzen Bevölkerung darf zerstört werden, das ist ganz straffrei. So gilt es zwar vielen Menschen als selbstverständlich, dass der Mensch ein geistiges Wesen ist. Doch in der Realität findet dieses angeblich triviale Wissen keine Berücksichtigung. Das muss sich ändern. Die jetzigen Zustände gutzuheißen ist fast so schlimm wie das Tolerieren von Mord und Totschlag. Das Kinderprogramm gewisser Fernsehkanäle sollte nicht länger straffrei sein. Zum Beispiel.

Der Grund dieses Missstandes könnte im Recht der römischen Kaiser zu finden sein, von dem unser Recht ja abgeleitet ist. Bei näherer Betrachtung kannten die römischen Imperatoren den Menschen gar nicht, der Besitz von Sklaven etwa war mit dem römischen Recht ohne weiteres zu vereinbaren. Sklaven, Menschen immerhin, sind im römischen Recht nicht viel besser gestellt als Tiere. Im römischen Recht sind Rechte letztlich eine Frage der Organisation von Macht. Selbst mit dem Begriff »Person« scheint mir das römische Recht seine Probleme zu haben, als Laie fallen einem Formulierungen auf wie »juristische Person« und »natürliche Person«. Das ist seltsam. Wie kann eine nicht-natürliche Person denn eine Person sein? Liegt da nicht eine gewisse Einschränkung dessen vor, was eine »Person« ist?

Das römische Recht wegen solcher Kleinigkeiten revidieren zu wollen scheint allerdings närrisch. Das Recht nicht als eine willkürliche Machtfrage zu sehen, sondern es auf eine natürliche, menschliche Grundlage zu stellen scheint utopisch.

Und doch zeichnet sich gerade eben in diesen Monaten draußen in der Welt eine ganz überraschende Entwicklung ab. »Leitkultur«, so höre ich, und »Zivilgesellschaft«. Nicht irgendwelche Philosophie-Eremiten murmeln davon, das wäre ja nicht neu, sondern Politiker sind es, die sich trauen, so etwas zum Thema zu machen. Endlich.

Selbstverständlich kann niemand von den jetzigen Politikern erwarten, dass sie von heute auf morgen nachholen, was die vorhergehenden Politikergenerationen versäumt haben. Man wird behutsam vorgehen müssen, es wird Zeit brauchen, es braucht eine Entwicklung, die man durch Quengelei und Ungeduld nicht abwürgen darf. Selbstverständlich sind die Begriffe fürs Erste vage.

Was meint es eigentlich, »Zivilgesellschaft«? Das könnte von »Zivilisation« kommen, da sind wir schon relativ nahe bei der »Kultur«, nur kann ein Politiker wohl nicht sagen »Kulturgesellschaft«; das Wort »Kultur« ist zu sehr missbraucht worden und für den Moment genauso vage. Also Zivilgesellschaft. Ein kleiner Schritt für einen Politiker, ein großer für die Menschheit.

»Leitkultur« ist noch weniger präzise, es mag sagen wollen: »Auf der sonnigen Insel Ithaka wohne ich, in deren Mitte sich das waldige Gebirge Neritos erhebt, ringsum liegen viele bewohnte Eilande, gar dicht beieinander: Dulichion, Same und das bewaldete Zakynthos. Meine Heimat ist zwar rau, aber gut, um starke Männer aufzunähren. Für mich gibt's nichts Süßeres als das eigene Land.« Es könnte sich aber ebenso auf die Münchener Ausstellung für entartete Kunst beziehen. Man muss also auch »Leitkultur« präzisieren. Beispielhaft sei eine der möglichen Ansichten zum Begriff Leitkultur herausgegriffen: »Integration erfordert deshalb, neben dem Erlernen der deutschen Sprache, sich für unsere Staats- und Verfassungsordnung klar zu entscheiden und sich in unsere sozialen und kulturellen Lebensverhältnisse einzuordnen. Dies bedeutet, dass die Werteordnung unserer christlich-abendländischen Kultur, die vom Christentum, Judentum, antiker Philosophie, Humanismus, römischem Recht und der Aufklärung geprägt wurde, in Deutschland akzeptiert wird.«

Ich glaube, man kann, ohne für irgendeine bestimmte politische Gruppierung Partei zu ergreifen, sagen, wie wundervoll das ist, wenn sich Politiker endlich von Dingen zu reden trauen wie etwa Aufklärung oder griechischer Philosophie. Das ist, was unserer Gesellschaft und unserer Politik jahrzehntelang gefehlt hat. Eine wie große Rolle die Kultur für den Menschen tatsächlich hat, das zeigt ja die Geschichte. Die Juden etwa haben sich zweitausend Jahre lang lieber umbringen lassen, als von ihrer Kultur abzurücken, die Tibetaner sind ein anderes Beispiel, und es gibt noch viele.

Am obigen Text müssten eigentlich nur ein oder zwei Wörter überdacht werden. Das »einordnen« und vielleicht das »akzeptiert wird« (es ist nicht klar, ob der Betroffene lediglich die anderen akzeptieren soll, oder ob er das zu Akzeptierende auch selbst akzeptieren muss). Denn diese Worte erzeugen einen inneren Widerspruch in diesem Text, hebeln ihn sozusagen durch die Hintertür wieder aus. Benutzen die Kultur als Vorwand für die Unkultur: Judentum, Christentum, Aufklärung und antike Philosophie haben sich ja gerade eben nicht »eingeordnet« und haben gerade eben nicht »akzeptiert«. Der erste Jude war ein Querdenker, ein Quertreiber, ein Unzufriedener, der lieber wegzog von Ur, hinaus ins hoch Ungemütliche, anstatt sich einzureihen. Der erste Christ ebenso, der ließ sich eher ans Kreuz schlagen, als dass er auf seine Uneingereihtheit verzichtet hätte. Und den nächsten hunderttausend Christen erging es zu einem doch großen Teil nicht besser. Anstatt ein bisschen Weihrauch zu verbrennen für den Kaiser, sich einzureihen, ließen sie sich lieber in die römischen Arenen treiben, zu den Löwen. Auch Luther hat sich nicht eingereiht und hat nicht akzeptiert, was der Kaiser und die Spitzen des deutschen Staates wollten, »hier stehe ich, ich kann nicht anders«. Es war Zufall, dass Luther das überlebt hat, ein Zufall, den Karl V. später bereute. Und dann erst die antiken Philosophen, Atheisten und Verführer der Jugend, angeblich. Von wegen eingeordnet.

Trotzdem ist oben zitierter Text doch schon mal erfreulich. Ein Text von 54 Wörter, in dem nur zwei Wörter bedenklich sind, also vier Prozent, die anderen 96 Prozent sind ja richtig. Nicht schlecht für den Anfang. Das ist ein guter Anfang. Da muss man weitermachen. Es wird Rückschläge geben, Enttäuschungen, Irrtümer, das ist unvermeidlich. Aber irgendwie habe ich das Gefühl, es ginge hier um die Zukunft Europas. Man hat das Gefühl, hier beginne eine Entwicklung, die wichtig ist, aber nicht erfolgreich sein kann ohne die Beiträge vieler. Auch die Naturwissenschaften sind gefragt, es braucht sie genauso wie in der europäischen Aufklärung – zum Beispiel, um zu klären, jenseits persönlicher Meinungen und partikulärer Machtinteressen, dass der Mensch im Wesentlichen eine Form des geistigen Lebens ist. Weshalb wohl gefolgert werden muss, dies ist dann aber nicht mehr eine naturwissenschaftliche Frage, sondern hier findet der Grenzübergang statt zu den anderen Gebieten unseres geistigen Lebens, dass einen Menschen seiner Geistigkeit zu berauben nur um weniges besser ist, als seinen Körper zu ermorden.

Naturwissenschaften führen in einer funktionierenden Gesellschaft auch zu technischen Anwendungen und verkäuflichen Produkten, ganz automatisch, da braucht man nicht besorgt zu sein – wenn denn die Gesellschaft demokratisch ist und funktioniert. Das eigentliche Anliegen der Naturwissenschaften ist aber ein ganz anderes. Sie müssen Koordinaten und Fixpunkte beitragen zur Frage nach dem Menschen.

MAN MÜSSTE KLAVIER SPIELEN KÖNNEN

Wer Klavier spielt, hat Glück bei den Fraun. So war das jedenfalls einmal. Angeblich. Aber auch falls es nicht stimmt, sollte man doch Klavier spielen können. Oder Geige. Planck und Einstein haben oft und gern zusammen musiziert, Einstein Geige, Planck Klavier. Zusammen haben sie das alte Weltbild aus den Angeln gehoben. Und man fragt sich, ob das eine mit dem anderen etwas zu tun hat? Und was es dann eventuell mit den Frauen zu tun hätte, das wüsste man auch gern.

Nun sind wir hier aber nicht in einer Pianobar, schade eigentlich, denn da könnten wir vielleicht auch den großen Feynman treffen mit seiner Trommel, sondern sind in der Wissenschaft, und deshalb müssen wir derartige Fragen etwas anders formulieren. Weshalb wir den Diskurs auf Platon bringen wollen, der bekanntlich den Eros als die Triebfeder der Philosophie identifizierte (also wohl auch der Physik) und der auf die entscheidend wichtige Verbindung hinwies zwischen Eros, Musik und Mathematik.

Des Weiteren ist der Vermutung Ausdruck zu geben, dass eine Turing-Maschine der Information I1, welche auf der Information I2 operiert, immer eine Information I3 hervorbringt, welche bereits in I1 und I2 enthalten war. Das nehmen wir an, weil ja sonst die (als nach außen abgeschlossen verstandene) Turing-Maschine neue Information erzeugt hätte, was aber vermutlich unmöglich ist in einem geschlossenem System. Die Turing-Maschine kann dann nicht kreativ sein, sie kann nicht denken, sie kann es nicht einmal versuchen. Allgemeiner gesagt, denn insoweit es logisch denkt, müsste sich ja das Gehirn durchaus als Turing-Maschine darstellen lassen: Rein logisches Denken, auch dann, wenn es sich im Gehirn abspielt, ist nie kreativ.

Wenn aber rein logisches Denken nicht kreativ sein kann, dann kommt die Kreativität vielleicht aus dem emotionalen Denken? Denn irgendwoher muss sie ja kommen. Außerdem gehen dem Computer Emotionen genauso ab wie die Fähigkeit zur Kreativität. Besteht da ein Zusammenhang?

Auf den ersten Blick scheint das unwahrscheinlich, Gefühle wie Hunger oder Durst haben schlicht mit dem Überleben zu tun. Sie sind ein Überlebensvorteil. Sie werden durch irgendwelche Stoffe ausgelöst oder durch deren Mangel. Wenn Wasser fehlt, stellt sich Durst ein. Das ist nicht gerade kreativ. Wobei anzumerken wäre, dass man die Wirkungen von Emotionen wie »Hunger« und »Durst« auch mit dem Computer simulieren kann. So gibt es etwa elektrische Mäuse, die man mit einer Vorrichtung ausgestattet hat, welche es ihnen ermöglicht, selbstständig an der nächsten Steckdose ihre Batterie aufzuladen. Dabei stellt sich die Frage, wann die Maus zum Aufladen marschieren soll. Wenn die Batterie zu neunzig Prozent leer ist, oder schon, wenn sie noch halb voll ist? Dabei soll es sich als am effizientesten erwiesen haben, der Maus eine Art Hungergefühl einzuprogrammieren, sodass die Maus mit abnehmender Batterieladung der Suche nach einer Steckdose eine immer höhere Priorität einräumt.

Bei Wesen einfachen Gemüts, etwa bei den Hirschen, reichen solche Emotionsmechanismen vermutlich für alle Lebenslagen. Für die Brunft zum Beispiel. Schwache und kranke Hirsche sind im Winter ja verschwunden, alle Überlebenden sind also, evolutionstechnisch gesehen, interessant. Für das Weitere reicht es, wenn alle Hirschinnen gut riechen, damit sie der Hirsch begehrenswert findet, und alle Hirsche dürfen als hübsch durchgehen, weil ja die etwas schwächeren im Brunftkampf sowieso vertrieben werden. Für einen one night stand reicht das, und mehr ist ja gar nicht gefragt.

Für Wesen, die in höheren sozialen Strukturen leben, ist die Lage komplizierter. Solche Wesen können zum einen nicht mehr davon ausgehen, dass der Winter jedes Jahr die evolutionstechnisch nicht mehr so interessanten Individuen verschwinden lässt. Sie müssen also selbst auswählen: Welches Weibchen, welches Männchen schaut vielversprechend aus, käme in Frage? Dabei ist durch vielfältige Experimente nachgewiesen, dass für die Bewertung der äußeren Körpermerkmale schon einige wenige Zahlenverhältnisse genügen. Diese Zahlenverhältnisse sind im Gehirn abgespeichert. Entspricht das wahrgenommene Bild eines Wesens der gleichen Art diesen Zahlenverhältnissen, ist also in Hinsicht auf die im Gehirn bereits residente Information geordnet, so wird besagtes Wesen als schön wahrgenommen, löst eine Emotion aus. Ähnliches geschieht, wenn individuelle Gesichtszüge wiedererkannt werden. In diesem Fall stellt das Gehirn Übereinstimmung, also Ordnung in Bezug auf eine angelernte residente Information fest.

Natürlich liegt im Gehirn nicht eine Fotografie des Erblickten vor, die man etwa durch eine Lupe betrachten könnte. Ebenso wenig wie sich im Speicher einer Videokamera ein Miniaturbild des Fotografierten findet. Sondern die durch das Auge aufgenommene Information wird in Form eines Bitmusters gespeichert oder einer einem Bitmuster äquivalenten Form. Einer Ordnungsstruktur.

Es ist dann zumindest denkbar, dass das Gehirn auch dann den Ordnungsgrad seiner Bitmuster oder äquivalenter Strukturen bewerten und emotional melden kann, wenn es nicht um das reine Überleben geht. Und dies ist nicht nur denkbar, sondern wird durch die Tatsachen bestätigt.

Nehmen wir an, Sie verstünden absolut nichts von Akustik, wissen durchaus nicht, worauf der Unterschied beruht zwischen einem Geräusch und einem Ton. Trotzdem können Sie Geräusche von Tönen unterscheiden. Sie empfinden, merken, spüren den Unterschied.

Obwohl Sie nicht wissen, dass ein Geräusch aus einer zufälligen Abfolge von Druckschwankungen besteht – man brauchte unendlich viele Zahlen, um es vollständig zu beschreiben –, ein einfacher Ton hingegen aus einer vollkommen regelmäßigen (Sinus-)Schwingung. Eine einzige Zahl, die Frequenz, genügt, um einen Ton vollständig zu beschreiben. Der Ton ist geordnet, das Geräusch nicht. Auch wenn Sie das nicht wissen, so sind Sie doch in der Lage, es zu spüren.

Erweitert man die einfache Ordnung des Tones, indem man Obertöne hinzugibt, so ergibt sich der Klang eines Musikinstruments. Der bereits mag Sie nachdenklich stimmen, wenn er allmählich verklingt. Er kann aber auch ergänzt, fortgeführt werden, durch andere Töne, die geordnet sind in Bezug auf ihn und in Bezug auf einander. Eine Melodie ergibt sich. Die natürlich immer eine zeitliche Ordnung hat, denn ein Ton folgt zeitlich auf den anderen, und diese zeitliche Ordnung kann erhöht werden durch einen Takt, und zu guter Letzt hüpfen begeistert die Herzen, schwingen die Beine oder, je nachdem, schreitet man langsam, schweren Sinns, die Kürze des Lebens bedenkend.

Emotionen sind ganz offensichtlich ein Gradmesser für Ordnung. Kein besonders guter vielleicht, weil sie leider auch fehlgehen können, aber einen besseren haben wir nicht. Und das liegt vermutlich nicht an unserer Unvollkommenheit, son-

227

dern daran, dass die Emotion sich damit zufrieden gibt, auf die Möglichkeit einer Ordnung hinzuweisen. Darin liegt ja eben das kreative Element.

Es steht zu vermuten, dass nicht nur optische Bilder oder akustische Wahrnehmungen im Gehirn als Bitmuster (oder als einem Bitmuster äquivalente Strukturen) vorliegen, sondern auch abstrakte Gedanken. Gelingt es dem Gehirn, einen Gedanken so zu ergänzen oder zu vereinfachen, dass er zu einer höheren Ordnung führt, so scheint es das zu spüren: Dann empfindet der Forscher Freude und ruft »Heureka«. Dennoch kann der Gedanke falsch sein, weil Emotionen, anders als Turing-Algorithmen, fehlgehen können. Deshalb braucht die Wissenschaft das Experiment oder wenigstens die rückversichernde Diskussion mit anderen Forschern, um das als möglicherweise richtig Empfundene zu verifizieren. Im Alltag gibt es das Experiment auch, nur heißt es dort »leidvolle Erfahrung«.

Emotionen sind daher keineswegs unwissenschaftlich, sondern im Gegenteil, sie sind die Wurzel der Kreativität und somit die Grundlage der Wissenschaft. Sie erlauben es, an Wissen zu gelangen, das einer Turing-Maschine nicht zugänglich ist. Rationales Denken ist verifizierte Emotion.

Das Denken besitzt die natürliche Tendenz, sich zunehmend zu ordnen, und so verwundert es wenig, dass jeder Mensch Hunger nach Emotionen hat. Hierin scheint sich die Grundlage des Denkens selbst zu äußern.

Dabei liegt es nahe, die Emotionen, wie dies in der Vergangenheit häufig getan wurde, aufzuteilen einerseits in gewissermaßen organische, im Triebleben wurzelnde Emotionen und andererseits in geistige Emotionen, die ausgelöst werden durch das Erblicken einer abstrakten Ordnung – um sodann diese beiden Arten von Emotionen gegeneinander auszuspielen.

Wenn, was wir über Information und Thermodynamik gesagt haben, aber auch nur so halbwegs stimmt, ist eine solche Aufspaltung der Emotionen in gute und schlechte jedoch sehr problematisch, ja eigentlich abzulehnen. Dazu halte man sich vor Augen, dass etwa das, was in einem Gedicht oder einem Märchen gesagt wird, ganz verschieden ist von dem, was wortwörtlich geschrieben steht. »Und singen der Nacht, der Mutter ins Ohr, vom Tage, vom heute gewesenen Tage«, oder »Von zitternden Blättern rieselt tiefer Schlaf«. Das ist wortwörtlich genommen doch ganz unsinnig. Weder ist die Nacht eine Mutter, noch hat sie Ohren, noch rieselt Schlaf von irgendwelchen Blättern, auch nicht von zitternden. Dennoch transportiert die wortwörtlich unsinnige Information eine emotionale Botschaft, die auch sachlich richtig ist, insofern man ihr zustimmen kann.

Doch eigentlich ist der Begriff »transportiert« kaum angebracht, denn wenn die Botschaft solcher Texte nicht in der Wortwörtlichkeit des Textes selbst zu finden ist, muss sie zumindest teilweise bereits vor dem Lesen im Geiste des Lesers gewesen sein. Der Leser wird nur erinnert an etwas, das ihm schon zu eigen war. Es kommt also auf die Wortwörtlichkeit der Nachricht insofern an, als ein schlecht geschriebenes Gedicht nichts bewirken kann, in einem Gedicht muss jedes Wort genau gewählt sein. Dennoch liegt die übertragene, eigentlich erinnerte Information nicht im Wortwörtlichen. Das Wortwörtliche ist die Adresse, unter der die residente Information zu finden ist, an die erinnert werden soll.

Noch deutlicher zeigt dies die Musik. Ohne irgendetwas wegzulassen, lässt sich Musik auf Zahlen und Zahlenverhältnisse reduzieren. Eine Musik-CD enthält nichts als Zahlen in binärer Form. Dennoch sind die Bachschen Choräle doch zweifellos etwas anderes als eine Zahlenreihe.

Ein Bachscher Choral vermittelt wiederum emotionale Information, die in den übertragenen Tönen nicht vorhanden ist. Und wiederum ist die Botschaft sachlich korrekt, insofern als man ihr zustimmen kann.

Man könnte hinter dem großen Aussagereichtum Bachscher Musik eine hoch komplizierte, reiche Folge verschiedenster Töne vermuten. Das Gegenteil ist der Fall. Auf ein einleitendes eingestrichenes E folgen die Tonabstände +3, −1, −2, −1, −1, +1, dann +4, +1, −1, +1, −1, −1, −1. Es scheint ein Kinderliedchen zu sein, so einfach, und ist stattdessen eines der erschütterndsten Trost- und Sterbelieder, die je von diesem Planeten ins scheinbar leere All klangen.

Ganz unübersehbar ist jene schlichte Zahlenfolge nicht die Botschaft selbst, sondern die Adresse, wo die Botschaft zu finden ist im menschlichen Geist, der sie bereits gewusst hat. Also auch hier, so wie im Gedicht: Das, was die emotionale Botschaft ins Bewusstsein bringt, ist nicht gleichzusetzen mit der Botschaft selbst. Genauer gesagt, die hereinkommende Information enthält zwar die Botschaft, aber nur aufgrund und mittels der angetroffenen residenten Information.

Dies zu bedenken mag helfen, wenn man sich etwa unversehens der vollkommenen Schönheit der Koren gegenübersieht. Deren Schönheit beruht ja auf den gleichen Reizen, die für die Erhaltung unserer Art zuständig sind, die wegen ihrer Wirksamkeit von der Cola- und Tabakindustrie täglich aufs Neue an uns erprobt werden, um Geld zu verdienen. Wie groß ist da die Gefahr, von diesem täglichen Bombardement ermüdet abzuwinken und von den Koren nur noch das zu sehen, was auch der Fotoapparat sieht. Das aber hieße, die Botschaft und ihren Auslöser gleichzusetzen, das wäre falsch. Stattdessen darf man ruhig die Schönheit der Koren für sich sprechen lassen; sprechen lassen vom hohen Maß an Vollkommenheit, das dem Menschen potenziell möglich ist; davon, wie der Mensch der Welt autonom und gleichberechtigt gegenübertreten kann, gleichwertig mit ihr; nicht im Gegensatz zu ihr, sondern in Harmonie.

Es kommt also nur auf die Schönheit selbst an, auf das Finden, das Empfinden der Schönheit. Nicht so sehr darauf, wie die Schönheit sichtbar gemacht wurde. Weshalb es eben keinen Sinn hat, geistige und körperliche Emotionen gegeneinander ausspielen zu wollen. Nur auf das Resultat kommt es an, das Sehen der Schönheit.

Nachdem wir nun ein wenig das Verhältnis von Emotion und Schönheit beleuchtet haben, lassen Sie uns zurückkommen auf unser Ausgangsproblem, auf den Zusammenhang zwischen Schönheit und Wissenschaft. Einerseits ist das emotionale Empfinden von Schönheit eine Grundlage der Kreativität und damit eine Grundlage der Wissenschaft. Emotionen sind so gesehen also nicht unwissenschaftlich. Zwar sind sie mit Vorsicht zu genießen, weil sie fehlgehen können. Aber auch rationale Gedanken sind letztlich nichts anderes als bestätigte Emotionen.

Umgekehrt ist die Wissenschaft wichtig, um die Emotionen ernst nehmen zu können. Denn jemand könnte sagen: »Weder finde ich das mit den zitternden Blättern überzeugend, noch hab ich Bock auf Koren, und Bach turnt mich schon gar nicht an. Was ihr da zu sehen glaubt, ist alles eitel, ist Hirngespinst, ist wie ein Rausch von Drogen.« Natürlich würde man in so einem Fall fragen, ob dieser Mensch überhaupt die Konzentrationsfähigkeit besitzt, um die Ordnung, also die Schönheit, von Musik wahrzunehmen, wenn sich deren Ordnungsstrukturen über einen Zeitraum von mehr als zehn Sekunden hinziehen. Und dann erinnert die Musik ja nur an etwas, und wo nichts ist, da kann man nichts erinnern.

Durch solche Argumente wäre aber erst das Nichthörenkönnen des Kritikers plausibel gemacht, aber noch nicht nachgewiesen, dass die im Prinzip wahrnehmbare emotional vermittelte Botschaft mehr ist als ein Drogenrausch. Dieser Nachweis kommt aus der Wissenschaft, die ja auf den Emotionen aufbaut. Wären die Emotionen nur Hirngespinste, so gäbe es folglich auch keine übers Hirngespinst hinausgehende Wissenschaft.

So sind Wissenschaft und Schönheit nicht nur Verbündete in der Verteidigung der Menschlichkeit, sie stehen sich auch gegenseitig bei. Und es ist egal, ob der Mensch Musik betreibt oder Mathematik, Kunst oder Physik, Philosophie oder Dichtung. Es ist doch immer das gleiche. Auf der Suche nach Ordnung ist er, er versucht, eine Korrelation herzustellen zur immer gleichen Wirklichkeit, aus jeweils anderer Perspektive, mit jeweils anderen Mitteln.[67]

Wenn also der Mensch der Welt gegenübertritt, um sie zu erkennen, und ihm dies nur teilweise gelingt, weil sein Verstand im 21. Jahrhundert noch ein recht begrenzter ist, und wenn er sich mit dieser Begrenzung nicht zufrieden geben kann, so bleibt ihm, diese Grenzen zu erweitern, indem er nach Schönheit sucht. Durch das Erkennen der Schönheit kann man – bei aller gebotenen Vorsicht – der Wirklichkeit doch auch teilhaftig werden, wie durch rationales Wissen. Unsere Sehnsucht nach Schönheit, die Suche nach der Weltformel, es ist das gleiche. Platon hatte Recht.

---

[67] Hier ergibt sich durchaus auch eine Kontrollmöglichkeit, ein demokratisches Machtinstrument: Wenn Ihnen eine große Wissenschaftsorganisation oder ein Großforschungsinstitut einreden will, das sei Wissenschaft, was sie betreibt, so müssen Sie nicht erst das entsprechende Fachgebiet studieren, um urteilen zu können. Lassen Sie sich einfach erklären, was die tun. Wenn es Sie gähnen macht, wenn es uninspiriert ist, bemüht, konstruiert, beflissentlich, langweilig, so ist es keine Wissenschaft. Wenn es Werbeagenturen braucht, um das Dröge ein wenig aufzupeppen, so ist es keine Wissenschaft. Auch dann nicht, wenn es eine Milliarde gekostet hat. Dann erst recht nicht.

LEISE, IHR DÜRFT SIE NICHT STÖREN

Die vom Menschen als Gegenwart empfundene Zeit, so höre ich von Kollegen, betrage ein Intervall von mehreren Minuten, das vom tatsächlichen, physikalischen Zeitpunkt der Gegenwart zurückreicht in die Vergangenheit, einige Minuten weit. Und selbst wenn jemand einwenden wollte, das sei zu knapp kalkuliert, man solle den ganzen und vielleicht auch noch den vorig gewesenen Tag einbeziehen, da auch dessen Stimme noch in unserem Ohr lebendig sei, so nimmt doch unbestreitbar die Gegenwart nur einen geringen Teil unseres Lebens ein, das fast ausschließlich aus Vergangenheit besteht, mehr so mit zunehmendem Alter.

Und nicht nur für den einzelnen Menschen sei die Vergangenheit von großer Bedeutung, darauf wird oft hingewiesen, sondern auch für eine ganze Gesellschaft, für die ganze Kultur sei der Besitz ihrer Vergangenheit von Ausschlag gebender Bedeutung. Denn weil eben das Leben ganz überwiegend aus Vergangenheit besteht, führt eine Gesellschaft ebenso wie ein Individuum ohne Vergangenheit eine unvollständige Existenz, ein großer Teil ihres Lebens geht ihr ab. Und besser noch eine wenig lupenreine Vergangenheit als gar keine.

Wird das auch nicht immer beherzigt, so ist es doch allgemein bekannt. Weniger bedacht wird die Rolle der Zukunft, obwohl deren Bedeutung die der Vergangenheit noch übersteigt. Denn was hat die Vergangenheit zu bieten außer Erinnerung? Die noch so wichtig sein mag, doch steht sie allein. Hoffnung etwa gibt es nicht in der Vergangenheit, die immer hoffnungslos ist. Von uns aus betrachtet, gibt es Hoffnung, Aussicht, Entwicklung nur für die Zukunft. Wird dennoch die Zukunft wenig berücksichtigt, so liegt dies wohl an einer fatalen Verwechslung von physikalischer Zeit und Lebenszeit. Fälschlich glauben manche, »Zukunft« sei etwas, das sich sicher ereignen werde, ganz von allein und spontan, nicht um das »Ob« der Zukunft gehe es, sondern lediglich um das »Wie«. Und in der Tat, ist es denn auch nur denkbar, dass einem Individuum, gar einer Gesellschaft die Zukunft abhanden käme? Könnte man sich so etwas auch nur vorstellen, wie würde so eine Gesellschaft aussehen?

Vermutlich müsste weiterhin der wirtschaftliche Prozess am Laufen gehalten werden, müssten nach wie vor dem einzelnen Menschen mancherlei persönliche Ziele, Zwecke, Hoffnungen, Aussichten vor Augen schweben, aus denen er den Impuls zu hoher Anstrengung und Tätigkeit schöpfen könnte. Doch vermutlich würde – bei aller äußeren Regsamkeit – im Grunde das Unpersönliche um ihn her, die Zeit selbst, der Hoffnungen und Aussichten entbehren. Gäbe sich vielmehr als hoffnungslos, aussichtslos und ratlos heimlich zu erkennen und setzte der bewusst oder unbewusst gestellten, aber doch irgendwie gestellten Frage nach einem letzten, mehr als persönlichen Sinn aller Anstrengungen und Tätigkeit ein hohles Schweigen entgegen.

Eine solche Gesellschaft würde vermutlich versuchen, den Tod abzuschaffen, der ja am schwerwiegendsten an die Zukunft erinnert, um so durch das anhaltende Leben die Zeit selbst anzuhalten. Sie würde das in rast-, weil ratloser Tätigkeit angesammelte materielle Vermögen darauf verwenden, Zufriedenheit zu erreichen durch die Befriedigung der organischen Triebe, die sich ja vollständig auf die Gegenwart beziehen und die Zukunft nicht kennen: Ist der Hunger auch noch so gestillt, bleibt doch nur zu warten, bis er wiederkommt und den Esser dahin zurückbringt, woher er kam, zum neuerlichen Hungrigsein, die Zukunft ersetzend durch Wiederholung. In einer solchen Gesellschaft dürfte die Erwerbsarbeit beliebig unsinnig sein und ebenso die Gestaltung der Freizeit, es käme nicht drauf an. Hin und wieder würde sich wohl noch eine vage Erinnerung einstellen an die verlorene Zukunft, die sich aber leicht übertönen ließe durch Überbefriedigung organischer Bedürfnisse, sei es durch Ecstasy, Lärmen oder Übergewicht oder politischen oder anderen Fanatismus, je nach Veranlagung. Oder Abenteuerurlaub, im Himalaja.

Doch irgendwann kann der Mensch nicht mehr zunehmen, werden die Nebenwirkungen der Beruhigungsmittel beunruhigend, die Ohren taub, der Himalaja unmodisch. Was dann geschieht, man mag es nicht denken.

Unerfreuliche Gedanken sind das, zum Glück betreffen sie uns nicht, wir denken sie nur. Es scheint, weit schlimmer noch sei einer dran ohne Zukunft als ohne Vergangenheit, schlimmer noch selbst als der zum Tode Verurteilte, der eine Zukunft wenigstens gehabt hat, hätte haben können, im Grunde genommen noch hat, bis ganz zuletzt, bis alles Hoffen auf Gnade aufhört, erst dann, erst mit der Hoffnung verliert der die Zukunft. Wer aber nie eine Zukunft hatte, der hatte nie Hoffung, und wie soll er dann Mut gehabt haben, Schönheit kennen oder Liebe? Denn es gibt zwar den Mut des Verzweifelten, nicht aber den Mut des Hoffnungslosen, der vielmehr geneigt ist, allen Mut sinken zu lassen. Oft genug aber braucht es schon Mut, die Schönheit zu sehen, immer aber, sie zu erkennen, und zur Liebe braucht es Mut. Oder Glauben, aber selbst den gibt es nicht ohne Hoffnung.

Doch selbst noch der Mensch, der sich selbst die Zukunft stahl, die Schönheit zerstörte, der wüsste doch insgeheim noch, was er da tat. Es graute ihm vor sich selbst und dem, was er der Schönheit getan. Es ist schon wahr, er fürchtete sie mehr als den Tod, fürchtete die Schönheit mehr noch als den Tod, mehr, als er den Tod fürchtete.

Ein derart verlorener, wie sollte er denken? Auch das darf er nicht wollen, das schon gar nicht, nichts bleibt ihm, als sich den gnädigen Erhaltungstrieben seiner organischen Natur anzuvertrauen, die ihn auch weiterhin essen und trinken, schlafen und fernsehen lassen wird, managen und organisieren, noch lange über seinen Tod hinaus als Mensch.

Man kann es sich also vorstellen, wenn man es nur versucht, und es macht einen frösteln. Zum Glück sind wir ja selbst nicht bedroht, es geht uns nicht an, wir dürfen die Augen abwenden vom vorgestellten Elend, das Thema wechselnd, kehren wir lieber zurück zur Thermodynamik.

Zur Thermodynamik, die uns zeigt, wie das spontane Bilden des Geistes aus dem Nichts ebenso ein natürlicher Prozess ist wie die Entstehung des organischen Lebens aus dem Unbelebten, den gleichen Gesetzen gehorchend. Wodurch sich das geistige Leben als eine eigene Lebensform darstellt, so gut wie die Lebensform Wal oder Alge, genauso lebendig. Eine Form des Lebens, deren Lebensäußerung darin besteht, sich in Korrelation zu setzen zu dem, was in der Welt der Fall ist. Wodurch sie zu einem Spiegel wird der Wirklichkeit und zu ihrem lebendigen Bewusstsein.

Und deswegen hat der Mensch auch eine Zukunft, und sein Sein ist ein Sollen, kann er doch gar nicht verstanden noch benannt werden als etwas Statisches, sondern nur als Entwicklung, die spontan und natürlich ist – aber keineswegs zwangsläufig. Auch das geistige Leben kann abgetötet werden und ausgerottet, wenn man es seiner Grundlagen beraubt.

Schon in der Vergangenheit hat der Mensch das immer wieder versucht, sich seiner geistigen Entwicklung zu berauben, so wie er ja auch viele Formen organischen Lebens ausgerottet hat, vermutlich aus den gleichen Motiven. Wer sich ungerecht bereichern will an den Menschen und Macht haben über sie – will sie unwissend. Es war immer so.

Die Macht des Menschen, auch über sich selbst, ist heute größer denn je. Die Versprechungen der Experten, den Menschen selbst definieren zu können, sind ernst zu nehmen. Es würde aber bedeuten, ihn herauszunehmen aus seiner natürlichen Entwicklung. Es wäre das Ende. Nicht nur des Menschen, sondern der Welt.

Es ist also wahr, auf einer Reise ist der Mensch, eine Reise ist er. Und nicht um eine ziellose Kreuzfahrt handelt es sich, in der Karibik, die im Kreise geht, wo nie Neues geschieht. Sondern eher um eine Reise nach Ithaka, mit Ziel und Bestimmung und einem Versprechen. Einer aber gerade deshalb höchst gefährdeten Reise, vieles steht auf dem Spiel, Schlimmes kann geschehen, nicht jeder mag überleben, und sie kann auch in der Katastrophe enden, das ist zu bedenken. Oder, um ein anderes Bild zu gebrauchen, um einen immerwährenden Aufbruch aus den Mauern von Ur. Mauern, welche wir vermittels unserer immer verbesserten Fähigkeiten immer höher und dichter zu bauen vermögen.

Das ist trivial: dass sich der Mensch aus dem Nichts entwickelt hat, sein Körper wie auch sein Geist, und diese Entwicklung noch keineswegs abgeschlossen ist. Das ist so trivial, dass man es gar nicht schreiben dürfte, würde heute dergleichen nicht schlichtweg geleugnet von außerordentlich einflussreichen Leuten.

Und das ist Physik: zu zeigen, wie es zur Entwicklung des Geistes kommt und worin sie eigentlich besteht. Darauf hinzuweisen, dass es in der Zeit keinen ausgezeichneten Punkt gibt, die Gesetze, welche unsere Entwicklung bisher befördert haben, sind auch weiterhin gültig. Wenn einer erklärt, die Entwicklung des Menschen sei hiermit abgeschlossen, Zeit sei es, ihn durch die Maschine zu ersetzen, spricht so einer nur für sich selbst, er hat wohl keine Lust mehr zum Denken. Keine Lust mehr zum Leben, das eine Lust ist.

Und damit ist meine Aufgabe beendet. Auf Triviales hinzuweisen und darauf, dass seine Leugnung nicht etwa wissenschaftlich ist, sondern ganz im Gegenteil, damit soll meine Aufgabe beendet sein. Denn als Nächstes, und das ist Philosophie (für die ich nicht zuständig bin, meine Aufgabe ist nur, den Ball weiterzugeben an die, die es sind), als Nächstes wäre zu fragen, was denn die Stellung des einzelnen Individuums sei, auf dieser

Reise: Das Leben meiner Spezies mag aussichtsreich sein, doch ist es mein eigenes auch?

Dazu ist zu bedenken, dass sowohl Ur als auch Ithaka ja nur Gleichnisse sind, erzählbare Geschichten, die notgedrungen in einer festen zeitlichen und räumlichen Struktur handeln, so wie jede Geschichte dies tut, aus Gründen der Erzählökonomie. Und weil die Sprache immer Bezug braucht.

In Wahrheit handelt es sich aber nicht um eine Reise zu Orten, welche an genau bezeichneten Zeitpunkten erreicht werden. Sondern vielmehr um eine Entwicklung hin zu einem Zustand, der allmählich eingenommen wird. Aus diesem Grund spiegelt sich – mit gewissen Einschränkungen – die Reise der Spezies auch in der Entwicklung des Individuums, sodass auch jeder Einzelne ein wenig teilnehmen kann an ihr und an der Erreichung ihres Ziels, auch schon innerhalb seines zeitlich begrenzten Lebens. Und so, wie die Reise der Spezies zwar spontan und natürlich ist, aber nicht zwangsläufig, so ist auch die Teilhabe des Einzelnen immer bedroht. Wer sich sein Leben lang in unsinnige Tätigkeiten drängen lässt, weil er sich ja einfügen will und zufrieden sein, wird dies nicht sein. Wer kurzfristige Arbeitsverhältnisse mit häufig wechselnden Partnern einem Beruf vorzieht, wird nie Meister. Und eine Nummer kann nicht Mensch sein. Wer sich mit einer Patchwork-Biografie zufrieden gibt anstatt einem Schicksal, der soll sich am Ende nicht wundern über die Leere, seiner Vergangenheit fehlt ja der Spiegel, und so bleibt sie allein. Viele sind eigentlich ganz zufrieden so weit, nur ein kleines bisschen gelebt, das hätten sie doch gern. Aber wo keiner mehr singt, wird es still.

Es ist schon wahr, der Mensch ist Zentrum der Welt und Bewusstsein der Wirklichkeit. Er allein sieht die Schönheit, und er ist auf dem Weg – aber nur, wenn er will. Es strengt so an, die Augen zu heben vom Boden, es ist so mühsam, die Stirn zu drehen zum Licht, doch dann widerspiegeln jene dieses ganz von alleine.

Wir haben ein Ziel, wir haben eine Zukunft.

REFERENZ

Die Vorträge des zehnten Bozener Treffens bilden den Ausgangspunkt für dieses Buch. Während aber aus einigen Vorträgen fast wörtlich zitiert wird (zum Beispiel Schredelseker), sind andere völlig aufgegangen im Text (zum Beispiel Braitenberg), was es unmöglich macht, sie korrekt zu zitieren. Ich habe deshalb darauf verzichtet, die Beiträge individuell durch Zitate auszuweisen. Dies sollte erlaubt sein, weil ja die für dieses Buch wichtigsten Referate von der Europäischen Akademie Bozen (65 Domplatz 3, 39100 Bozen, Italien) als Konferenzbericht gesondert veröffentlich wurden und dem Interessierten zugänglich sind.[68]

Dieses Buch nimmt seinen Ausgangspunkt in den Vorträgen von:

Prof. N. Birbaumer (Universität Tübingen und Padova,
Medizin, Psychologie)
Prof. V. Braitenberg (Universität Tübingen und Trento,
Hirnforschung)
Prof. G. Galizia (FU Berlin, Neurobiologie)
Prof. W. von Hahn (Universität Hamburg, Informatik)
Prof. P. Henning (FHS Karlsruhe, Informatik)
Prof. R. Hertel (Universität Freiburg, Biologie)

---

[68] Mein eigener Beitrag zu den Bozener proceedings der europäischen Akademie ist aus Versehen mit einem ganz anderen Text vertauscht worden und findet sich in besagten proceedings leider nicht.

Prof. B. Kanitscheider (Universität Gießen,
  Wissenschaftsgeschichte)
Prof. P. Mulser (Universität Darmstadt, theoretische
  Quantenoptik)
Prof. R. Pergolis (Padua, Musik)
Prof. K. Schredelseker (Universität Innsbruck und
  Universität Bozen, Finanzwirtschaft)
Prof. H. Seidler (Universität Wien, Humanbiologie)
Prof. A. Sgarro (Universität Trieste, Scienze Matematiche)
Prof. V. Villani (Universität Pisa, Matematica)

Bestreben dieses Buches ist es nicht, einen kleinsten gemeinsamen Nenner vorzustellen, von dem auch gar nicht klar ist,
ob es ihn gebe, einige der Diskussionen waren sehr kontro-
vers. Sondern im Gegenteil, Anliegen dieses Buches ist es,
möglichst viele verschiedene Stimmen und Ansichten zu
Wort kommen zu lassen.

Ebenso sind die in den letzten, vor allem im letzten Kapitel
dieses Buches zu Wort kommenden Dichter und Schriftsteller
in den Text ohne explizites Zitat eingearbeitet. Daraus mag
sich zwar eine gelegentliche Schwankung des Tonfalls ergeben
haben, doch der Chor wäre gar zu unvollständig gewesen
ohne sie, da sie ja schon lange gewusst haben, was die Naturwissenschaft erst jetzt zu lernen sich anschickt.

Sollten mir relevante wissenschaftliche Resultate entgangen sein,
so trage ich diese gern in zukünftigen Auflagen nach und werde sie für's erste unter http://www.fisica.uniud.it/~grassmann/
sammeln.